古代歷史文化研究輯刊

二八編

王明蓀 主編

第1冊

《二八編》總目

編輯部編

問道：當代中國考古學現狀的反思與前瞻（上）

裴安平 著

國家圖書館出版品預行編目資料

問道：當代中國考古學現狀的反思與前瞻（上）／裴安平 著
-- 初版 -- 新北市：花木蘭文化事業有限公司，2022〔民 111〕
序 20+ 目 2+242 面；19×26 公分
（古代歷史文化研究輯刊 二八編；第 1 冊）
ISBN 978-626-344-075-3（精裝）
1.CST：考古學 2.CST：中國
618   111010268

ISBN-978-626-344-075-3

古代歷史文化研究輯刊
二八編 第 一 冊
ISBN：978-626-344-075-3

問道：當代中國考古學現狀的反思與前瞻（上）

作　　者　裴安平
主　　編　王明蓀
總 編 輯　杜潔祥
副總編輯　楊嘉樂
編輯主任　許郁翎
編　　輯　張雅淋、潘玟靜、劉子瑄　美術編輯　陳逸婷
出　　版　花木蘭文化事業有限公司
發 行 人　高小娟
聯絡地址　235 新北市中和區中安街七二號十三樓
　　　　　電話：02-2923-1455／傳真：02-2923-1452
網　　址　http://www.huamulan.tw 信箱 service@huamulans.com
印　　刷　普羅文化出版廣告事業
初　　版　2022 年 9 月
定　　價　二八編 27 冊（精裝）新台幣 80,000 元
　　　　　　　　　　　　　　　　　　　　　版權所有・請勿翻印

《二八編》總目

編輯部　編

《古代歷史文化研究輯刊》
二八編　書目

《古代歷史文化研究輯刊》二八編
各書作者簡介・提要・目次

第一、二冊　問道：當代中國考古學現狀的反思與前瞻

作者簡介

　　裴安平，北京大學 77 級考古專業本科生，81 級碩士研究生，師從蘇秉琦、俞偉超先生。1985～2002 年，在湖南省文物考古研究所工作，歷任研究員、副所長、湖南省考古學會秘書長、湘鄂豫皖四省楚文化研究會副秘書長。曾先後主持澧縣彭頭山、澧縣八十壋、安鄉湯家崗等遺址發掘；在國內外學術刊物發表論文數十篇。對中國新石器早中期文化、稻作農業、文明起源、長江中游史前文化序列的研究成果突出。1994 年八十壋遺址發掘獲國家文物局首屆田野考古發掘三等獎，2000 年被國家文化部評為優秀專家，獲湖南省文化系統一等獎。2002 年至今，在南京師範大學文博系工作，任教授、博導、考古學一級博士點帶頭人、中國社科院古代文明研究中心專家委員。1990、2001、2010 年先後主持國家社科基金青年項目一項、重點項目一項，普通項目一項。主要代表作有《長江流域的稻作文化》（第一作者，湖北教育出版社2004 年版）、《農業・文化・社會》（科學出版社 2006 年版）、《史前稻作研究文集》（第一作者，科學出版社 2009 年版）、《中國史前聚落群聚形態研究》（2013年入選國家哲學社會科學成果文庫，中華書局 2014 年版；2017 年入選國家社科基金外譯項目，2019 年上海交通大學出版社與德國 Springer 英文版）、《中國的家庭、私有制、文明、國家和城市起源》（2017 年入選國家社科基金後期資助項目，上海古籍出版社 2019 年版；2020 年入選國家社科基金外譯項目，計劃 2023 年上海古籍出版社與德國 Springer 英文版）。

提　要

　　本書聚集了近 20 年來作者所有與中國考古學現狀有關的論文，其中包括了三大主題。第一，用事實揭露了當代中國史前考古學精彩不斷地考古發現掩蓋了研究空虛泡沫化的現象；第二，用事實揭露了當代中國史前考古學缺乏合理的科學研究理論，從而導致實用主義與歐美不良理論流行的現象；第三，從理論與研究實踐二方面指出，考古學文化不是復原與研究史前歷史的載體與平臺，而史前聚落群聚形態不僅是血緣社會組織的載體，也是復原血緣社會研究血緣社會的歷史平臺。惟有史前聚落群聚形態的研究才是中國考古學回歸據實復原歷史再研究歷史正道的必由之路。

目　次

第三冊　唐末五代州縣與其城池變動研究

作者簡介

　　劉闖博士，河南許昌人，文學學士，歷史學（中國史——歷史地理學方向）博士，許昌學院文史與傳媒學院講師。2011 年考入陝西師範大學西北歷史環境與經濟社會發展研究院，2014 年獲歷史地理學碩士學位，學位論文題目為《五代時期汴州城市環境初探》。2018 年獲歷史學博士學位，學位論文題目為《唐末五代增廢州縣與修築城池之地理分佈研究》。期間，參與編寫原環境保護部項目《中國環境通史》第三卷（五代十國—明）。研究方向為五代十國史、歷史城市地理與河南地方文化，發表學術論文十餘篇，較重要的有《空間置換：後周開封限佛原因探析》、《防禦與擴張：唐末五代吳越錢氏築城之時空解析》、《「雍」作為西安簡稱的合理性》等。

提　要

　　黃巢起義後，李唐王朝名存實亡，節帥割據，刺史自固，進而演變為五代十國的分裂局面。作為政權鞏固地方統治、彰顯政治意志的州縣（治所城市），其發生的諸多變動如增廢、遷移或城池修築，都是查勘所處時代歷史特徵的重要依據與途徑。本文在對唐末五代及宋初變動州縣加以統計、梳理基

礎上，主要探討了它們與該區域歷史發展的關係及整體的空間分佈情況，並劃分為唐末與五代、北方與南方進行不同層次的對比，較為全面、客觀地詮釋了這一特殊時段政治、軍事及經濟等方面演進的時代特徵和區域異同。全文共分六章：

第一章「緒論」：凡四節。敘述了本文的選題緣由，梳理及評述了相關的學術史，闡述了本文的研究思想與框架並為本文的順利展開作了幾點說明。

第二章「唐末五代增廢州縣與其分佈」：凡四節。統計、解析了唐末、五代兩個時段北方、南方地區的增廢州縣與其空間分佈情況以及北宋滅亡後蜀、南漢後對其疆域內州縣政區的調整。

第三章「唐末五代治所城市的遷移」：凡四節。統計、解析了唐末、五代兩個時段北方、南方地區的遷治州縣與其空間分佈情況，論述了本時段北方地區政治中心由長安移至開封、浙江地區政治中心由越州遷往杭州的過程及影響機理。

第四章「唐末五代修築城池州縣與其分佈」：凡五節。統計、解析了唐末、五代兩個時段北方、南方地區的修築城池州縣及具備特殊城池形態（羊馬城、子—羅城）州縣與其空間分佈情況，還對宋初滅亡南唐、吳越後在江南地區的「毀城」史實進行了解讀。

第五章「相關問題研究」：凡四節。對與第二、三、四章研究內容相關的部分問題如州縣變動與其修築城池的關係、超規模縣城與其空間分佈進行了探討。

第六章「結論」：就前述各章作一總結外，進一步指出，（1）本時段發生變動的州縣在北方以州為主，南方則以縣居多，在一定程度上，北方統治者更重視州城在政治生活中的地位和刺史們在主動作為，南方縣的較多表現反映出基層社會對政治生活參與度的加強和地方良好的經濟發展態勢；（2）儘管發生變動的州縣在本時段並不少，但在龐大的政區體系中所占比例很低，沿襲前代既有狀況的州縣才是主流，彰顯出地方政治體系強大的穩定性。

目　次

第四、五冊　隋唐方術述要

作者簡介

　　王逸之，1985 年生，河南周口人，博士，湖南師範大學歷史文化學院講師，主要研究中國古代思想史。主持國家社科基金一般項目、及省級和教育廳課題多項。擔任國家重大學術文化工程項目《（新編）中國通史・中國思想史》核心作者，參與國家社科基金重大項目、重點項目。發表論文 20 餘篇，其中 CSSCI 刊物 10 餘篇。負責本書術數類部分撰寫。

　　李浩淼，1989 年生，湖南衡山人，湖南大學嶽麓書院在讀博士，長沙師範學院馬克思主義學院助教，主要研究中國哲學。長沙師範學院中國傳統文化教育研究中心理論研究部研究人員。參與編撰國家出版基金項目《湖湘學

案》。負責本書神仙類部分撰寫。

張千帆，1991 年生，河南新鄭人，湖南大學嶽麓書院在讀博士，主要研究中國古代思想史。負責本書醫籍類部分撰寫。

提　要

方術作為一種在一定社會歷史階段存在的文化現象，在隋唐兩代呈現出多元化的發展態勢，術數和方技在繼承中發展。

隋唐相者來自各個階層，有著不同社會背景，大致可分成職業相者和業餘相者兩類。他們所用相法大都以形貌、骨法為主，對當時政治人物的選拔任命或謀奪政權產生了廣泛而深刻的影響。通過對隋唐風水名士的堪輿活動，以及民眾選宅卜葬風俗的研究，揭示出「五姓相宅」等陰宅學說的虛妄本質和堪輿陽宅理論的科學合理性。同樣，通過對隋唐日月食、五星占進行剖析，也揭示出了占星學說的虛妄本質及科學合理性。時間禁忌在唐代社會生活習俗中隨處可見，如干支日期禁忌、月份禁忌、節令曆法禁忌等諸多方面，反映了在雄闊豪邁、意氣高昂的唐代主流精神世界之外，也存在恐懼、懷疑態度的另一側面。

隋唐時期的神仙術，於廣度和深度上都有了長足進步。服食術在醫術基礎上，進一步追求更高的性命延展，其中的外丹術更是產生了影響世界的早期火藥、化學技術。導引術在前代的基礎上吸收了很多域外知識與方法，其中的房中術對性健康的重視在同時代少有。存想術也隨著宗教的興盛而內容豐富了起來，其中的內丹術更是集各類神仙術之精要。隋唐時期的醫術，在汲取先唐醫術精華基礎上又有了深入發展。官方醫術機構體系職能更加豐富，民間醫人不斷增加，甚至大量儒士也競相修習醫術。隋唐社會對醫術重視也促進醫經和經方的大量湧現，醫籍數量較前代顯著增加，醫學理論體系也進一步豐富。醫術不僅影響隋唐政治，而且與民間社會聯繫也日益緊密。

隋唐方術既蘊含有一定的科學合理內核，然亦不乏虛妄糟粕，唯有釐清其精華與糟粕，方能真正揭開方術的神秘面紗。

目　次

上　冊

第六冊　宋遼外交研究三論

作者簡介

　　蔣武雄，1952 年生。1974 年畢業於東海大學歷史學系；1978 年畢業於政治大學邊政研究所；1986 年畢業於中國文化大學史學研究所博士班；現為東吳大學歷史學系教授。主要研究領域為宋遼金元史、明史、中國災荒救濟史、中國古人生活史、中國邊疆民族史。先後在《東方雜誌》、《中華文化復興月刊》、《中國邊政》、《中國歷史學會史學集刊》、《空大人文學報》、《中央日報長河版》、《法光學壇》、《國史館館刊》、《東吳歷史學報》、《中國中古史研究》、《中央大學人文學報》、《史學彙刊》、《玄奘佛學研究》、《史匯》、《成大歷史學報》等刊物發表歷史學術論文約一百四十多篇。並出版《遼與五代政權轉移關係始末》、《明代災荒與救濟政策之研究》、《遼金夏元史研究》、《遼與五代外交研究》、《宋遼外交研究》、《宋遼人物與兩國外交》、《中國邊疆史事研究》、《中國古人生活淺論》、《宋遼人物與兩國外交續論》、《宋遼外交研究續論》等著作。另主編有《楊其銑校長紀念集》和《東吳大學在臺復校的發展》兩書。

提　要

　　本書為作者所出版的《宋遼外交研究》第三本專書，共收錄五篇文章，茲依先後順序，敘述各篇提要如下：

　　一、宋遼訂盟翌年五項首次交聘活動——宋遼兩國在宋真宗景德元年十二月訂立澶淵盟約之後，翌年雙方即展開了五項首次交聘活動。這不僅是宋遼朝廷展現誠摯和平友好情誼的開始，也成為往後繼續進行交聘活動的參考與指標。因此作者在本文中探討了宋遼訂盟後，翌年的五項首次交聘活動，以彰顯其在宋遼長期和平關係史中的特殊意義與重要性。

　　二、論北宋君臣致力維護宋遼和平外交的表現——宋遼兩國能維持長達一百多年的和平外交，有賴於雙方君臣致力維護和平外交的心意，以及努力加以實踐所促成。因此作者在本文中從宋國角度，列舉五項事例，論述北宋君臣致力維護宋遼和平外交，所表現出誠摯的態度與作為。

　　三、宋使節使遼言行軼事考——以宋人筆記小說為主——在宋人筆記小

說中，有許多宋遼關係史的史料，因此作者從宋人筆記小說挑出八位宋使節出使遼國時，某一次言行事蹟的記載當作事例，並且加以擴大進行相關史實的探討。

　　四、宋使節使遼的共同感觸——以使遼詩為主——宋朝廷常派文臣使節至遼進行交聘的活動，因此出現了使遼詩的作品，描述沿途自然的風光、行程遙遠的艱辛、路況地形的險峻、北國氣候的嚴寒、思念家國的鄉愁，以及遼地的民情風俗等。也因而造成宋使節們彼此有共同的見聞、觀察、體會和回憶，並且在使遼詩中呈現出共同的感觸。作者在本文中將這些共同的感觸分成十二項，進行比較詳細的論述。

　　五、遼泛使蕭德崇使宋代夏求和始末——宋遼夏時期，夏國依賴遼國很深，當它在宋夏戰爭中，處於不利時，即會運用緩兵、求和的方式，請遼國派遣使節至宋國進行交涉，促使宋國能轉而與夏國恢復和平。本文即是針對此一方式，詳細論述遼國派遣泛使蕭德崇出使宋國進行代夏求和的始末，包括背景、原因、過程、結果和影響等項目。

目　次

第七冊　宋代《金陵圖》與《清明上河圖》研究
作者簡介

　　周運中，1984年生，江蘇省濱海縣人，南京大學學士，復旦大學博士。中國海外交通史研究會理事、百越民族史研究會理事，南京大學海洋文化研究中心特約研究員。著有《鄭和下西洋新考》《中國南洋古代交通史》《中國文明起源新考》《正說臺灣古史》《濱海史考》《九州考源》《秦漢歷史地理考辨》《鄭和下西洋續考》《西域絲綢之路新考》《唐代航海史研究》《道士開闢海上絲綢之路》《魏晉南北朝地理與政局研究》《百越新史》《中國東南的歷史進程》《明代〈絲路山水地圖〉的新發現》《牛津藏明末閩商航海圖研究》《山

海經通解》等書，發表論文百餘篇。

提　要

　　本書指出宋代《金陵圖》上的清化橋（景定橋、鴿子橋）東南畫出紡織業作坊，正是錦繡坊。清化橋西南的鐵匠鋪對應打釘巷，圖上路南的建築是畫家居住的永寧驛，紹興十五年（1145 年）搬到清化橋南。圖上城東門外仍是木橋，嘉泰三年（1203 年）改為石橋，所以這幅圖在 1145～1203 年間繪出，很可能是為宋高宗趙構到建康而繪製。《清明上河圖》左側城門是望春門（舊曹門），河流是廣濟河（五丈河），橋是小橫橋，望春門外的小河和門內的商鋪都是佐證。圖上畫的是清明節風景，所以作者選擇東門。此時青黃不接，山東民變，而官府仍將山東的糧食從廣濟河運到都城，所以山東人張擇端要畫這幅圖來警醒世人。本書還研究了南宋建康史與明代《南都繁會圖》，比較了三幅圖畫。

目　次

第八、九冊　南宋臨安知府研究

作者簡介

　　梅哲浩，祖籍湖北省武漢市，民國 72 年出生於臺灣省臺北市，中國文化大學史學系、史學研究所畢業，師從韓桂華、王明蓀等學者，專攻領域為宋代宗室史、宋代城市史，民國 109 年獲史學博士學位，曾任實踐大學博雅學部兼任助理教授，代表著作為《南宋宗室與包容政治》。

提　要

　　緒論，是研究動機、研究回顧、研究方法與資料來源、章節架構與預期成果，希望解決南宋臨安府，與其長官在政府組織中的地位。

　　第一章，從傳統中國的首都及其長官制度出發，在唐朝以前始終在中央和地方政府之間徘徊，唐朝時以中央官兼京兆尹的方式，朝中央化邁進一步，北宋透過制訂「在京諸法」的方式，確立首都特區地位，知府為中央官，不過因強本弱末國策之故，知府的權力僅限開封城內，是首都特區首長；南宋初期，因宋金靖康─建炎戰爭，失去包括首都開封府在內的四京府，中央政府陸續遷徙，從揚州、建康府，最終在臨安府（杭州）底定，為表示不忘收復失土的政治宣示，僅稱「行在所」，實則為南宋國都，形成行都臨安府、陪都建康府的兩都體制。

　　第二章，南宋的首都及其長官制度，與北宋不盡相同，為因應戰爭或備戰體制，與寺監裁併，部分原屬寺監的單位轉隸臨安府，除承辦外交庶務外，還有皇宮與中央衙署的建築工程、供給中央所需物資、執行東南會子的兌換等工作，成為中央承辦事務機構，知府多從中央、浙漕調任，以減少出缺時間；長官制度，與北宋相較，權力更為集中；除兼任安撫使外，長官多由兩浙路轉運司、中央六部、寺監長貳兼知，地位較北宋高，也被視為「輔弼之儲」，被當作遷轉考核的職位。

　　第三章，臨安府置司臨安城內，知府的寄祿官最低階為朝官，既是中央官、常參官，掌握朝廷事權，地位顯要，容易捲入中央政局，因職權需要而參加的朝議、典禮儀式，知府的人事任命亦與皇帝、宰執意向密切，包括「宗子維城」思想而多以宗室士大夫知臨安府，皇帝表態、權相柄國的政治黨派等方面予以展現其政治相貌。

　　第四章，都市事務方面，施政深受朝廷、皇帝意志影響，主要表現在社會福利；都市建設，歷任知府大多延續前任而逐步修、改、增築，直到淳祐年間，由在任最久的知府趙與簹集大成，進行全面整建，奠定晚宋臨安城風貌。轄下士民對知府的評價，無論好壞，都相當直接、主觀。

　　結論，南宋臨安知府制度，在北宋開封知府制度的基礎上更進一步，開啟後世元總管府路、明清京師體制的先河，也是我國直轄市舊制的先聲。

目　次

第十、十一冊　明清澤州科舉研究

作者簡介

　　孔偉偉，1988 年出生於山西晉城，文學學士，獨立學者。常年專注於晉城老照片、明清山西科舉文獻、明代澤州移民的研究，編著有《金渠頭》一書，參編《澤州碑刻大全》《澤州百年》《陳莊村志》等書，作品見於《科舉學論叢》《太行日報》《澤州新聞》等。

提　要

　　《明清澤州科舉徵錄》對明清兩代山西澤州地域內的進士、舉人群體進行了較為全面和詳細的研究，共分五個章節，第一章對進士總數、時空分布、出身研究、仕宦圖譜等方面進行了研究分析，第二章是輯錄整理明清兩代各類存世科舉史料對澤州進士人物的記錄，第三章是對澤州舉人群體的分析研究，第四章是首次對澤州舉人群體進行數量、身份考證，第五章則是對澤州進士、舉人群體中較為突出的科舉家族進行分析研究。本書所公開的科舉文獻有半數以上未曾面世，特別是中國第一歷史檔案館所存的武進士登科錄等資料尚未見到公開發布文章，也是首次對澤州進士、舉人群體的全面研究、訂正。資料的稀缺性、文獻的珍貴性、研究的深入性，可以極大程度的補充山西澤州的古代科舉史研究缺失，也可以作為一個地域性科舉史研究的案例供學人參考。

目　次

第十二冊　清帝國時期北部邊疆的書寫與表徵

作者簡介

　　苗壯，1983 年生，遼寧省瀋陽市人。文學博士，南昌大學人文學院副教授，碩士生導師。《日中文化學報》雜誌主編，日本早稻田大學文學學術院共同調查員，東京大學人文社會系研究科外國人研究員。日本中國出土資料學會、日本六朝學術學會、日本漢字學會、中國比較文學學會、中國訓詁學研

究會會員。學術專攻為中國古典文學與海外漢學研究。著有《文化研究視域中的清代東北文學圖景》（吉林大學出版社，2020）。

提　要

清帝國的北部邊疆，是指自清乾隆二十四年（1759）統一天山南北之後，清帝國所統轄的從滿洲、經內外蒙古諸部一直延伸到甘肅、新疆以及阿爾泰山以北的廣闊疆域。這一區域空間與傳統中國所統轄的中原內地不同，它是在清帝國統治時期所形成的新的中國疆域。

北部邊疆是一個由政治、軍事、殖邊、考古、遊歷、歷史記憶、景觀描述等諸多符號混雜的、能動的知識場域，在清帝國有效地控制了北部邊疆這一廣闊區域之前的幾個世紀，中國的知識精英們對那裡的瞭解非常有限，也並不把這一領域視為傳統中國的組成部分。當清帝國在軍事和政治上開始殖拓這一區域之時，中國的知識精英們進入到北部邊疆區域，他們的書寫活動也隨之展開。

邊疆書寫將零散的邊疆知識依照不同的類別和書寫預期整合成為相應的文本，其背後支配的力量則是清帝國國家主義的話語。中國的知識精英們通過書寫整合北部邊疆知識的過程，即是一個清帝國國家意義在北部邊疆被不斷創制的過程。正是經歷了這樣的書寫活動，中國知識精英們視野下的邊疆知識日益豐富，邊疆的形象也逐漸清晰——一個附屬於清帝國的北部邊疆通過書寫被建構起來，並在隨後的歷史中成為了中國的必然組成部分。

目　次

第十三冊 華夏書學源始邏輯論

作者簡介

李川，1979 年生，河北衡水人，現供職於中國社會科學院外國文學研究所，主要從事神話學、古典學、思想史等方面研究。在《文學遺產》、《外國文學評論》、《民族藝術》、《世界宗教與文化》等刊物發表論文 40 餘篇，出版專著有《論譜屬詩：〈天問〉〈神譜〉比較研究》、《〈山海經〉神話研究》；參編有《中國民間文學作品選》（神話卷）；譯文若干篇。

提 要

中國現代書法理論的學術譜系建構是以西方美學理論為參照系的，這個現代書論譜系的建構以傳統經學體系的塌陷和西方學術的湧入為其背景，賴以維繫書法的物質技術手段、文化根基和社會結構被「現代化」的理想徹底

擊潰，現代書法和傳統倫理、精神價值完全脫鉤。若將現代書法和古典傳統之間的差別凸顯出來，那麼其所蘊含的古今之爭便成為相當嚴峻的問題。本書試圖從根本上對當下書法存在的諸多問題發表淺見，主要集矢於以下幾個問題：一、書法何以成為中國文化中最為特絕的藝術傳統？書法的特質何在？書法在傳統文化中的價值與意義如何？如何看待書法與形式美？這些書法理論的宏大問題可以歸納為一個根本問題：亦即，書法的本源問題，它回答的是書法特質的形成或曰書法的起源問題。在回答上述本源問題基礎上，指出華夏書論「立象以盡意」的特質，並基於此論，對現代書法理論所使用的術語或書法現象諸如「藝術」「形式」「醜書」等問題進行解釋和探討，全書貫穿「書法現代化」而又立足於古今之爭的視野，對這些問題提出了一己之見。

目　次

第十四、十五冊　民族圖像的審美敘事建構——中國史前岩畫藝術的美學闡釋

作者簡介

　　劉程，南京財經大學副教授、高級工藝美術師、文學博士、碩士生導師。

　　中國文藝理論學會會員、中國民俗學會會員、中國比較文學學會藝術人類學學會會員、江蘇美術家協會會員、江蘇青年美術家協會會員。

　　本人已在《文藝研究》、《裝飾》、《文藝爭鳴》、《寧夏社會科學》、《藝術百家》、《內蒙古社會科學》等刊物上發表學術論文 46 篇。主持省部級課題 3 項，主持省廳級課題 10 餘項，校級課題 27 項，獲獎 26 次。現主要從事文藝學、藝術美學、傳統工藝美術理論等方面的教學與科研工作。

提 要

中國史前岩畫是人類最古老的並具有世界性的原始視覺語言，它跨越了時空，用最質樸的藝術形式和藝術手法在史前和當下架起了一座可以相互溝通的感性「橋樑」，是史前先民在宗教巫術感應下的一種主觀意識的物態化反映。它用一種世界性的並具有宗教意味極強的視覺圖像去描繪古代先民的生活場景、生活秩序、宗教風俗、經濟生產以及審美觀念，它濃縮了先民對物象的審美寄託與情感需求，鮮明地建構了史前先民自己內心宗教化的神聖審美「場域」。

本研究通過對史前岩畫的線條、造型、構圖以及意象的研究，不但發掘了中國史前岩畫具有以線造型、以形寫神、以圖顯意、以意呈象等審美特徵，而且這些特徵凝聚了史前先民內心對物象的感物動情、神合體道的審美意識，他們將這類被物化的形式以一種最簡約的審美形式呈現出來，更加凸顯了岩畫自身的藝術魅力和時代特色，它的出現為我們研究中華文明的溯源找到了非常關鍵的切入點，將有助於我們更好的繼承和發揚光大傳統美學的精華，具有較高的中華民族美術研究價值。

中國史前岩畫以線呈象，以象顯意，使得這些圖像給我們呈現了一個粗獷、簡約、剛勁、圓轉秀健的史前生命精神話語，也直接或間接地反映了史前社會的民俗民風、文化藝術、經濟生活以及宗教哲學精神。一方面，岩畫圖像不僅具有現實物象中的表象意涵，也蘊含了在原始宗教、巫術影響下的先民審美意識。他們的岩畫繪畫風格、構圖觀念、美學意識都蘊含著宗教的因子，先民們將某種功利性的目的寄託於對各類岩畫審美的創構活動之中，試圖使用超自然力來控制整個事件的走向，通過這些不同的審美特性來闡述先民的祈願和希冀。另一方面，各類岩畫意象均蘊涵著具有審美功能意義的精神特質，它既超於物象表徵的形似之外，又將圖像的內在生命精神內化於圖像之中，可以說，岩畫是史前具有象徵意義的審美圖像，而這一審美圖像的產生正是先民以形（線）立象、立象盡意的審美思維的具體體現，使得圖像給我們呈現了一個瞬間超脫於自我、彰顯生命精神、造型似與不似、言有盡而意無窮的審美意象世界。

目 次

上 冊

第十六冊　民族圖像技藝與審美敘事——中國傳統首飾藝術的審美研究

作者簡介

　　劉程，山東莒南人，文學博士、南京財經大學副教授、高級工藝美術師、碩士生導師。中國文藝理論學會會員、中國民俗學會會員、中國比較文學學會藝術人類學學會會員、江蘇美術家協會會員、江蘇青年美術家協會會員、南京棲霞美協理事委員。在《文藝研究》、《裝飾》、《文藝爭鳴》、《寧夏社會科學》、《藝術百家》、《內蒙古社會科學》、《理論月刊》、《文藝評論》、《中國美術研究》《中國美學研究》、《內蒙古大學學報》等刊物上共發表論文 47 篇。主持教育部規劃課題 2 項，主持省廳課題 10 項，校級課題 28 項，獲獎 27 次。現主要從事文藝學、視覺傳達設計、藝術美學、傳統設計藝術審美、裝飾藝術研究以及藝術與設計史論、設計教育等方面的教學與科研工作。

提　要

　　中國古代的藝術審美意識有著悠久而又光輝燦爛的歷史，從舊石器時代這種審美意識已經初露端倪。隨著歷朝歷代的宮廷和民間的人文發展，審美意識已經逐步開始走向自覺、獨立、豐富、稚拙、奢華的藝術風尚。由於傳統首飾藝術種類繁多，花樣新穎，它在社會的各個階層、不同的地域廣泛流行，成為不同階層（特別是女性）表現自身主體地位與形象的重要象徵載體。首飾藝術的審美研究中所表現出來的以形表意、隨類賦形以及「天人合一」的生命精神均被匠人運用象生、寫實、寫意、立象盡意等造物手法意象化的凝固下來，彰顯了大眾化的情感追溯與審美口味，也揭示出這一歷史時期的社會風俗嬗變並實現服飾形式審美訴求的重要方式，使得古代首飾藝術的審美成為我們展示民族圖像記憶和審美敘事的獨特視角。

　　中國傳統首飾藝術是古人對自然萬物的生命情感的感發而物我融合的創構。傳統文化賦予了傳統首飾藝術的生命精神和美學特徵，首飾藝術的內外形式體現了主體的審美活動是基於現實而又超越現實的。在這些首飾創造中，古人借用外在形式和紋飾去表達主體內在的生命感受和對生機的體認。一方面，首飾藝術體現了不同階層對於物象形式美的追求和對生命節律的高度概括，另一方面是古人對傳統文化體悟之後所進行的物質造型創構活動，這個活動往往超越了世俗化的生死觀和生存價值觀，成就了以首飾為載體的

個體生命價值。

　　首飾的審美意識是由於古代宮廷和民間藝人在長期的審美實踐過程中積累形成的民族優秀傳統。這些審美意識憑藉著首飾所需要的材料和工藝得以與主體和受眾進行交流，首飾中的任何部件都時時刻刻地體現了審美的創造精神和裝飾生活化特質。使得這種審美方法和形式美得以傳世和得到後人的繼承。顯然，歷朝歷代的藝人通過不同的紋飾和對象造型將自己對生活事象的創化和體認幻化為一種生命化的審美精神，高度寄寓了主體對生命精神的存在與眷戀。因此，中國古代社會中的首飾藝術的審美既體現了民族和時代對創造者的特定要求，又展現了主體獨特的審美經驗和創造精神。

目　次

第十七冊　宋元江南農業經濟史論稿──以浙西、江東水利田的開發為中心

作者簡介

　　周生春，1947 年出生，杭州大學歷史學碩士，北京大學歷史學博士。歷任浙江大學人文學院、經濟學院助教、講師、副教授、教授和博士生導師，浙江大學區域社會經濟史研究中心主任、儒商與東亞文明研究中心執行主任和浙江大學晨興文化中國人才計劃責任教授，曾為日本學術振興會特聘專家和哈佛大學和哈佛燕京學社訪問學者。在《歷史研究》、《哲學研究》、《中國經濟史研究》、《中國史研究》、《世界宗教研究》、《文史》、《中華文史論叢》、《中國學術》等期刊發表論文數十篇，並在中華書局、上海古籍出版社、北京大學出版社、浙江大學出版社出版著作 10 多種。

提　要

　　本書由序言、正文 3 篇 14 章和餘論、附錄組成。筆者在充分吸取前人研究成果的基礎上，運用大量資料和新研究方法，探討了影響宋元江南農業經濟發展的因素、水利田與農業的發展及其對社會經濟的影響，獲得了頗多足以顛覆前人之見的新發現和結論。茲擇要列舉如下：

　　1. 本書首次從人的內涵而非數量、遷徙等視角出發，探討分析了宋代兩浙人的特性、風俗的變遷與形成，及內部不同地區文化的差異對經濟發展的不同影響。兩浙中部的蘇州和上海成為全國最大的工商業城市和經濟中心不

能說與此無關。

2. 筆者發現並指出蘇松等地田圍之圍並不等於圍田，澄清並糾正了長期以來中外學者的種種誤解。

3. 發現「蘇湖熟，天下足」一語產生於北宋，而非歷來所認為的南宋。浙西、江東地區稻米生產發展的動力主要來自以低田為主的水利田的開發。

4. 發現北宋末太湖地區的農業生產已達到宋代最高水平。有宋三百多年中，該地的農業經歷了北宋和南宋兩個發展週期。

5. 對單產與勞動生產率的概念加以梳理和界定，指出以往用單產來衡量農業生產水平是值得商榷的，而前人對江南單產的估算是根據部分資料和數據來推斷總體，存在方法上的問題。筆者從糧食生產到本地消費、預留稻種、運儲損耗、稅米、外銷和餘糧的全過程出發，採用筆者自創的新方法估算了宋元之際江南各地稻米的單產和勞動生產率，得出了不同於前人的新結論。

6. 發現在蘇松杭嘉湖水網平原地帶大部分縣份，存在著一種以圩或圍（湄）為基本單元，以千字文為號，按鄉、都、保、圖、某字圍的體系排列，包含農田、水利和賦稅諸因素在內的獨特的田圍之制。這種田圍之制肇始於北宋末，大體形成於南宋，最終形成於元代，構成了太湖地區農田制度上的一大特色。該發現顛覆了前人的認識。

7. 發現北宋時已形成農工商皆為本業的思想，歷史上三者的關係曾出現2次重大的轉變。

目 次

序 言

第十八冊　黃河與山東區域環境變遷研究

作者簡介

　　古帥，男，山東魚臺人，歷史地理學博士，現任山東財經大學文學與新聞傳播學院講師，主要從事區域歷史地理與環境變遷、黃河史、環境史等方面的研究，在《歷史地理研究》、《中國歷史地理論叢》、《乾旱區資源與環境》、《城市史研究》等期刊發表論文多篇。

提　要

　　本書分別從密州史地、城市水患、黃河與區域環境變遷三個方面對山東區域環境演變展開初步探索。在密州史地研究部分，作者對密州城市空間結構演變、城市水環境變遷和宋代密州的災荒與救災進行了詳細考察；在城市水患研究部分，作者分別以山東東平、魚臺等縣城為例，在系統梳理城市水患的基礎上對水患的應對措施進行了詳細考察，深化並推進了城址遷移與城市環境變遷研究；在黃河與區域環境部分，重點對 1855 年黃河銅瓦廂決口北徙後給其沿岸區域自然與人文地理環境帶來的影響進行了詳細考察，深化了黃河史地研究。

目　次

第十九、二十冊　香港城市社區歷史地理研究
（1841～1991）

作者簡介

　　劉祖強，男，湖南湘鄉人，1969 年生，教育學碩士，歷史學博士。2004
年～2007 年，師從已故著名教育社會學家張人傑教授攻讀教育社會學碩士學
位；2013 年～2017 年，師從著名歷史學家陳偉明教授攻讀歷史地理學博士學
位。長期從事高校教學與科研工作，學術研究興趣主要集中在港澳歷史地理
研究、社會史、教育史等領域，近年來發表相關學術論文近 20 篇，主持和參
與國家、省市廳級課題 8 項，參編專著 2 部。對近代以來香港城市社區空間
人文地理景觀演變進行了較為全面、系統、深入的研究，擴展了歷史社會地
理學的研究範疇。

提　要

　　香港地處中國南海與太平洋和印度洋的中心地帶，是中國大陸與東南
亞、南亞、中東、西歐以及大洋洲及美洲進行海上聯繫的重要交通樞紐。在
世界經濟體系中，香港是太平洋西岸中樞，亦是南北交流、東西彙集的中心。
在長期的歷史發展過程中，這種獨特的地理區位構造了香港城市社會在空間
上既封閉又開放的特點。

　　本文基於豐富的史料並運用多學科綜合分析的方法，嘗試對近代以來香
港城市社區進行全面、系統、深入的研究，重點選取了城市社區的時空演變
及社區建設與社區發展等基本要素，主要研究城市社區歷史分期，城市社區
結構、類型與功能，不同類型社區空間分布特徵與差異，不同社區文化景觀
的時空演變及互動，以及香港社區文化景觀中較為典型的宗教文化景觀對社
區建設的影響等內容。對於在城市化背景下社區發展與演變的研究是論文重
點所在。正是基於這一主線，本文從社區的「族群」、「地理」、「景觀」等三
個主要方面來探討香港城市社區獨特的發展路向，總結城市發展的經驗與教
訓，以期更好地認識香港城市社區發展的規律及發展趨勢，開拓香港更加美
好的未來。

目　次

上　冊

第二一、二二、二三冊　中國語境的王賡武——王賡武學術論文與演講報告（1970～2020）

作者簡介

王賡武，著名歷史學家，現為新加坡國立大學特級教授。祖籍江蘇泰州，1930 年生於印尼泗水。南京中央大學外文系肄業。新加坡馬來亞大學歷史系畢業。1957 年獲倫敦大學博士學位。曾任馬來亞大學文學院院長、澳大利亞國立大學遠東歷史講座教授、香港大學校長、新加坡國立大學東亞研究所所長。2020 年，獲選為唐獎第 4 屆漢學獎得主。唐獎教育基金會指出：王賡武教授以獨特的視角理解中國，並在中國的世界秩序、海外華人以及華人移民變遷等領域，提供具開拓性且深入的剖析。

莊園，女，1972 年出生於廣東省汕頭市。澳門大學哲學（文學）博士，文藝學副研究員，現在汕頭大學圖書館工作。已出版個人專著 6 部、個人編著 2 部、發表學術論文 50 多篇。擔任學術雜誌《華文文學》副主編（2010～2019）期間，編輯出版海內外學者的華文文學論文總約 1600 萬字。

代表著述有以下幾部：《個人的存在與拯救——高行健小說論》（莊園著，2017 年 2 月，香港大山文化出版社，30 萬字）、《高行健文學藝術年譜（1940～2017）》（莊園著，2019 年 9 月，臺灣花木蘭文化出版社，4 卷本 70 萬字）、《許廣平後半生年譜——兼及魯迅的家人與友人等（1936～1968）》（莊園著，2020 年 9 月，臺灣花木蘭文化出版社，2 卷本 35 萬字）、《女性主義專題研究》（莊園著，2012 年 8 月，中山大學出版社，23 萬字）、《女作家嚴歌苓研究》（莊園編，2006 年 4 月，汕頭大學出版社，20 萬字）、《文化的華文文學——華文文學方法論爭鳴集》（莊園編，2006 年 4 月，汕頭大學出版社，13 萬字）。

提　要

此書由編者收集的中國大陸期刊（1980～2020）刊發的王賡武先生的學術論文、演講報告、主題發言、書評、書序及賀信等編撰而成。全書包括序言、正文、其他、附錄及編者後記。

正文部分為王賡武的學術論文和演講報告。按時間先後順序排列，時間的先後基於兩方面的考量，一是作者寫作發表的時間、一是期刊刊發文章的

時間。這部分涵蓋了王賡武教授 1970～2020 期間的主要著述。

其他為王賡武書評一篇、書序一篇及賀信兩篇。

附錄部分有三項內容，一是編者考察中國語境下對王賡武著述的選譯和傳播情況；二是編者對收集的王賡武 18 部中文著作（1980～2020）的介紹，內容包括書名、著譯者、出版社、出版時間、目錄、著者序言、後記、編者序言、後記、著者導言、結語等；三是王賡武教授給編者的一封信。

目　次

第二四至二七冊　學步古今：中國法律史略論稿

作者簡介

　　陳景良，法學博士。現任中南財經政法大學教授、博士生導師、法律文化研究院院長，中國法律史學會常務理事、中國法學會董必武法學思想研究會常務理事，曾任河南省法學會副會長、河南省法學會法理法史研究會會長、湖北省法學會法律文化研究會會長。

　　主要研究方向為中國法律史、唐宋法制史、中西法律文化比較。在《法學研究》《中國法學》《法學》《法律科學》《學術月刊》《史學月刊》等學術刊物上發表論文 60 餘篇，多篇論文被《中國社會科學文摘》《人大複印資料》《律師文摘》等轉載。主要著作有《中國法制通史·宋卷》（副主編）、《當代中國法律思想史》（主編）、《踵步探微：中國法史考論》（獨著），主持或參撰《中國法制史》教材數種。

提　要

　　本書以中國法律史為研究領域，設置了「宋元法史論稿」「比較法視野下的中國法傳統及其價值」「當代中國法律思想研究」「閱讀與評論」「演講與筆談」五個論題。

　　「宋元法史論稿」主要討論了宋代、元代的法律制度及法律思想。兩宋及元代時期，法典體例及內容得到了長足發展，民事立法有了重要突破，司法制度日臻完善，宋元法制實有承上啟下的重要地位。兩宋皇帝和士大夫都十分重視法制在國家治理中的作用，一方面以法律方式鞏固中央集權制度，重懲貪墨，加強社會控制，另一方面又利用法律吸引外商、促進貿易，建立司法公正的制度保障，維護民眾的訴訟權利。宋代士大夫在司法活動中，既有著人文主義的德性關懷，同時又在事實認知、法律推理上表現出深厚的知識理性。

　　「比較法視野下的中國法傳統及其價值」主要是以西方法文化為參照，揭示中國法傳統的特質，重新認識傳統法文化對於建設現代法治的價值，強調禮法傳統與中國現代法治的有機聯繫。

　　「當代中國法律思想研究」主要闡述了中國共產黨法治觀的歷史形成，梳理了新中國法學研究中的若干問題，並討論了梁漱溟的法文化觀。「閱讀與評論」彙集了作者數十年來對於學界重要法史著作的閱讀心得，「演講與筆談」則就宋代司法傳統中的經驗、智慧進行了簡明而清晰的講解、梳理。

目 次

問道：當代中國考古學現狀的反思與前瞻（上）

裴安平　著

作者簡介

裴安平，北京大學 77 級考古專業本科生，81 級碩士研究生，師從蘇秉琦、俞偉超先生。1985～2002 年，在湖南省文物考古研究所工作，歷任研究員、副所長、湖南省考古學會秘書長、湘鄂豫皖四省楚文化研究會副秘書長。曾先後主持澧縣彭頭山、澧縣八十壋、安鄉湯家崗等遺址發掘；在國內外學術刊物發表論文數十篇。對中國新石器早中期文化、稻作農業、文明起源、長江中游史前文化序列的研究成果突出。1994 年八十壋遺址發掘獲國家文物局首屆田野考古發掘三等獎，2000 年被國家文化部評為優秀專家，獲湖南省文化系統一等獎。2002 年至今，在南京師範大學文博系工作，任教授、博導、考古學一級博士點帶頭人、中國社科院古代文明研究中心專家委員。1990、2001、2010 年先後主持國家社科基金青年項目一項、重點項目一項，普通項目一項。主要代表作有《長江流域的稻作文化》（第一作者，湖北教育出版社 2004 年版）、《農業‧文化‧社會》（科學出版社 2006 年版）、《史前稻作研究文集》（第一作者，科學出版社 2009 年版）、《中國史前聚落群聚形態研究》（2013 年入選國家哲學社會科學成果文庫，中華書局 2014 年版；2017 年入選國家社科基金外譯項目，2019 年上海交通大學出版社與德國 Springer 英文版）、《中國的家庭、私有制、文明、國家和城市起源》（2017 年入選國家社科基金後期資助項目，上海古籍出版社 2019 年版；2020 年入選國家社科基金外譯項目，計劃 2023 年上海古籍出版社與德國 Springer 英文版）。

提　　要

　　本書聚集了近 20 年來作者所有與中國考古學現狀有關的論文，其中包括了三大主題。第一，用事實揭露了當代中國史前考古學精彩不斷地考古發現掩蓋了研究空虛泡沫化的現象；第二，用事實揭露了當代中國史前考古學缺乏合理的科學研究理論，從而導致實用主義與歐美不良理論流行的現象；第三，從理論與研究實踐二方面指出，考古學文化不是復原與研究史前歷史的載體與平臺，而史前聚落群聚形態不僅是血緣社會組織的載體，也是復原血緣社會研究血緣社會的歷史平臺。惟有史前聚落群聚形態的研究才是中國考古學回歸據實復原歷史再研究歷史正道的必由之路。

路漫漫其修远兮
吾将上下而求索

序言　學術是什麼？

車廣錦

　　學術是什麼？這個問題與「認識你自己」、「我是誰」一樣，都是拷問靈魂的問題。

　　學術是什麼？對於中國學界（學術界，教育界）來說，這不是一個問題，也不存在這類問題。哲學上有這樣一句話：「離每個人最遠的，就是他自己。」將這個句式套用在中國學界：離學術最遠的，就是中國學界。

　　學術作為一個本體，有其內在的邏輯。

一、大學校訓辨析

　　學術是什麼？與這個問題相關聯的還有許多問題，諸如為什麼要有學術？學術是怎樣形成的？學術的終極目標是什麼？當今中國學界的水準如何？等等，這裡只討論學界的水準。

　　學界的水準，是一個民族認知能力的體現，社會文明程度的標誌，同時也是國力的象徵。一個具有正常思維的國家，應該對本國學界的水準有一個研判，為理性制定國策提供依據。至於中國學界的水準，評價體系則是取決於立場，站隊就是評判標準。曾經執掌中國教育帥印的「寶寶」，要領跑世界各國的教育；眾多「985」、「211」名校，無不指日成為世界一流大學；山東省計劃用十年時間，打造兩三所世界一流大學；學術論文數量全球第一，科技創新進入「大躍進」時代；「大國崛起」的歡呼震撼世界，「厲害了，我的國」著實令人豪邁。而另一種聲音正與之相反，處於中國教育之巔的北大、清華，只能算是三流大學；中國的基礎科學研究非常薄弱，缺乏核心技術，高端產品和常用儀器設備基本依賴進口；傳統的農業大國，至今培育不出優質糧種。

對中國學界水準的評判，可謂見仁見智，見涇見渭。中國學界的層次和實力到底如何？其實只需對中國的大學校訓瀏覽一番，便一目了然，且無可爭辯。

校訓，是一所學校文化底蘊、教育思想、辦學宗旨、精神風貌的結晶，對師生的心智、人生和事業具有重大影響。在人們的心目中，校訓的思想境界至高無上，正確性和權威性毋庸置疑。解譯中國學界水準的密碼，就隱藏在中國的大學校訓裏。對中國的大學校訓作一番辨析，很有必要。

1. 山東大學校訓辨析

校友與母校具有精神上和學術上的親緣關係，母校優先當屬常情，是故優先解析山東大學校訓。

中國的大學從九十年代開始重整校訓，山東大學的新校訓是「氣有浩然，學無止境」，後又改為「學無止境，氣有浩然」。前後如此調整，說明視為金句而確信無疑。確實，乍一看對仗工整，氣勢磅礴，所蘊涵的齊魯文化熠熠生輝。是否果真如此，容當逐一解析。

眾所周知，「學無止境」是一個僅能讓初小學童有點新鮮感的成語。十年寒窗，使出「洪荒之力」跨進山大校門，首先映入眼簾的校訓竟然是「學無止境」，直白、膚淺、陳舊、愚腐得讓人頓生挫敗感。即使「學」到死都「無止境」，試問，對學習還能產生興趣嗎？人生還有奔頭嗎？究竟是讓學生學還是讓學生不學呢？凡是讀過大學的人都應該知道，大學裏所學的知識，一部分是錯的，一部分是過時的，只有一部分是有用的。讓學生在錯誤的和過時的知識領域「學無止境」，這樣的「學」有意義嗎？這不是在毀人不倦嗎？即使在有用的知識領域也不能「學無止境」，化學界每年發表的論文和出版的專著，夠一個化學家讀 36 年；「百年鑽故紙，何日出頭時」，「學無止境」只能將人生帶向覆沒。「學無止境」承襲的是中國傳統的「孔乙己」式的讀書方式，認為書讀得越多越好，殊不知這種讀書方式只能「長癥瘤」，而不能「長精神」。「許多人讀了一輩子書，只知道一點掌故，到頭來還是一個糊塗蟲。」（俞偉超語）「學無止境」既違背當代科學思想和教育精神，也違反人性，對於提升心智、激發潛能毫無意義。今天提倡「學無止境」，顯然不合時宜；以口號式的空話和學術上的廢話作為校訓，實在不敢恭維。

據山大官網，「學無止境」的「學」，「不僅僅是指知識和技能的追求，更包含了道德情操和精神境界的追求」。這樣的注釋，借用時興的話語點評，是「想多了」。無論如何，「學無止境」既無引領學養的高度，也無作為校訓的

氣象。即使不作深究，也顯得過於小家子氣，有傷大雅。

再來考察「氣有浩然」，更是令人匪夷所思。孟子的「浩然之氣」，講的是充盈寰宇的磅礴正氣。「浩然之氣」是將「氣」作為賓語，所表達的是只有這一種「氣」，不存在第二種「氣」。「氣有浩然」是將「氣」前置作為主語，其意思與作為賓語的「氣」大相徑庭，可謂風馬牛不相及。「氣」一旦成為主語，就不僅僅指一種「氣」，而是涵蓋若干種「氣」，譬如正氣、豪氣、義氣、俠氣、才氣、人氣、大氣、神氣、財氣、脾氣，還有官氣、僚氣、傲氣、虎氣、猴氣、嬌氣、小氣、傻氣，更有怒氣、痞氣、匪氣、流氓氣、陰氣、陰陽怪氣，等等。當然也還有一種「氣」，就是被稱作「浩然」的那個「氣」。當社會錢權至上，道德淪喪，邪氣上升，正氣下降，在種種歪風邪氣的擠壓下，還會有「浩然之氣」的空間嗎？還能夠「浩然」嗎？再則，「浩然之氣」的「浩然」是形容詞，「氣有浩然」的「浩然」不再是形容詞，而是名詞。詞性的改變，使「氣有浩然」完全喪失「浩然之氣」的「浩然」。為對仗起見，將「浩然之氣」改為「氣有浩然」，原以為是一個大手筆，可誰知一改便露出本相，無論社會還是學界，已經再也容不下「浩然」。當大學喪失「浩然之氣」，讀完大學一定把自己讀沒了，一輩子再也找不回來，更不用說「認識你自己」了。如果孟子再生，見到齊魯大地最高學府，用「氣有浩然」偷樑換柱，如同劣幣驅逐良幣，將「浩然之氣」消解得無影無蹤，一定難遏雷霆之怒。

無論「學無止境」，還是「氣有浩然」，都是似是而非，南轅北轍。所釋放的信息，足以讓多少代人腦殘，即使成為教授，當上校長，榮登院士寶座，或者成為高官，抑或富豪，依然不明就裏，終究一腦子漿糊。好在這個崇尚忽悠的社會和學界，沒有人會去深究。

行文至此，得說一說山大的奇葩。幾年前山大官員像是為刷存在感，突然向全社會徵集「山大精神」，引來一片嘲諷之聲。為什麼一定要打雞血？沒有「精神」又當如何？如此高調行事，只能說明很不自信。山大學刊《文史哲》享譽海內外幾十年，今日山大之認知，似乎《文史哲》從來就沒有辦刊方向。本人讀山東大學時，山大排名在全國前十以內，如今名次下滑，這當然與校訓及一系列神操作有關。

至於前幾年網上熱炒的「伴讀」事件，對山大影響深遠。就憑山大的官場特色，就是給每個官員一百個膽，都不敢自作主張，獨行其事。凡是藉此詆毀和辱罵山大的牛人，不是心智不全，就是故意帶方向。給黑人留學生超

國民待遇，總不至於僅山大一家吧？全國艾滋病例數據直線上升，在甲乙類傳染病死亡率中艾滋病遙遙領先，總不至於是山大一家造成的吧？山大純粹就是一個背鍋俠，這個鍋背得很重，很怨。這個鍋得由全體校友和母校一起背，而山大官員和山東省官員背的是政績。

2. 南京大學校訓辨析

南京大學的排名一直靠前，其校訓是「誠樸雄偉，勵學敦行」。據南大官網，「『誠樸雄偉』原是中央大學時期的校訓，『勵學敦行』是從中國古代前賢名句中選取而來」，「將『誠樸雄偉』與『勵學敦行』兩句合為一起，既反映了南京大學的優良傳統與特色，又能體現學校辦學的理想追求和實現途徑。」簡言之，原中央大學時期的校訓是「誠樸雄偉」四字，現加「勵學敦行」成八字校訓。

既然提及「優良傳統與特色」，那就先來解讀原中央大學時期的校訓——「誠樸雄偉」。可以想見，當年「誠樸」與「雄偉」這兩個詞之間當以空隔分開，不可能聚合成一體，書寫形式應當是「誠樸　雄偉」。將兩個詞分開，「誠樸」與「雄偉」便各自獨立，「誠樸」如大地般厚重，「雄偉」似高山般巍峨；「誠樸」至厚德載物，「雄偉」成擎天巨柱；「誠樸」因「雄偉」而更加堅實，「雄偉」因「誠樸」而成為「絕頂」。將「誠樸」與「雄偉」分隔開的空隔，如同樂譜中的休止符，既表示兩個詞各自的獨立性，又是在凝聚情感的暴發力，讀來雄渾有力，氣貫長虹，不覺令人心潮澎湃，熱血沸騰，激昂向上，心智倍增。思著，想著，念著，誦著，就是一種修煉，是世間最簡捷最能取得大成就形成大智慧的修煉，實在是絕佳校訓。

今人無力感知此等修為，將「誠樸」與「雄偉」組合，遂成「誠樸雄偉」。需知這兩個詞的分開與組合，意境完全不同，有天壤之別。「誠樸」、「雄偉」詞性迥異，組合在一起則相互拉扯，「誠樸」因攀齊「雄偉」而懸於半空，「雄偉」需拉升「誠樸」而低頭哈腰。組合在一起的「誠樸雄偉」，文理不通，讀來彆扭，既無「誠樸」的氣質，又無「雄偉」的風度，所謂的「優良傳統與特色」蕩然無存。

南大在緊跟校訓風的同時，既不願放棄傳統特色，又要堅持政治正確，於是在「誠樸雄偉」後面加上「勵學敦行」四字。只要理性思考便會發現，「勵學敦行」同樣讓人一頭霧水。「勵學」和「敦行」儘管都有出處，但組合在一起只能有這樣幾種理解：既「勵學」又「敦行」；「勵學」的對象是「敦

行」；「勵學」的目的是「敦行」。無論哪一種解釋，似乎都不能成立。如果是既「勵學」又「敦行」，貌似可行，但是，將詞性不盡相同的兩個詞組合在一起，不但彆扭，而且讓人不明所以，不知所衷，其結果只能是既無「勵學」之自覺，又無「敦行」之內求。如果「勵學」的對象是「敦行」，難道「勵學」就是學「敦行」？勤勞樸實的傳統農民，有幾人是通過「勵學」而「敦行」？如果「勵學」的目的是為了「敦行」，今天「勵學」的「精緻的利己主義者」，又有幾人「敦行」？「勵學」未必「敦行」，「敦行」不需要「勵學」。將「勵學」與「敦行」組合在一起，實屬不倫不類。

南大八字校訓從整體上看，「誠樸」與「敦行」這兩個詞講的是修身，將一個詞置於最前面，另一個詞置於最後面，這是什麼文理？「勵學」與「雄偉」具有因果關係，將這兩個詞前後分開，這又是什麼邏輯？「誠樸」與「雄偉」組合的結果，是俯不「誠樸」，仰不「雄偉」；「勵學」與「敦行」組合的結果，是「學」而不「勵」，「行」而不「敦」。如此看來，南大校訓既不「渾然一體」、「琅琅上口」、「端莊大氣」，也不「寓意深刻，富有哲理」，更沒有反映「南京大學的優良傳統與特色」，純粹生搬硬套，實在令人匪解。

南大八字校訓，可能是在兩個環節上出了問題，第一是誤讀原中央大學校訓，將「誠樸　雄偉」當成「誠樸雄偉」（需要在此強調的是，凡是校訓、校風之類的文字，在該有空隔之處，既不能不留空隔，也不應以逗號代替空隔。本文尊重各校行文，未作統一處理）。第二是誤以為「誠樸雄偉」兩個詞不能分開，要增加內容只能在其後面增加，所以就形成「誠樸雄偉，勵學敦行」。如果近人能夠復活，見到今日南大之八字校訓，只能是一聲歎息！

那怎麼辦？難道需要更換校訓嗎？大可不必！其實只需將現有的四個詞調整一下次序，變成「誠樸敦行　勵學雄偉」，這樣就可以了。調整後的意思是：「誠樸」的內修使人「敦行」，通過「勵學」實現「雄偉」。用古典句式來表述，就是：誠樸以敦行，勵學以雄偉。這樣的調整，應該是詞性同一，符合邏輯，不減南大傳統的高度。或者調整為「誠樸　敦行　勵學　雄偉」，四個詞都各自獨立，亦無不可。無論「誠樸敦行　勵學雄偉」，還是「誠樸　敦行　勵學　雄偉」，這八個字，方能與南京大學的「八字」相合。

南大校訓所存在的問題，實際上是一個修辭問題。所反映的是理解力、判斷力、欣賞力、思考力，體現的是心智、認知、情操、學養、格局、境界。說到底，是一個層次問題，高度問題，價值觀問題。

3. 吉林大學校訓辨析

　　吉林大學屬於後起之秀，其校訓是「求實創新，勵志圖強」。這個口號意味濃烈的校訓，在中國的大學校訓中具有代表性。

　　先來解析「求實創新」，看看蘊涵怎樣的學理。幾十年來，「求實」與「創新」這兩個詞相當流行，常常組合在一起，作為宣傳口號和校訓、校風使用，似乎成為社會的精神支柱和學界的奮鬥目標。其實「求實」與「創新」處於完全不同的認知層面，「創新」的思維方式和思維能力，不知比「求實」要高多少個維度。從基礎科學研究及應用研究的層面來看，「求實」與「創新」是一對矛盾，「求實」就不能「創新」，「創新」就不能「求實」，兩者不能兼容。「創新」屬於基礎科學研究和應用研究的範疇，而「創新」需要的是思辨，即使在論證的過程中仍然充滿思辨，依靠「求實」無法實現科學研究中的論證。從表面上看，思辨是反理性的，反邏輯的，但在深層次上更具有理性，更符合邏輯。思辨的基本特徵應該是：超越經驗，先於邏輯，平地拔樓，無中生有。這當中哪裏有「求實」的影子？即使實證也不屬於「求實」的概念。所謂「求實」，就是按照通常的思維方式，根據已有的材料和經驗求其真實。比如日出日落，人類「求實」幾千年，先後形成「蓋天說」、「渾天說」、「宣夜說」，無不殫精竭慮自圓其說，「求實」的結果只能是「地心說」。在古希臘時期，阿利斯塔克斯以純粹的思辨導引出「日心說」，1700 多年後才有哥白尼《天體運行論》的面世。如果沒有高越的思辨，人類永遠也不會有「日心說」的概念。「求實」只是在某種程度上適用於低端產品的研發，根本談不上「創新」，至少沒有「含創量」。「求實」與「創新」不是一回事，相差幾個大時代。

　　要想「創新」，第一步要做的就是在思想上摒棄「求實」、「唯實」、「實事」之類的概念。這些概念所起的作用，就是將人們的思維壓迫到最低層次，將人們的視野擠壓成一個小孔，從根本上限制人們的想像力，禁止建立事物的一切聯繫。所謂「實」，就是截取事物的一點，排斥事物的複雜性與關聯性，抵制「系統論」和「全息論」的思維，讓人們放棄邏輯，忘記因果，只追求簡易，只看到實惠，只剩下平庸。當「求實」把深奧的道理、原理、學理、法理、倫理、真理抽象成乾巴巴的概念，一切就變得極為膚淺，再也沒有探索事物深層本質的欲望和能力，當然也就無法理解何謂「創新」。無論在科學史上，還是在人類社會發展的進程中，「求實」從未起過積極的作用。「求實」永遠不可能求其真實，「實事」也永遠不可能「求是」。一旦將用於洗腦的愚民

伎倆當成學術指南，學界就注定沒有「創新」。「只有大膽的思辨而不是經驗的堆積，才能使我們進步。」（愛因斯坦語）站在當代科學的高度審視，「求實」不但與「創新」對立，而且阻礙「創新」。當學界缺乏基本的認知，「求實」與「創新」便黏合到一起。吉林大學如獲至室，將其奉為校訓，在一代代學子的心中種下荒謬。

由於對「創新」缺少最起碼的理解，必然會認為只要「勵志」就能「圖強」。「勵志圖強」不需要解釋，作為口號盡人皆知。學界的「圖強」，不能光憑「勵志」，而是需要多少代人致力於基礎科學研究和應用研究，對各個領域的基本問題進行思辨，不斷提升科學認知，然後才能實現「圖強」。如果一味的「勵志圖強」，就必然急功近利，「彎道超車」，其結果是欲速則不達。國外每年都要撤銷數百篇中國人所寫的論文，下架的原因不外乎造假、抄襲和剽竊。吉林大學被下架的論文數目，在中國學界名列前茅。這就讓人產生懷疑，「勵」的是什麼「志」，「圖」的是什麼「強」？這種「勵志圖強」與不擇手段到底還有沒有距離？當然，不擇手段不僅僅表現在這一方面，而是全方位。

「求實」不可能「創新」，「勵志」未必能夠「圖強」。大學培養的是鑿山堆石的定力，催生的是超越時代的理解力。浮躁喧囂的口號，培養不出深度思考的人。

對於咬過一口蘋果或者聞過蘋果味道的人來說，理解這一小節內容並不困難。由此聯想到下落的蘋果，蘋果是個好東西。

山東大學校訓不講語法，南京大學校訓不講修辭，吉林大學校訓不講學理。各自培養的學生特點鮮明，風格迥異。

不要以為這些校訓只是不夠嚴謹，其實還不是不夠嚴謹的問題，而是屬於認知方面的問題，良知方面的問題。即使不夠嚴謹的定位能夠成立，也不能否認這些校訓的錯誤。校訓屬於學界的高端產品，不夠嚴謹，即為廢品。廢品校訓不僅僅只有這三所高校，而是一種普遍現象。縱覽近三十年來全國高校的校訓，凡是將古人或近人原句作為校訓的都中規中矩，凡是改動古人或近人原句的校訓基本上都是廢品，凡是原創校訓經得起推敲的寥寥無幾。山東大學校訓改了古人的原句，南京大學校訓改了近人的原句，吉林大學校訓權當原創，三例足以說明問題。

也許會有人嘲諷，說這是在鑽牛角尖。由於中國製造高端產品的能力不足，前幾年突然提倡工匠精神，近兩年是既不見工匠又不見精神。何謂工匠

精神？最簡捷最確切的解釋就是鑽牛角尖。不鑽牛角尖，哲學和科學怎麼會產生？還辦什麼大學和研究機構？學術就是要鑽牛角尖，不鑽牛角尖就不會發現萬有引力，不會提出相對論，不會產生量子力學，不會有今天的高科技時代。同樣，不鑽牛角尖，就不可能有本文辨析校訓的思辨，學界會永遠將廢品當正品。可惜的是，中國社會向來貶低鑽牛角尖，這是傳統和現實的負資產。中國社會和學界只有跨過這道檻，才能說對科學有了理解。

中國古代重視家訓，近現代重視校訓。對於高校乃至整個學界來說，校訓如同校冠上的明珠，勢必集全校之才智，致力於這項頂層設計。毫無疑問，中國的大學校訓的水準，就是中國學界的水準；中國的大學校訓所反映的人文和科技認知水平，就是中國學界的認知水平；中國的大學校訓，是中國學界實力和中國人才層次的集中體現。大學校訓多為廢品，中國學界的水準和實力如何，不言自明。

二、校訓難以成教訓

泱泱大國，人才過億，教授、博導、（名目繁多的）學者、院士雲集於三千高校，按理說不應該出現廢品校訓，可事實是不但出了廢品，而且多得難以置信。更為令人驚悚的是，所有高校全都渾然不覺，無不自信滿滿。這樣的陳述，一方面展現的是雄厚實力，一方面揭示的是廢品校訓，如此強烈的矛盾衝突，勢必拉開中國學界厚重的大幕。況且，這是涉及國家根基、關乎中華民族前途和命運的大事，必須深究原委，有所交待。

1. 人文枯竭

中國文化的精華，不是靠書本流傳的，而是靠一代代聖賢大哲的人格傳承的；中國文化的精髓，不是靠政令昭彰的，而是靠一代代思想精英的精神彰顯的。縱然讀書萬卷，不及讀懂大師一人。當數十次運動剝奪幾代學術精英和城鄉精英的「傳道」權與生命權，他們所承載的那個傳統注定消亡，所代表的那個時代必然終結。把一切高貴都踩在腳下，高高揚起的是無盡的醜惡。文化的變異，使文化不再具有精神的力量。就如同今天的食物，不再具有物種的天香。普通話統一的是思維層次，再也沒有個性的張揚。簡體字儘管還是漢字，但已失去「詞根」。人文儘管還是人文，才情只能用於頌聖。中國人雖然還是中國人，但已不再有中國魂。大學成為標準官場，再也沒有價值的守望。學術與權力嫁接捆綁，學界不再是民族的脊樑。一切都被徹底顛

覆，唯見人文日益萎縮。

難以承受的繁重課業，驅散童年的天真與夢想，摧毀少年的意志與剛強。社會的嚴重不公和種種歪風，使得一代代「精緻的利己主義者」，在基礎教育階段就被鑄造成功。讀大學讀成「絕對精緻」，生命的更新全然不懂，越是高材便越是平庸。沒有審美便沒有文采，學位論文大多語句不暢，文理不通。通往教授的道路鋪滿奉承，成為「學者」全憑折騰，院士靠的是絕對順從。幾十年的重理輕文，讓人們失去基本常識，不知道何謂學養。北大校長有「鴻浩之志」，公開道歉只是走個過場。清華校長「熱列歡迎」新生「實誠」得「不摻水分」，「機智」和「尷舞」相得益彰。缺乏值得仰視的高度，更無值得憧憬的遠方。沒有人會激情燃燒，沒有人玩盪氣迴腸。一切由功利驅使，空氣中彌漫著裝模作樣。學界完全沒有靈魂，人們早已失去信仰。

人文不再超拔激越，水準不足以支撐校訓。於是便信手拈來宣傳口號，或是在故紙堆裏反覆找尋。所幸有古人悲天憫人，為大學備下「自強不息」。無論狗尾續貂還是貂尾續狗，只能說明人文枯竭。文化的廢墟長不成參天大樹，精神的貧瘠只能出廢品校訓。

2. 良知泯滅

當整個社會是非顛倒、善惡不報、正義不張、道德淪喪，想要學界保持良知，純屬癡心妄想。

當今學術腐敗，幾乎不亞於官場。抄襲剽竊之風盛行，弄虛作假足夠囂張。一些科研項目為的是套取經費，將外國產品貼上原創標籤冠冕堂皇。有大學校長和院士也大行其道，追責的聲音被斥之為負能量。中國學界發表論文數量世界第一，在國外下架數量同樣世界第一。近日下架清一色中國人 323 篇論文，「世界一流大學和世界一流學科」「雙一流」也在其列。「論文工廠」批量生產，「評審公司」忙於接單。發表論文數量標誌實力雄厚，下架論文數量對應廢品校訓。有教授評價當今教授所寫論文，百分之九十九都是垃圾。「立德、立功、立言」「三不朽」早已腐朽，僅存的百分之一良知正瀕臨滅絕。

科學研究的過程，是淨化心靈的過程。學術成果的價值如何，取決於研究者心靈淨化的程度，而不在於暫時有多少人接受。今天的中國學界，已無心靈的氣息。全面喧囂的本質，是淺薄與頹廢。沒有人理解學術的奧秘是淨化心靈，沒有人相信校訓的真諦是堅守良知。當學術良知喪失殆盡，垃圾論文托起的校訓必然是廢品。

3. 認知低下

從「師夷長技以制夷」，到「學好數理化，走遍天下都不怕」，功利的民族性決定忽視基礎科學，使得中國人只懂得拿來應用與開發。本人多次作《科學研究的科學——關於思辨的認知》的演講，旨在闡明基礎科學研究、應用研究與拿來應用及開發，其思維方式和思維層次處於完全不同的維度，掌握技術不等於就能夠理解科學。對科學的理解需要幾代人的深度思考和上下求索，需要理性的思維和演繹、思辨。中國學界缺乏足夠的理解力，與中國足球正上演兄終弟及。當今中國只有技術專家而鮮有科學家，中國還需要進行科學的啟蒙。官宣認定山寨就是創新，這是對威權學界的權威裁定。拿來應用的認知看校訓光鮮豔麗，基礎科學的頭腦看校訓多為廢品。當技術主宰思想領域、文化領域、學術領域、教育領域乃至整個社會，技術所起的作用就是摧毀思想和靈魂，製造垃圾論文和廢品校訓。

用古人的原句作為校訓，不代表就有足夠的認知，幾千年的古人思想，不具有當代科學和當代教育的意義。近年來常有人言必稱「思辨」，實際上所表達的是「辯證」，「思辨」正失去深邃與奧秘，將與「磚家」歸為一類。如何理解科技的長足進步，其實主要表現在強軍領域，「彎道超車」的本質是拿來主義，所謂「原創」只是把戲。

處於學界頂層的一眾院士，對廢品校訓怎麼就無動於衷？盛名之下其實難副，院士的認知能力大多平庸。面對重大的公共事件，可曾見過院士的水準和操守比一線專業人員還能服眾？近三十年培植出一個學術特權階層，起到學界「協警」的作用。這個社會存在諸多泡沫，是泡沫總要被擠破。九十年代的中國科學院院長周光召，曾建議取消院士制度。院士制度弊大於利，有多少院士在創新上未建寸功。得天地正氣能夠撐起校訓之人，沒有可能被院士制度所用。

4. 倫理缺位

每一個人都是為自己來到這個世界，具有無可取代的獨特性和唯一性。為了認識靈魂深處的自己，於是產生科學的頭腦。靈性、慧根、悟性、人格、擔當、創造力，純粹屬於個體。將天賦匯聚到一起，便形成學界。科學的進步，就在於懷疑，再懷疑；批判，再批判；否定，再否定；超越，再超越。因此，學術需要包容精神，展現不同的認知和思考力，共同提升科學的境界。沒有批判，學術就沒有精神；沒有包容，學界便沒有靈魂。近人提出的「兼容

並包」，便成為學術倫理。

　　當今中國學界對科學缺乏足夠的理解，沒有討論問題的熱情與環境，無法形成批判的傳統，加之種種強力干預，完全喪失學術倫理。所有的創新都意味著挑戰，同時都飽含批判精神，這就勢必影響到所謂學術權威的威權，一些權威便痛下殺手。中國並不缺乏創新的頭腦，但是一定會遭到一眾學棍無情的封殺和碾壓式圍剿，成為弱勢個體在煉獄中忍受屈辱與煎熬。劣幣驅逐良幣，這是中國學界的寫照。當然會有人認為這是在誇大其辭，那是因為沒有聞過蘋果的味道。倘若上天眷顧有幸咬過一口蘋果，一定會萬劫不復在劫難逃。對於具有創造力的人來說，文革的劫難從未結束，不准妄議的學界，豈容健全的人格獨立思考。並非院士的屠呦呦榮獲中國自然科學領域的唯一諾獎，一幫專家教授聯名致函諾獎評委會，要求即使取消該獎也不能給屠呦呦。公然置國家榮譽和公平正義於不顧，足見中國學界人性之邪惡。一統學界，無數幫會，清華投毒，復旦血案，凡此種種，內卷慘烈。大學課堂薄冰深淵，良心教師稍有不慎就被下課。如此惡劣的環境，誰還會質疑？誰還敢批判？誰還去創新？當今中國學界，具有創造力的人只能是怒目蒼天，最高智慧就是一再的自我淘汰。

　　科學的進步是由極少數人的連續不斷的發現推動的，一些權威及其幫會盡顯平庸之惡，將這極少數人「動態清零」。對於國家和民族來說，學界的「動態清零」就是一種犯罪。官場有「系統性腐敗」，學界有「系統性犯罪」。毫無學術倫理的「系統性罪犯」，即使搜腸刮肚也只能出廢品校訓。

　　人文的重建，良知的培育，認知的提升，倫理的光復，絕非一代人所能成功。當今中國學界人格早已定型，思維也已固化，沒有提升認知的衝動，只有持續的下滑，加之愚蠢的傲慢，更有死不認錯的中國特色，過於世俗的群體，不可能將校訓當作教訓。

　　行文至此，適逢中國人民大學等高校宣布退出世界大學排名，進行「文化脫鉤」，「建設中國特色世界一流大學」。這個以「實事求是」作為校訓的中國人民大學，「求是」幾十年終於明白，沒有指望成為世界一流大學，那就「建設」具有「中國特色」的「世界一流大學」。既然是「中國特色」，那就是世界唯一，而不是「世界一流」，唯一不等於一流，也有可能是末流。中國的大學不是原生的，定理、公式、方程式沒有一個是自己的，連語文都沒有學好，邏輯學更沒有學過，這樣的文化有「脫鉤」的必要嗎？前人已告別算盤時代，

與書院制脫鉤，現在是不是要「脫鉤」到夜郎國去？甚或「脫鉤」到山頂洞裏？在那裡，現有的校訓都是正品。

本人於 2009 年撰寫一篇人稱「萬言書」的《論教育》，全文分十個部分，有必要將其中的幾個小標題羅列於此——對教育的基本認識；當今中國沒有教育；當今中國沒有教育家；中國建成世界一流大學至少需要一百年；中國再出大師至少需要一百年；中國的大學只有技術，沒有科學；愛國不需要教育。

這裡不便展開討論，根據小標題就能知道大概內容。十多年過去，本人越發堅定自己的看法，即使在舉國狂歡「厲害了，我的國」、「我自豪，我驕傲」的年月，也沒有絲毫動搖。多所大學信誓旦旦的指定建成世界一流大學的日期已經成為過去，結果建成的是「文化脫鉤」，這似乎能夠說明問題。五千年文明古國，不乏理性的頭腦。

女性智則少年智然後國智，女性富則少年富然後國富，女性強則少年強然後國強。一個盛產「鎖鏈女」的國度，一個頻頻出現母親因無生路帶著孩子一起自殺的盛世，一個以歷史的車輪反覆碾壓小悅悅的社會，一個借防疫之名強行隔離親子致女童死亡的文明，一個常見黑道、白道公然毆打女性甚至致死的法度，一個無人敢於扶起老人的禮儀之邦，一個官場超級貪腐、貧富絕對懸殊、沒有社會福利的體制，一個崇尚鬥爭、不准妄議的時代，一個實行教育產業化、對教育投入少得可憐的國家，一個毫無底線的十四億族群，為了裝門面，折騰幾十年，在神棄的土地和文化的廢墟上建世界一流大學，這只能是中國學界的淺薄和無知，恥辱與悲哀！連基本常識都沒有弄懂，還奢談什麼世界一流大學，配嗎？！所謂世界一流大學，就是一小群老瘋子帶著一大群小瘋子。十年樹木，百年樹人，五代培養一個貴族。能夠建成世界一流大學、撐得起校訓的那群瘋子，那群精神貴族，他們的姥姥的姥姥還沒有出生。

本人不會為期盼她們早日降生而祈禱，因為她們不應該降生在這片泥沼。中國在一百年之內不可能建成世界一流大學，也很難有正品校訓。這是人道，也是天道，人道彰顯天道。

三、學術就是人格

前文第一部分「大學校訓辨析」，是對中國學界的望聞問切和儀器檢查，確診患有重症。第二部分「校訓難以成教訓」，是對中國學界的病理分析，確

認致病原理、病變過程和病變性質。接下來就是開處方，這個處方只有六個字——學術就是人格。

要使這個處方能夠見效，就得先讓今天的學子和未來的學子知道：應該怎麼讀大學。

1. 大學應該怎麼讀？

在中國人的心目中，上大學就是讀一個專業。其實這種認知大錯特錯，如果僅僅是學一門專業，跟舊時學一門手藝沒有區別。那麼，該如何讀大學呢？在當今中國，這不僅是一個問題，而且是一個重大的問題。

喚醒靈魂

老子《道德經》有「出生入死」語，原意並非今人所理解的身經百戰、槍林彈雨，而是講人一旦出離生門便入死境，靈命「出生」便是「入死」。所謂狼孩、狗孩、豬孩，則是典型的「出生入死」。嬰幼兒和青少年的成長過程，需要不斷喚醒靈魂。西方幼教和小學老師高工資，那是呼喚靈魂的薪酬。當今中國在基礎教育階段，繁重課業和社會污染，已經把人變成「精緻的利己主義者」，精於功利，老於世故，全無夢想，天性漸失，人人自認為聰明，殊不知這是一種人性變異，三觀已然不正，靈命奄奄一息。上大學第一要緊的事，就是喚醒靈魂，更新生命。如果任由靈魂沉睡，讀完本科就把自己讀沒了，大多數人會失去靈魂。恰如不能讓身受重傷的人睡覺，睡去便是死亡，應該不斷呼喚使其清醒。高材生大多平庸，是因為靈魂沉睡。所謂腦殘，就是靈魂不再醒來。即使日後成為教授，所寫論文依然是垃圾。古人的所謂「傳道」，就是喚醒靈魂。無論成為具有常識的明白人，還是成為具有理性的智者，抑或成為真正意義上的科學家，都必須喚醒靈魂。讀大學不喚醒靈魂，大致是十八死，七十葬。

找回夢想

一個人在初小階段就應該形成夢想，可是當今所有人都沒有夢想。喚醒靈魂，就得找回夢想。所謂夢想，就是曾經被徹底批判的成名成家，造福社會。職業不是夢想，雖然醫學家以醫生為職業，教育家以教師為職業，但在思想境界和人生追求上則是天壤之別。人生應該有夢，只有夢想能夠使人樹立人格，追求自由；只有夢想能把人帶向遠方，帶往神聖的地方。只有夢想能夠使人越過崎嶇，笑看蒼茫。很難想像一個沒有夢想的人，還能夠堅守信

仰，具有創造力。不是說人人都能成名成家，但是應該知道自己的興趣、潛能和擅長，什麼事物能夠深深吸引好奇心，什麼方向能夠使自己付出畢生的努力。做不了參天大樹，也要成為桂樹香溢仲秋，成為丹楓染紅山野，即使小花小草也要妝點大地。「取乎其上，得乎其中；取乎其中，得乎其下；取乎其下，則無所得矣。」不找回夢想，即使清華博士也只能問別人自己適合什麼工作，清華、北大女博士也只能當城管、做協警，外賣小哥的隊伍中不乏學士、碩士。這說明就業壓力，也反映靈魂沉睡，沒有夢想。有多少學子，是由農民工和下崗工人所供養，新一輪「讀書無用論」，比前一波更為悲愴。在道德層面，夢想就是靈魂，就是天良。

樹立人格

喚醒靈魂，找回夢想，為的是樹立人格，學會思考。「教育的本質在人格」，蔡元培對教育的理解最為深刻。每一個學子的心中都有魔障，學術權威像一座座山堵在前面無法超越而令人沮喪。要想具有獨立人格，就必須驅除心魔。只要讀懂本文第一部分「大學校訓辨析」，就應該明白：教授需要教授，博導一駁就倒。這是本人本科畢業三年後的感悟，這句話更適用於今天。只要樹立人格，什麼樣的權威都不能阻擋昂首闊步。復旦大學校訓是「博學而篤志，切問而近思」，學生袁濤尊重內心，將校訓改為「薄學而瀆職，怯問而禁思」。「東方衛視」做過相關節目，代表復旦官方的法學院教授浩然戾氣，戰狼式豪橫和對教育的無知，足證袁濤將校訓修改得恰如其分。袁濤的在校表現，說明他已具有獨立人格。這種最可寶貴的精神資產，今天的復旦不可能理解。復旦的「動態清零」如火純青，依然澆灌人畜無害的平庸和國師的信口雌黃。袁濤的人格，堪稱當代學子的典範。無論他退學後身在何方，不屈的靈魂，一定會迸發出無限的能量。只有人格，才能使人終生學習，不斷進取；只有人格，才能使人浩然正氣，不被奴役；只有人格，才能使人心向高貴，具有尊嚴；只有人格，才能使人悲憫蒼生，心懷謙卑。所謂人格，就是為人之格。人格不是人品，「人品」是供俗人用的，「人格」是供夠格的人用的。人格固化，便是風骨。一旦形成風骨，三軍可以奪帥，匹夫不可奪志。屠呦呦無言，莫言少言，皆是風骨。之所以皇天不負苦心，是因為孩提時代，已具獨立人格。

學會思考

獨立人格和獨立思考是一對孿生，或者說是一枚硬幣的兩面，具有獨立人格一定會獨立思考，獨立思考一定具有人格。愛因斯坦認為，教育就是「學

會思考」。學會思考首先體現在專業，一門專業過於狹窄，不足以形成大思考，應該涉獵幾門專業，打通所有的知識儲備。在有用的知識領域，對每一個原理、每一個概念都要認真思考，這很重要。之所以出現廢品校訓，歸根結底，是因為沒有弄懂概念和原理。不能為掌握知識而掌握知識，要將知識置於邏輯系統中思考，專業只是悟道的途徑，知識要為提升思維層次和認知能力服務，要讓知識活起來。這種學習和思考的體系，根本不存在專業的界限。每一個人都比自己想像的優秀，就看能不能做到天賦至上。所謂天賦至上，就是超越經驗，無視權威，掙脫羈絆，衝破窠臼，拒絕似是而非，絕不隨波逐流，充分發揮天賦，活出真正的自己。讀大學不能只學一個「嚴謹」，那通常是低能教授蒙人的把戲。一個人如果沒有好的想法，就會覺得「嚴謹」毫無意義；一旦出現震撼自己的想法，自然會十分「嚴謹」。重要的是思考，要有想法，讀大學的價值就在於形成想法。「嚴謹」就是阻礙人們思考，束縛人們的想像力。「大膽假設，小心求證」，這就是思考的奧秘。讀大學所學知識只是打下一個基礎，唯有思考才能夠把人引上正路，達到人生應有的高度。

　　「東方衛視」編輯江小魚認為：「大學教育是污泥濁水。」站在教育的立場，這句話完全正確。中國學界當然不會認同，因為都把教學當成教育，而在教學的層面無法理解教育。不要指望今天的大學能把學生培養成為真正意義上的人，因為今天的大學不是真正意義上的大學。對學生的天分和良知少毀掉一些，就算是一所好大學。這需要哲學思想、科學精神和悲憫之心，這些都是當今中國所缺少的。要想成為真正意義上的人，就必須自救，自己喚醒靈魂，自己找回夢想，自己樹立人格，自己學會思考。如果能遇上既懂教育，又懂科學，更有古道熱腸的老師，算是祖上積德，三生有幸。

2. 學術就是人格

　　從事學術研究的人應該知道這樣一句話：「什麼樣的人做什麼樣的學問。」仔細想想這句話有一定的道理，但是又覺得並不全對。至於這句話的原理是什麼，似乎沒有人說得清楚。其實這句話本身就是一個頂層學問，要說明其原理，就得將學術研究的性質和研究者的人格結合起來思考。如果將基礎科學研究和應用研究歸為一個大類，將拿來應用研究及開發研究歸為另一個大類，這就可以將所有的研究者劃分為相對應的兩個大類，立即就會明白「什麼樣的人做什麼樣的學問」。在拿來應用研究及開發研究這一大類當中觀察，就未必是「什麼樣的人做什麼樣的學問」了。

中國人的學術基本上是拿來應用及開發，而從事應用研究的少之又少，從事基礎科學研究的人更是寥寥無幾，從而導致中國的基礎科學研究非常薄弱。為什麼會是這樣？究其原因，這與中國人的人格存在密切的關係。「什麼樣的人做什麼樣的學問」，這句話應該是「什麼樣的人格做什麼樣的學問」。中國人之所以很少搞基礎科學研究，是因為中國人沒有人格或人格的高度不夠，不足以從事基礎科學研究。站在基礎科學研究的立場，人格的高度不夠就等於沒有人格，所以本文所講的沒有人格包括人格的高度不夠。下文從幾個方面來討論人格與學術的關係，以說明學術就是人格——

思維方式

從事拿來應用及開發研究，基本上採用的是線性思維，當然也有發散性思維、逆向思維，等等，大致屬於庸人所為。具有人格的人（指高貴的人格或人格具有足夠的高度）不屑於這樣的思考，採用的是推理、演繹、思辨，研究過程和結論決不落入俗套，這正是從事基礎科學研究的思維。沒有人格的人總是被經驗所困，甚至以錯誤的結論作為前提，如果是將軍，一定會遵循不能背水布陣的原則。具有人格的人則是超越經驗，先於邏輯，背水布陣，玩的是登峰造極。有無人格，決定一個人的思維方式和從事什麼樣的研究。

研究層次

愛因斯坦將學術研究比喻為在木板上鑽孔，說有人專挑薄板鑽，有人專挑厚板鑽，而他自己則專挑厚板鑽。本人將學術研究比喻為釣魚，有人專釣水面上的小魚，有人則是放長線釣大魚，更有人不釣魚而是下蒼龍窟。中國古代神話說，在深潭底部的洞窟中臥著蒼龍，世間至寶明珠便在這蒼龍口中，只有下蒼龍窟才能獲得至寶明珠。釣小魚是拿來應用與開發，釣大魚是應用研究，下蒼龍窟則對應基礎科學研究。釣小魚還是釣大魚抑或下蒼龍窟，完全取決於人格。

研究方法

拿來應用及開發的專家，言必稱研究方法，不過總是跟在別人後面亦步亦趨，很少在方法上有所創新。從事基礎科學研究和應用研究的人則是不拘一格，根據需要不斷提出新的方法。科學家將探索真理的熱忱看得比方法更重要，誠如愛因斯坦所言：「科學方法本身不會引我們到哪裏去的，要是沒有追求清晰理解的熱忱，甚至根本就不會產生科學方法。」「一切方法的背後如果沒有一種生氣勃勃的精神，它們到頭來都不過是笨拙的工具。」對研究方

法的態度，是由人格的高下所決定的。「君子無所不用其極」，講的就是這個道理。

格局

人格與格局完全對應，高貴的人格一定有大格局，人格高度不夠只能是小格局，沒有人格則沒有格局。這種對應性同樣反應在學術研究上，沒有格局或格局不大，只能在狹窄的專業裏做一個專家；有大格局的人往往超越本專業，進行多學科結合，最終成就一個學者。專家與學者的區別，就是人格高低的區別，格局大小的區別。

意志

科學家需要具有強大的內心、勇敢的精神和挑戰極限的靈魂，否則許多問題連想都不敢想，即使想到也不敢講。特別是在揭示真理的過程中，需要有驚天地泣鬼神的意志。就如同下蒼龍窟探取至寶明珠，必須潛入深深的潭底，要經受寒冷、黑暗和壓強的考驗；在潭底的諸多洞窟中搜尋蒼龍所在的洞窟，又要經受孤獨、迷茫和挫折的困擾；從蒼龍口中取出至寶明珠，還得承受緊張、恐懼的心理壓力；甚至這一處潭底沒有蒼龍窟，又得經受失敗的打擊。探取至寶明珠，時時命懸一線，常常面臨精神崩潰。取得明珠公諸於世，還得經受世間殘酷的一面，或被貶為魚目，或被斥為荒謬，或欲毀之，或欲竊之，或欲奪之，或遭冷遇，這就得以剛強的意志守護明珠，也就是堅持真理。下蒼龍窟就是從事基礎科學研究，需要崇高的境界、超凡的膽識、百折不撓的精神和臨危不懼的勇氣。只有偉大的人格，才能將人生作為祭品奉獻給科學的祭壇。至於拿來應用研究，不可能具有這樣的人格，也不需要這樣的人格，「精緻的利己主義者」足夠勝任。

境界

學界如同長跑的賽場，極少數人領跑，隔一段距離才是多數人的團跑，後面還有一些人稀稀落落跟著跑。教練通常要求運動員不要領跑，因為領跑不利於最後衝刺。學界的各個領域都有幾個人領跑，而領跑者很難享受到自己的研究成果。當今學界的所謂權威，基本上產生於團跑群體，不在於他們最後衝刺，而在於他們懂得論資排輩，其中不乏工於心計。領跑者之所以成為領跑者，是因為具有領跑學界的境界。這種境界，完全由人格主宰。

人格的高下，決定思維方式、研究層次、研究方法、格局、意志和境界的高下，高貴的人格才能夠承擔基礎科學研究及應用研究。這就如同第一次

世界大戰期間，英國貴族出身的軍官戰死的比例遠高於平民出身的士兵，這是因為貴族的榮譽和高貴的人格。「慷慨赴死易，從容就義難。」相比而言，科學家的人格則更加偉大。用簡練的語言表達科學家的人格：捨命求真的殉道精神，捨我其誰的英雄氣概。

偉大的科學家都具有超人的智慧，超人的智慧生發於高貴的人格。什麼樣的人格做什麼樣的學術，什麼樣的學術反映什麼樣的人格。科學真理與其說是智慧的結晶，不如說是人格的結晶。人格是內在的學術，學術是外在的人格。學術是人格的寫照，表裏如一，學術就是人格。

這就可以理解，為什麼當今中國人所享受的一切，基本上都不是中國人的創造發明，而是屬於西方文明。中國學界之所以沒有創造力，是因為普遍沒有人格或人格的高度不夠。儘管清華一年畢業三千博士，沒有人格的博士只能是俗人。儘管教授都是一肚子知識，沒有人格的知識只能胎死腹中。儘管多少海歸報效祖國，沒有人格的留學只能是浪費。中國普遍流行廣場舞，讓廣場舞大媽接受芭蕾舞知識和技能的訓練，只能跳出醜態百出的廣場芭蕾，永遠不可能跳出真正的芭蕾。中國學界基本上都是廣場芭蕾大媽，無論掌握多少知識也還是沒有創造力。廣場芭蕾大媽只能跳出廢品校訓，跳得把山寨當著創新，跳到「文化脫鉤」，甚至公然宣稱要把臺積電搶到手。北大、清華與藍翔技校所跳的都是廣場芭蕾，雖然難度不同，但無本質的區別。可悲的是今天的學子都是由廣場芭蕾大媽教授，廣場芭蕾在中國學界正薪火相傳，如火如荼。

重要的是喚醒靈魂，找回夢想，樹立人格，學會思考，剖析自我，清除毒素，發揮天賦，變換觀念，提升思維，重建認知，脫胎換骨，浴火重生，迎來生命的偉大更新。這樣的生命，這樣的靈魂，這樣的人格，才能擔當科學和技術創新的大任。只有汲取產生定理、公式、方程式、源代碼背後的動力，所掌握的知識才能獲得新生。

知識不是力量，人格才是力量。科學技術不是第一生產力，人格才是第一生產力。人文滋養人格，文科比理、工科重要。

這就是為中國學界開出的處方——學術就是人格。

當今中國學界每每緬懷西南聯大，當年戰火紛飛，條件極其簡陋，生活極端艱苦，連生存都成問題，令人困惑的是為什麼能夠培養出那麼多科學奇才？其實道理非常簡單，就是人格。當年的學子受到中國傳統文化精神的薰

陶，又經西方哲學思想和科學精神的洗禮，足以養成高貴的人格。私產恒有，思想自由，是養成人格的先決條件和決定性因素。當年家仇國恨，心懷大愛大恨，只有大愛大恨的人格，才能迸發出全部能量，攀登科學高峰。

　　裴安平教授就是一個做真人做真學問的人，幾十年在考古學領域潛心於基礎研究，獨創體系，自成一家，著作頗豐。裴安平教授常年凝神思考，埋首著述，不知世風江河日下，無人委志學術，以為學術倫理猶在，可以自由討論。然而所處的學界不准妄議，同樣維穩，真知灼見投稿無門，實則是一種「動態清零」。於是他便將多年的高論彙集成冊，定名《問道：當代中國考古學現狀的反思與前瞻》。該文集出版，見證裴教授甘於下蒼龍窟探取至寶明珠的高貴人格。

　　本文是為該文集所寫的序，之所以安排在文末說明原委，是因為顧及全文形而上風格的完整性。本文似與該文集沒有關聯，但只有通過本文才能讀懂中國學界，才能讀懂裴教授的人格，也才能理解該文集的所有論述。作為同道，我深切理解裴教授的堅守，不屈服於世俗，成為弱勢個體還在煉獄中前行，其人格可敬可佩，其精神可歌可泣。中國學界如果多一些裴安平這樣的人，也不至於產生大量的廢品校訓，任由廣場芭蕾橫行。

　　是為序！

　　　　　　　　　　　　　　　　　　成稿於明故宮遺址東華湖畔
　　　　　　　　　　　　　　　　　　二〇二二年六月三十日

目

次

前　言

今天，中國考古學已出現表面虛假繁榮而內在危機四伏的歷史新現象。主要表現和原因有以下三個方面。

一、考古學的目的變了

隨著國家改革開放的推進，新時期「一帶一路」的不斷延伸；又隨著全球人類命運共同體建設的需要，考古學的學科性質和目的也發生了顛覆性的變化。以往的考古學只是社會科學中的一個普通分支，也是大歷史學的一個普通分支，考古學的目的是純學術的，只用實物資料來復原歷史研究歷史。但是，現代考古學與以往完全不同了，最明顯的變化就是增添了許多新的社會功能，成為了國家面子和形象的重要畫筆，其中包括提升文化遺產的品質和地位，宣傳、弘揚和保護優秀的歷史文化遺產，增強人民的民族自豪感，並為地方文化事業和旅遊提供服務。此外，考古發現還明顯與地方政府的政績掛鉤了，與項目和經費掛鉤了。對此，考古人歡欣鼓舞，專業自豪感大漲，還連帶出現了三個顛覆性的變化。

第一，急功近利，發現與研究的地位倒轉。

以前考古發現主要是為研究服務，為研究提供資料和證據；但今天，由於急功近利，研究的地位下降了，研究開始為發現服務，為提升新發現的性質和歷史意義服務。於是，一批世界第一、中國第一、長江流域第一、黃河流

域第一的新發現很快就在各地出現了〔註1〕。其中，「良渚古國」、「河洛古國」的誕生就是這方面的典型案例〔註2〕，並說明今天的學科根本不需要費神費力地復原歷史和研究歷史了，而只要面子上能為國為所在地爭光添彩就可前程什錦。

第二，默默無聞的類型學研究被徹底懈怠了。

有考古人2001年就發現了一個新考古學文化，但此後20年他卻從未在科學刊物上正式發表過一篇用器物類型學專門論述這個文化年代問題的論文；即使2016年在發掘報告中關於該文化年代的簡要論述，也完全不顧事實編造了許多假的證據〔註3〕。然而，在專家和學者們的共同抬舉下他卻弄假成真了，還成了省文化系統的「模範人物」〔註4〕。這說明實實在在的默默無聞的類型學基礎研究已被徹底懈怠了，即使專家也不研究了。

第三，碳十四測年數據的重要性超過了類型學。

原本只有參考意義的碳十四測年數據的重要性目前已明顯超過了器物類型學研究的認識結果。其中，測年數據為古文明定「座標」〔註5〕就是這方面變化最突出的標誌。因為，一方面它表面上是使用世界上最先進的自然科學方法和技術取得的結果，從事社會科學的考古工作者無以辯駁；另一方面，碳十四數據也越來越「人性化」，越測越早，越來越實用，大受一些急於提升考古發現意義的學者的歡迎。

顯然，以上現象不僅反映考古學的目的已發生重大變化，還說明考古學的基礎研究也日趨輕浮和衰落。

〔註1〕裴安平：《上山文化根本不是世界上最早的稻作和彩陶文化》，www.peianping.com/新文稿；裴安平：《質疑世界遺產「良渚古城遺址」認識的十大學術泡沫》，www.peianping.com/新文稿；陝西省考古研究院等：《發現石峁古城》，北京：文物出版社，2016年。

〔註2〕裴安平：《「河洛古國」是真的嗎？》，www.peianping.com/新文稿。

〔註3〕裴安平：《質疑浙江上山文化最早年代的認識與認識方法》，www.peianping.com/新文稿；裴安平：《上山文化根本不是世界上最早的稻作和彩陶文化》，www.peianping.com/新文稿。

〔註4〕鄭維維：《蔣樂平：半生耕耘「新石器時代文化」尋守浙江史前文明》，杭州網／熱點專題／2019文化和自然遺產日／最美文物守望者，2019年12月9日；駱依婷：《蔣樂平：「上山考古」第一人》，浙江：《諸暨日報》，2021年5月11日。

〔註5〕李禾：《碳十四等測年法為古文明定「座標」》，北京：《科技日報》，2013年1月5日，第3版。

二、實用主義泛濫

這是一個非常值得關注的問題，因為中國考古學現已進入「重建中國史前史」和「中華文明探源」的新時代，進入了最需要指導思想和理論的時代。但是，就在這個時代，中國考古學卻為了應付差事導致實用主義普及並泛濫成災，而且還成為了當代中國考古學新時代的新特點。

目前，實用主義主要表現在以下三個方面。

（一）馬克思主義實用化

之所以馬克思主義在現代中國會實用化，最根本的原因有三個。

其一，國家政治制度使然。

其二，建國以來考古學的傳統使然，因為老一輩的考古學家一直堅持以馬克思主義為指導思想。

其三，為了使西方歐美引進的「先進」理論及其在中國取得的研究成果都具有本土的合理、合法與科學性，必須披上馬克思主義的外衣，否則就失去了掩護與護身符。

根據已有的實踐，馬克思主義實用化的具體操作主要表現在三個方面。

其一，只消極「繼承」不主動發展。

馬克思主義，特別是恩格斯《家庭、私有制和國家的起源》的寫作與出版，不僅年代早，1884 年，也就是近 140 年以前；而且當時無論歷史資料還是民族學資料都很少，尤其是關於中國的考古資料就完全等於零，因而對有關問題的研究和認識就不免階段性地域性成果的意義，並給今天的繼續發展留下了餘地。

自 20 世紀 50 年代以來，中國的考古事業得到了極大的發展，大量史前和古代遺址被發掘出來，不僅充分顯示了中國歷史鮮明的自身特點，還為人們解放思想，深入研究，自覺地繼承，特別是發展馬克思主義奠定了堅實的基礎。

但是，中國考古學對馬克思主義的態度主要是通過簡單地「貼標籤」和抄襲等方式消極的「繼承」，而從不談主動的發展。這除了本身的自覺性不夠以外，還因為主動發展將完全關閉引進西方歐美「先進」理論和方法的大門，截斷那些「先進」理論和方法與馬克思主義經典理論的「聯繫」，從而使那些「先進」理論在我國失去了合理合法性的掩護。

其二，只選簡單有用的論述不選複雜不好用的概念。

關於「文明」概念的選擇就是一例。

關於「文明」的定義，馬克思主義的確有二種不同的表達。1844 年，在《英國現狀‧十八世紀》一文中，恩格斯指出：文明「是實踐的事情，是一種社會品質」〔註6〕；1884 年，恩格斯在《家庭、私有制和國家的起源》一書中又指出：「國家就是文明社會的概括」〔註7〕。

對此，中國考古學只選擇了後一種觀點，因為這種觀點有三個便利之處。其一，便於改造本土化，可將國家視為文明，文明視為國家；其二，求證簡單，只要求證國家起源了就同時證明文明也起源了，反之亦然；其三，極大地縮短了求證的過程與時間。

其三，對大量中國考古發現置若罔聞。

事實表明，中國考古早就為論證文明「是一種社會品質」提供了大量的證據，並證明在距今 8～5 千年期間社會發生了大量前所未有的變化，文明不僅先於國家早就起源了，而且文明化的地域也比國家起源的地域要廣大很多〔註8〕。其中，最顯著的變化就是個人與個人、聚落與聚落、聚落群與群之間的等級和地位分化並出現了主從關係；有的人就有玉器，有的聚落就可以住在有防禦功能的壕溝或城裏。

然而，為了維護西方歐美「先進」理論與方法的正確性，維護這些理論和方法的成果與馬克思主義的「聯繫」，中國考古學卻置大量本土考古發現於不顧，全力向西方歐美「先進」理論與方法靠攏。

（二）蘇秉琦思想實用化

蘇秉琦先生是我國最偉大的考古學家，他的一生都在思考和尋找如何利用遺跡遺物「見物又見人」，復原歷史研究歷史；即使是關於考古學文化區系類型的研究理論，也不僅僅只是為了建立考古學文化譜系關係，而是在深入思考和尋找研究史前人類歷史的載體和平臺。與此同時，他從來不將馬克思主義當教條，或對號入座或抄襲，而是繼承與發展並行不悖，「中國文明萬年

〔註6〕恩格斯：《英國現狀‧十八世紀》，《馬克思恩格斯全集》第 1 卷，北京：人民出版社，1956 年，第 666 頁。

〔註7〕恩格斯：《家庭、私有制和國家的起源》，《馬克思恩格斯選集》第 4 卷，北京：人民出版社，2012 年，第 176 頁。

〔註8〕裴安平：《中國的家庭、私有制、文明、國家和城市起源》，上海：上海古籍出版社，2019 年，第 345～352 頁。

起源說」〔註9〕就是證明。然而，中國考古學對蘇秉琦思想也採取了實用主義的態度；能用的用之，不好用的先改後用，不能用的則全部拋棄。

「滿天星斗」說就是蘇秉琦思想中利用率最高的學說，但同時卻被同行專家改造為「玫瑰花形」的「多元一體」說，完全違背了蘇秉琦先生史前文化只「多元」無「一體」的核心思想。

至於要從「生產方式、婚姻、家庭形態、社會組織結構，側重於闡述原始社會發展的一般規律」方面「重建中國史前史」〔註10〕，以及中國「文明起步超過萬年」〔註11〕的思想則全都被中國考古學拋棄了，因為中國考古學認為國家和文明是同時起源的，不能分家。

此外，古國是「高於部落以上的、穩定的、獨立的政治實體」的思想〔註12〕也被中國考古學拋棄了，因為既難以用考古資料證明「部落」與「政治實體」的存在，也與馬克思主義「國家就是文明社會的概括」不同，更與西方歐美「先進」理論與方法相牴牾。

（三）歐美「先進」理論大為流行

大約從 20 世紀 90 年代開始，當代西方歐美流行的「區域聚落形態」和「酋邦」等「先進」理論不僅在中國大受歡迎，而且很快就實現了本土化。

實際上，二次世界大戰以後興起的「區域聚落形態」理論並不先進。因為「區域聚落形態」從不復原史前社會，而是竭力迴避氏族、部落、部落聯盟等人類早期血緣組織的名稱與概念，甚至不惜用現代地緣社會學的思想、概念和名稱來研究史前社會，將古人從來沒有見過的「社區」和「社群」等組織形態都套在他們頭上，還用以描述歷史。顯然，這樣做的結果不僅全盤否定了馬克思主義與摩爾根有關研究的合理性，還以假亂真，徹底改變了歷史的原貌。但是，「區域聚落形態」不僅被中國考古學毫無顧忌地引進了，而且還成為了「中華文明探源工程」的主要理論方法，還完全本土化了，一是區域內哪個規模面積大還特別有內涵哪個就是區域之王，二是「重點地區」出現

〔註9〕蘇秉琦：《中國文明起源新探》，生活·讀書·新知三聯書店，北京：2019 年，第 159～161 頁。

〔註10〕蘇秉琦：《關於重建中國史前史的思考》，北京：《考古》，1991 年，第 12 期。

〔註11〕蘇秉琦：《中國文明起源新探》，生活·讀書·新知三聯書店，北京：2019 年，第 119、159～161 頁。

〔註12〕林澐：《中國考古學中「古國」「方國」「王國」的理論與方法問題》，鄭州：《中原文化研究》2016 年第 2 期。

了「中心聚落」與「衛星聚落」〔註 13〕。

「酋邦」理論也不先進，也與中國的考古發現明顯不符〔註 14〕。

1. 在大量利用現代民族學與人類學資料的同時，忽略了將這類資料中時空二方面都可能存在的歷史疊壓現象剝離開來，從而使「酋邦理論」出現了異常的多樣化複雜化現象。

2. 在大量利用現代民族學與人類學資料的同時，忽略了區別這類資料中可能存在的不同地區的多樣性與不平衡性，從而使「酋邦」簡單地成為了世界各地都同時普遍存在的社會發展階段。

3. 現代「酋邦理論」之所以有所謂「簡單酋邦」與「複雜酋邦」、「產品經濟型酋邦」與「財富經濟型酋邦」、「集體型酋邦和個體型酋邦」〔註 15〕、「神權型」與「軍事型」〔註 16〕等等的分類與提出，實際就說明該理論還明顯的不夠成熟。

4. 考古與文獻表明，中國就從來沒有過「酋邦」。

中國史前的聚落群聚形態研究表明，從舊石器早期開始，自有人類以來的居住遺址之間就存在一種明顯按血緣關係近距離相聚的群聚現象，這種現象就一直是以血緣為紐帶的社會組織長期在一個地方居住與活動的物化反映。與此同時，這種群聚形態還說明，人類從來就沒有出現過以孤獨的「遊群」或「遊團」為主要社會組織的歷史階段。

又由於自有人類以來，一直到史前晚期距今約 5 千年，部落一直都是人類社會最主要的生產生活的組織單位與實體組織。因此，在人類的歷史上也就根本不存在一個位於「遊群」之後才出現的「部落」時代。

事實表明，史前晚期中國也不存在一個以「酋邦」為代表的血緣社會與國家之間的過渡階段，而是同時並存多種新型的聚落群聚與組織形態〔註 17〕。

中國考古人之所以特別喜歡西方歐美的理論主要有三個原因。

之一，實踐證明用馬克思主義蘇秉琦思想來考古很難出成果，費時費力。

〔註 13〕王巍：《聚落形態研究與中華文明探源》，北京：《文物》，2006 年，第 5 期。

〔註 14〕裴安平：《中國考古與酋邦》，《湖南省文物考古研究所建所三十週年紀念文集》，北京：文物出版社，2016 年。

〔註 15〕陳淳：《酋邦的演化》，南昌：《南方文物》，2007 年，第 4 期。

〔註 16〕陳淳：《考古學理論》，上海：復旦大學出版社，2004 年，第 251 頁。

〔註 17〕裴安平：《中國考古與酋邦》，《湖南省文物考古研究所建所三十週年紀念文集》，北京：科學出版社，2016 年。

例如馬克思主義和蘇秉琦都主張要從「生產方式、婚姻、家庭形態、社會組織結構」等方面來研究文明和國家起源。但這樣做在現代中國根本行不通，一是考古的目的變了，人們都急功近利；二是中國的文明探源又是一個「工程」，要在短時間內有重大突破。因此，必須尋找能盡快解決問題的理論和方法。

之二，為了要盡快探到文明之源，不僅要將文明與國家簡單地混為一談，將國家起源的具體時間定為學術追求的主要目標；而且還要找到實現這些目標與追求的理論與方法。對此，只有西方歐美的「先進」理論能在發現與目標之間架起一座互通的橋樑。首先它可以迴避史前社會的復原問題，其次它可以為任意確定遺存的性質提供支持，哪個規模面積大還特別有內涵哪個就是區域之「王」。

之三，由於填補了馬克思主義國家起源理論的「空白」〔註18〕，正好說明歐美現代流行理論的「先進」性。

三、學術壟斷與「隨大流」並存

所謂「學術壟斷」，就是利用權力壓制、打擊和封殺不同學派不同家門的學術觀點和人，從而左右學界，並形成學術觀點大同小異基本一致的假象。

在中國，考古學界之所以實用主義猖獗，與學術主流和學科帶頭人的學術壟斷言論與行為也有明顯關係。雖然伴隨著「夏商周斷代」與「探源」工程的實施學術界就一直有不同學派不同家門的聲音和觀點，但令人難解的是居然都遭到了有力的壓制、打擊和封殺。

實事求是，近20年來，本人對考古學的基本理論有二大重要貢獻。第一是否定了將考古學文化當作人類歷史載體、組織單位、研究平臺的思想和理論；第二力薦聚落群聚形態就是血緣社會血緣組織與組織形態的物化反映，是血緣社會歷史的載體、組織單位和研究平臺〔註19〕。然而，由於我與學科帶頭人既不屬於同一家門也不屬於同一學派，而且指導思想、研究理論與學術主流還完全相左，所以我的學術理論和成果就被完全「封殺」了。自2007年以來15年，《考古》、《文物》、《中國文物報》這些文博界的主流報刊雜誌

〔註18〕沈長雲等：《中國古代國家起源與形成研究》，北京：人民出版社，2009年，第74～113頁。
〔註19〕裴安平：《澧陽平原史前聚落形態的特點與演變》，北京：《考古》，2004年，第11期。

一篇我的文章都沒有發表，所有投稿都被退回來了。與此同時，中國考古學會、北京大學考古文博學院、中國社科院考古研究所這些文博界的主流單位召開的所有與中國史前考古有關的學術會議，也由於我喜歡「放炮」，從來沒有人邀請我。更令人不可思議的是，我離開曾有重大考古貢獻的湖南 20 年了，期間湖南所有的各級考古會都沒有人通知我。

顯然，這是一種非常可怕的現象，它不僅說明我們的制度有問題，也說明一些學者和學術帶頭人越來越像政客了；為了維護自己的地位與面子，甚至不惜利用掌握的權力壓制和排斥不同意見與觀點。

值得注意的是，與「壟斷」相對應，學術界不僅缺少學術批評，還存在一種「隨大流」的現象。所謂「隨大流」實際就是不分是非，不講公道，趨利避害，領導和專家怎麼說就怎麼幹。不久前，有一個考古刊物的主編向我解釋為什麼不敢發表我文章的原因，就說過一句耐人尋味的話，「辦刊物首先就要講政治」。然而，在我既不反黨又不反社會主義，還主張繼承和發展馬克思主義的前提下，「講政治」這句話的根本意思實際就是不能得罪現任學科主流的領導和大專家。此外，也有很多朋友勸過我，寫文章可以談觀點，但不要質疑學科主流的領導和大專家。這說明中國人也包括我們的專家學者很有維護領導和大專家權威和形象的意識與傳統。因為，只有跟著學科領導和大專家走才可能得到項目、經費、獎項、榮譽和前途。

悲矣！

每當看到中國考古學在新聞媒體轟轟烈烈地炒作下江河日下的現狀的時候，每當看到「百家爭鳴百花齊放」形同虛設的時候，心裏總是忐忑不安。然而，人微言輕，回天乏術；所以隨著年齡的增長，就只能自己尋找機會和方式籍此表達一下與眾不同的意見和觀點。為此，前幾年本人搞了一個個人網頁 www.peianping.com，就是企圖表達一下對現實的不滿和對未來的思考。但是，網頁也有一些缺點，尤其是那些從未正式發表過的文章，一是讓人覺得不正規，二是讓人覺得不便引用，三是在線時間不定。正因此，所以又萌生了出書的念頭。

本書主要彙集了近年被同行拒絕了的所有文章以及一些重要質疑文章，一方面籍此表達一下「位卑未敢忘憂國」的心情，另一方面也是期待能引起同行的警醒。

最近，我一直在想，我會不會成為第二個哥白尼，或像毛主席在井岡山

一樣，最終才被歷史認可「真理往往掌握在少數人手中」？然而，重要的不是個人得失，而是整個學科；因為「千里長堤，潰於蟻穴」，早一點發現「蟻穴」就可早一點避免「潰堤」。

今天，在繼承的基礎上再自覺地發展馬克思主義，並堅持以聚落群聚形態為血緣社會復原和研究歷史的平臺，已經不僅僅是時代的呼喚，更是中國考古學撥亂反正的唯一出路，捨此永遠也不可能出現以還原歷史真面目為核心為基礎的「中國特色、中國風格、中國氣派的考古學」〔註20〕。

〔註20〕習近平：《建設中國特色中國風格中國氣派的考古學》，北京：《人民日報》，2020 年 9 月 30 日，第 1 版。

問道考古

紀念 1991 年山東兗州全國中青年考古工作者理論研討會

　　1991 年在山東兗州召開的全國中青年考古工作者理論研討會，不僅是中國考古學歷史上第一次，也是唯一的一次，由民間自發發起、組織，以 50 歲以下中青年考古工作者為主體的理論研討會。

　　1987 年下半年，當時與我同在湖南省博物館考古部工作的李科威首先提出了希望能召開一個中青年考古工作者理論研討會的想法和願望，以探討中國考古學的現狀與未來。對此，我非常支持，並共同商討了一些會議組織的基本原則。

　　第一，會議決不搞門派、也不與任何學校、單位、個人掛鉤。

　　第二，參會者必須是 50 歲以下的，不僅從事過田野考古發掘，還要在發表的文章中有相應的理論研究與思考。

　　第三，任何單位的參會人數最多不得超過 5 人。

　　第四，為了不影響參會者暢所欲言各抒己見，會議除邀請個別專家以外，不邀請任何考古學的「大家」和「老人」參加。

　　1987 年年底，即 88 年元旦之前，國家文物局在長沙「湖南賓館」召開全國各省考古所所長會議。會議期間的一個晚上，我和李科威向當時國家文物局文物處的負責人李季、王軍彙報了我們想組織「全國中青年考古工作者理論研討會」的想法、困難以及希望得到支持的願望。對於我們的提議和想法，李季和王軍當即表示理解，並同意從經費上給於支持。

由於得到了李季與王軍的支持，我和李科威就開始了會議的具體組織工作。

經過與各有關人員的聯繫、推薦和商量，我們初步擬定了一份參會人員和準備邀請的專家名單，並同時寄給了李季和王軍。

但是，由於社會環境與「種種條件與難處」，據李季與王軍所言，主要是經費支出無門，名不正言不順。因此，會議一直都沒有開成。

1991 年 1 月，我與李科威雖然還滿懷熱情在埋頭深化會議的規劃與細則，但很快由我和李科威主導會議組織工作的局面就結束了，國家文物局文物處開始成為正式的主辦方。

1991 年春節過後，我去北京瞭解虛實。果然，李季告訴了我三個重要變化。

第一，由於經費直接由文物局支出，那文物局也就名正言順應該是會議的主辦者。

第二，參會的人員一方面會尊重你們的推薦名單，一方面會有一些變化。

第三，你老裴從此就不再是會議的主辦者而是顧問了。

由於國家文物局文物處仍準備召開會議，也沒有名言改變會議的初衷，還準備吸收一些我們推薦的人參會；所以我們委曲求全了，同意了李季他們的方案。

1991 年 8 月下旬，會議終於在山東兗州國家文物局考古領隊班基地召開。參會的人，除我和李科威（湖南省考古所）之外，還有我們推薦的車廣錦（南京博物院）、賀雲翱（南京博物院）、劉建國（鎮江博物館）、吳建民（南京大學）、李秀國（中山大學）、吳春明（廈門大學）、王建新（西北大學）、欒豐實（山東大學）、陸勤毅（安徽大學）、姜捷（陝西省考古所）等。

不過，根據實際到會的人員與會議情況，新的會議組織方案出現了三大重要變化。

第一，張忠培、黃景略先生親自到會，從始至終坐鎮會議全過程。

第二，張忠培先生名下的吉林大學團隊，包括張先生留校的講師和碩士研究生基本上都到了，從而在人數上與我們推薦的人員基本持平。

第三，沒有請我們推薦的「專家」，但請了二個考古「老人」，一個是張學海，一個是鄭笑梅。

之所以會出現這些變化，主要有二個原因。

　　第一，俞偉超先生 1990 年底在北京大學上課的時候曾說過：兗州會議將搞「新考古學」。為此，張先生要親自出面「挽救」那些即將墮入「崇洋媚外」泥沼中的中青年人。

　　第二，由於兗州會議的原發起人、原定的參會人員被認為都是俞偉超先生的學生與追隨者。為此，要在組織上預防這些人結幫成夥。

　　我是會議第一天的第一個發言者。

　　為了使會議能達到預期的目的，在不要求有論文的前提下我還是準備了一篇論文，並發給了每一位與會者，題為《關於當代中國考古學學科重點的轉移與考古學文化的整體研究》。

　　隨後，與會者就中國考古學的現狀、問題與未來，特別是就考古學「見物又見人」以及考古學缺乏多學科綜合研究的問題發言積極，各抒己見。其中，沒有一個人事先就知道「老先生」和「大家」要來參會，也沒有一個人是事先就準備和臨時為了攻擊「老先生」和「大家」而來的，更沒有一個人實際攻擊了「老先生」和「大家」。雖然，口無遮攔，但確如欒豐實所言「會上就中國考古學的歷史、現狀與發展趨向等問題，不同觀點之間從理論上展開了激烈的交鋒和辯論，氣氛很是緊張」，「青年學者的銳氣和對事業的執著，使他們滿腔熱情，慷慨激昂，對中國考古學的前途產生一種迫切的危機感」〔註 1〕。

　　會議正式召開的第一天晚上，我還專門去了張先生和黃景略先生同住的房間，並與張先生單獨談了一些我對當時中國考古學現狀與問題的看法，其中主要是談了他在《文物》1990 年 12 期《關於考古學的幾個問題》一文中所顯示的學術思想落後於時代的問題。

　　第一，考古學文化並不是考古學唯一的研究對象。

　　在文章中，張先生說：「在一定的意義上可以認為考古學文化是考古學研究的對象」，「考古學的研究對象，不是物質的遺存，也不是全部人類古代社會歷史，而只是考古學文化所表述的這部分人類古代社會歷史」。

　　對此，我認為如此認識過於狹隘，考古學面對的就是所發現的一切物質遺存，其中有的是構成考古學文化的元素，有的不是；而無論是與不是都要研究，不能只研究「考古學文化所表述的這部分人類古代社會歷史」。

　　第二，多學科的綜合研究是考古學的發展方向。

〔註 1〕欒豐實等：《考古學的理論方法技術》，北京：文物出版社，2002 年版，第 320 頁。

在文章中，張先生說：「農業考古學、植物考古學、動物考古學和冶金考古學，只是拓寬了農業史、古植物學、古動物學及冶金史的領域和信息，水文考古學、沙漠考古學、環境考古學、天文考古學及醫藥考古學，也僅僅是拓寬了環境史、天文史及醫藥史的知識範圍。因此，不僅難以把它們說成是學科滲透，反而，應如夏鼐先生關於考古學和科技史關係的認識那樣，為了不致模糊考古學的涵義，不把它們稱為考古學的分支學科」，「考古學不可能研究全部物質遺存，甚至不能研究由考古學家調查、發掘所得的全部物質遺存。另一方而，考古學也不能研究它所注視的那些物質遺存可能輻射出來的全部信息。可見，不能因考古學是研究物質遺存的，就把與研究物質遺存的有關學料都劃入考古學範疇」。

對此，我認為農業考古、環境考古、動物考古和冶金考古等等都是考古學的分支，它們不僅有助於相關學科歷史與知識的拓展，更有利於各時期人與自然與環境關係的研究，有利於人類各種歷史活動與特點的研究。因此，它們不僅是考古學必不可少的組成部分，是考古學綜合研究復原歷史研究歷史的組成部分，更是考古學新發展的方向與時代標誌。

會議期間，李科威、車廣錦、張愛冰、劉建國等先生精彩紛呈的發言不僅給人啟發，也引起了與會者的共鳴。令人遺憾的是，由於當時既沒有安排錄音，沒有錄像，也沒有筆錄；所以，這裡已不可能一一回想起各位具體的發言與內容了。

對於會議的結果和意義，不同背景的人有不同的認識。

當時曾號稱吉林大學考古專業「四大天王」之一的講師陳雍最早曾在1996年北京中國考古研究所中青年學術論壇上發言，對兗州會議進行了無遮攔地攻擊和貶損。後來，發言修改而成的文章《關於中國考古學的思考》發表於《文物世界》1997年第2期，語氣相對緩和得多。在文中，他說：「1991年秋季，一群年輕人聚在山東兗州，本來打算就他們共同關心的有關中國考古學的理論與實踐的一些問題，坦誠地交換意見，並展開討論。可是，由於種種原因沒能達到預期的目的。當時學術界和與會者的情緒大概是主要的原因。一晃五年過去了。在這五年裏，我們從來沒有停止過對那次會議內容和中國考古學的思索，時時驅動我們思索的不是某種興趣，而是一種無法逃脫的責任感」。

實事求是地說，當時的討論發言主要是非吉林大學籍的會員，非常熱烈

和坦誠。從第二天開始,在張先生的一再催促下,陳雍成了吉林大學籍會員的第一個發言者。

顯然,會議「由於種種原因沒能達到預期的目的」的主要原因是張先生率領的吉林大學籍團隊準備不足。他們原以為有人要搞「新考古學」,結果會上沒有一個有這種想法、願望和相關言論,從而使吉林大學團隊事先準備的「情緒」都付諸東流了,都不知所措了。此外,也因為沒有對立面了,沒有要「挽救」的對象了,所以「沒能達到預期的目的」和「無法逃脫的責任感」使他們深感失望。

高蒙河的文章原載於互聯網搜狐／高蒙河的 BLOG,是《與張忠培先生的談話紀要》涉及山東兗州會議的部分節選。從這篇節選中不難看出,一方面張忠培先生之所以要參加兗州會關鍵是「我想了想不能不去,否則中國考古的局面就完了。那時,連嚴文明都讓我來挽救」;另一方面也說明當時大家的發言是認真的有道理的,正因此「那時年輕人都動搖了。會上,連李季都安排了會議就走了」,「最後只有許偉出來講話,但也有點動搖」;對此,高蒙河還說:「我也覺得人家說的不無道理,就沒發言。你當時還私下罵了我一句:『連個屁都不放!』」。至於張忠培先生所言「江蘇的劉某某、車某某、賀某某等,都指著我發難」,與事實完全不符。因為,人們完全沒有必要對他發難,而是他自己將大家對現代考古學的不滿都視為是對他的不滿。與此同時,就在他的學生都「動搖」了,都認為是「不無道理」的前提下,哪裏又還有攻擊他們導師的餘地呢?!

經過幾天的交流,會議終於結束了。由於,一方面參加會議的人員明顯分成了二大陣營。一方是來自各地各高校的散兵遊勇,一方是以吉林大學為主體陣營並有官方背景的正規軍;另一方面,那些散兵遊勇們被視為是需要「挽救」的中國考古學的叛逆,而正規軍則是中國考古學正統的主流,也是「挽救」叛逆的主力;所以,會議最後是不分勝負不歡而散,甚至連一點能勾起回憶的圖像與文字記錄都沒有留存下來。

然而,就是這樣的一次會議卻是中國考古學史上最值得紀念的一次會議。

誠如高蒙河所言:「是中國考古向何處去的一次路線鬥爭會議,走什麼路、扛什麼旗,有點『遵義會議』的意思」。

也誠如欒豐實所言:「現在回顧起來這段歷史,當時的一些場面仍然歷歷在目,不由生出許多感慨。一個學科的發展,需要不斷地注入新的思想和活

力，不斷地充實和完善自己的理論和方法。青年學者的銳氣和對事業的執著，使他們滿腔熱情，慷慨激昂，對中國考古學的前途產生一種迫切的危機感。雖然這股風潮並沒有像美國新考古學那樣明顯地改變考古學的方向，卻也使中國考古學發生了和正在發生著許多變化」〔註2〕。

會議雖然失敗了，有違了我與李科威設想的初衷，但這就是中國的國情和現實，改革總是那樣的不順與多艱。儘管各地的中青年人豪情萬丈，「力拔山兮氣蓋世」，但終究「時不利兮騅不逝」，免不了主流正統的攪局、打壓和挽救。

不過，「野火燒不盡，春風吹又生」。

我的思考就一直沒有停下來。最近，我先後完成《中國史前聚落群聚形態研究》與《中國的家庭、私有制、文明、國家和城市起源》二本著作，自以為顛覆了國內外史前社會形態研究的基本理論與方法，顛覆了國內外關於早期中國歷史及其特點的有關認識，應該說這就是兗州會議給我的精神力量與結果。

思想的解放是一切學科發展的前提和基礎。

兗州會議雖然沒有像遵義會議那樣改變了中國考古學的方向與命運，但它畢竟吹響了中國考古學思想解放的號角，也激勵了整整一代學者不停地思考與追求。

謹以此文紀念 1991 年山東兗州全國中青年考古工作者理論研討會的召開！

寫於 2018 年 10 月

〔註 2〕欒豐實等：《考古學的理論方法技術》，北京：文物出版社，2002 年版，第320 頁。

不圍浮雲，開拓前路——裴安平老師《中國史前聚落群聚形態研究》英文版發行訪談

（Q：採訪學生提問；A：裴老師回答）

《A Study of Prehistoric Settlement Patterns in China》封面

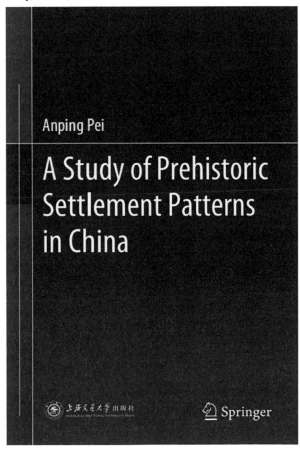

　　南京師範大學社會發展學院文博係裴安平老師多年來致力於中國史前聚落形態研究，在國內外首次創新性地提出了「聚落群聚形態」的概念、理論與方法，取得了引人矚目的成果。繼 2014 年中華書局漢語版的《中國史前聚落群聚形態研究》一書出版後，今年外譯英文版《A Study of Prehistoric Settlement Patterns in China》也已經由中國上海交通大學出版社與德國施普林格（Springer）出版集團聯合在海外出版發行了。

　　本次訪談特請裴老師披露了中英文著作編寫出版背後的有關故事，以及「聚落群聚形態」的理論和對當下國內外史前考古學的意義。此外，時逢畢業季，專業本科及研究生畢業生即將走入社會或進入更廣闊的學術舞臺，為此我們亦聆聽了裴老師予後輩們的一些祝福與告誡。

　　Q1：裴老師您好，感謝您能夠接受本次訪談！我們知道《A Study of Prehistoric Settlement Patterns in China》是裴老師《中國史前聚落群聚形態研究》一書的英文版，請問是什麼契機促成了裴老師這部英文專著的面世，其中有怎樣的故事？現在大量西方考古學的理論被引入中國，而裴老師卻相反並敢於「走出去」，還將帶有一定理論深度的中國考古學著作呈現在西方讀者面前，是否有某種期待？

　　A：這本書可以說是「十年磨一劍」的結果。為什麼這麼說呢？這個課題正式產生於 2010 年，當時我申報了一個國家社科項目，這個項目就是書的名字《中國史前聚落群聚形態研究》。這個項目是 2013 年結項的。大約是當年八月份，國家社科基金辦的結項通知來了，潑了我一頭霧水，告訴我「不合格」。根據專家的意見，社科基金辦還提了很多修改意見，並告知改好了來年重新申報結項。對這樣的結果，我完全懵了。然而，就在我左右為難，不知如何修改的時候，過了國慶節不久，我又接到了國家社科辦的新通知。通知告訴我，我的專著已經被收入國家哲學社會科學成果文庫，前面的通知作廢。對此，我非常高興，大有起死回生苦盡甘來的感覺。因為這不僅意味著我的研究思想與方法都被專家們看懂了，認可了，成果不僅得到了確認，而且成果的檔次比原先還高了一級。經查，這本書還是當年收入國家哲學社會科學成果文庫中唯一一本考古學方面的著作。

　　對於這個課題，我當時從始至終還有一種期待：希望以人為本以血緣社會血緣組織為史前社會研究平臺與單位的理論和方法能夠在中國史前考古學界引起軒然大波引起大家的反思。然而，2014 年這本書正式出版以後，學界

沒有任何反映，甚至一個字的書評也沒有看到，完全是「泥牛入海無消息」。這種狀況不僅完全出乎我的預料，也讓我充分地意識到了現代中國考古學正在嚴重蛻變，根本不需要創新，即使有合理科學的創新也不予理睬的問題和原因。於是，基於「外國的月亮比中國圓」的普遍認識，我萌生了一個想法，想來一個「牆內開花牆外香」；假如我的著作在國外產生了大的影響，那麼國內學術界不就無可奈何地也會重視嗎？就這樣，2016 年我便申報了國家社科基金中華學術外譯項目。由於這本書已是國家社科最高等級的成果文庫項目，所以外譯項目的申報比較順利。2017 年，上海交通大學和德國施普林格出版集團接手了外譯工作，按照合同規定的三年時間，今年完成了這本書外譯版的正式出版與發行。

不過，希望「牆內開花牆外香」這只是我申請外譯的第一個目的。如果說這個目的主要是針對國內，那第二個目的就主要是針對國外，因為二次世界大戰以來世界考古學也存在明顯內傷。之所以英國社科院院士劍橋大學大學世界著名考古學家科林·倫福儒（Colin Renfrew），第四屆文化遺產世界大會主席加拿大皇家學院院士魁北克大學教授露茜·莫里賽特（Lucy Morissette），先後多次到中國來，並在中國浙江考察了良渚文化的城址和遺跡遺物。但是，他們沒有一個人談到了史前原始血緣社會的復原問題，也沒有一個人談到了城內城外聚落與聚落組織與組織之間的關係問題，這說明國外和歐美對於史前社會的研究也根本沒有以人為本據實復原血緣社會的思想與理念。

為什麼會走到這一步呢？事實上，自第二次世界大戰以來，整個世界範圍內包括歐美的考古學，在史前考古的理論與方法論方面都出現了重大問題，雖然他們提出了有積極意義的「聚落考古」的新思想，但他們同時又錯誤地提出了「區域聚落形態」的概念和理論，從而導致「聚落考古」誤入歧途陷入絕境。二次世界大戰以前，國際學術界曾出現過以澳裔英籍戈登·柴爾德（Childe，Vere Gordon）為代表的馬克思主義考古學家。但是，二次大戰以後，這類學者至今一個不見。究其原因，關鍵就在於當時崛起了一大批社會主義國家，使西方資本主義國家非常緊張，於是就要與馬克思主義劃清界限，人類學、考古學就要劃清與馬克思主義關於社會發展理論的界限。從此，西方人類學、考古學就自覺不自覺地走上了一條架空或另築史前社會形態之路。為什麼舊石器時代遺址的群聚現象會被西方的學者們認為是

一種單純的「功能分區」？為什麼美國人戈登·威利關於秘魯維魯河谷聚落形態的研究，以及此後興起並流行於西方的「區域聚落形態」都竭力迴避氏族、部落、部落聯盟等人類早期血緣組織的名稱與概念，甚至不惜用現代地緣社會學的思想、概念和名稱來研究史前社會，將古人從來沒有見過的「社區」和「社群」等組織形態都套在他們頭上？顯然，這樣做的結果不僅全盤否定了馬克思主義有關研究的合理性，還偷樑換柱以假亂真，徹底改變了歷史的原貌。

實際上，持續了幾百萬年的血緣社會與當下的地緣社會是完全不同的社會形態，要想研究血緣社會，首先就要復原血緣社會；而要復原血緣社會，首先就要用血緣社會的眼光來看待血緣社會。我之所以想要把這本書外譯英語並發行到國外去，其中期待之一就是想用中國的發現與歷史事實改變西方學者的思想與理論。

當然，我的思想、理論與方法假如都能得到國外同行的理解和肯定，那不又可以更好地反作用於「牆內開花牆外香」嗎？

Q2：請問裴老師是從什麼時候開始關注史前考古學中的聚落問題，老師今日的研究方向是如何形成的？「聚落群聚形態」這一概念是從什麼時候開始出現在裴老師的腦海中，這一概念及整個理論的建立經歷了怎樣的一個過程？

A：對這個問題，我經歷了一個由淺入深的認知過程。

最開始的時候，有兩個很重要的偶遇引發了我對聚落關係的關注。

第一個是 1983 年我在上研究生的時候，發掘石板巷子遺址——當時湖北宜都縣一個重要的石家河文化時期的聚落遺址，並輔導本科生實習。由於駐地距工地較遠，十幾公里，同學們上下班都坐車，而我卻堅持每天順著江邊來回跑。期間，就發現了一個奇怪的現象，即江邊隔著十幾公里或二十幾公里，就有一個同一文化的遺址群，而群與群之間卻都是空白地帶。這是什麼原因呢？雖然地貌都一樣，都有很好的河邊階地，可為什麼相互之間會隔著這麼遠呢？

第二個偶遇是我在湖南工作期間。當時湖南省的文物普查工作做得非常好。大概是 1987 年上半年，有一個從來沒有發現過古代遺址的地區即郴州地區給我打電話，希望我去幫助他們實現零的突破找到第一個遺址。我去了，也幫助他們找到了第一個遺址，大約是商周時期的。在我要走的那個

晚上，普查隊的隊員們問我：「裴老師，我們接下來的工作該怎麼辦」，我告訴他們，你們就以我找到的這個遺址為中心，沿著小盆地河流兩岸從頭走到尾，如果能找到五個同時期的遺址就可以不找了。果然，就在那一個山區十公里的小盆地裏面，他們最後就在我找到的遺址邊上找到了五個同時期的遺址。當他們帶著地圖來告訴我消息的時候，我很高興，並意識到在這樣小的範圍內能發現五個同時期的遺址，說明聚落遺址之間肯定存在某種密切的聯繫。

除了上述二次巧遇之外，最讓我對聚落相互關係久久不能釋懷的就是河南三門峽小浪底水庫庫區考古發掘的規劃工作。1990 年，在中科院國家地質所周昆叔先生的率領下，我們把黃河南岸庫區範圍內的許多遺址都走了一遍。這些遺址有的距離很近，有的又隔得很遠。聚落與聚落之間的關係到底是怎麼回事？這個煩心的問題再次湧上心頭。對此，我雖然一直在思考，也推測這可能是理解和認識史前社會與組織形態的關鍵之處，可是卻久久沒有找到答案，因而有關發掘規劃也沒有做好。至今想起來，還深感辜負了俞偉超先生對我的期望。

90 年代以後，湖南的文物普查發現了比以前多得多的遺址，尤其是湘西北澧縣與臨澧縣的澧陽平原，在 600 平方公里的範圍內發現了 300 多處史前遺址，密密麻麻。為了搞清楚不同時代聚落遺址的相互關係，我特地到湖南省測繪局買了那個平原萬分之一和五萬分之一的地圖，把那些遺址通通標在地圖上。最終，一個初步想法湧上心頭：一定是有關係的遺址才靠得很近，它們應當屬於史前同一個血緣組織。

不過，由於當時我的考古與行政事務很多，沒有時間對有關問題作進一步的研究和思考；所以，來到南師大以後，由於有了充足的時間，並最終結合國內外的民族學資料，為以前觀察到的現象找到了合理的證明和注釋。也正因此，2004 年我才在《考古》上發表了我從事考古以來第一篇關於聚落考古的論文《澧陽平原聚落形態的特點與演變》，2010 年才正式申報了《中國史前聚落群聚形態研究》這樣一個國家社科項目。

Q3：近年來，國內有關新石器時代聚落遺址屬性的討論十分熱烈，如陶寺、石峁、良渚等聚落遺址的發掘就曾引起巨大轟動引起大量的正面肯定；可是，最近河南雙槐樹遺址的新發現卻引發了一些爭議，想請問裴老師怎麼看待這些問題？

　　A：在「夏商周斷代工程」出了問題並無法從後往前看中國文明與國家最早起源時間以後，學術界就冒出來一個從前往後看這些起源的「文明探源工程」。由於急功近利，又由於考古成果政績化，導致中國的考古出現了明顯的蛻變現象。一方面，五光十色精彩紛呈的考古發現接連不斷；另一方面相關科學嚴謹的學術研究卻日落西山，學術的泡沫化趨勢越演越烈。如山西陶寺、陝西石峁、浙江良渚、河南雙槐樹的論證就都是典型案例。

　　就良渚而言，雖然良渚文化整個時期都處於史前血緣社會，但現在學者們對它的歷史定位卻喊得就像漢代及以後的城址，還出現了「城區」和「郊區」等戰國時期都沒有發現過的地緣社會的現象。

　　河南雙槐樹的問題與良渚也完全一樣，那些考古「工程」的首席科學家隨意就用地緣社會的概念來認識和理解血緣社會的問題，並將雙槐樹稱之為「古國」或「河洛古國」。可是，他們一個也沒有說清楚什麼是「古國」？「古國」有什麼特點？為什麼在河洛地區實力比雙槐樹更大更厲害的聚落組織與聚落遺址都不是「古國」或「河洛古國」？

　　更有意思的是，為了突出陝西石峁城址的意義，人們居然將西部面積大的城圈稱為「內城」，而將東部面積小的城圈稱為「外城」。關於山西陶寺也一樣，就因為它是黃河中游面積最大的城址，所以它就成了中華文明中原中心的象徵，至於那個最後搗毀了陶寺城牆與宮殿、掘了陶寺祖墓並砍了數十個男人的聚落組織卻至今無人問津。

　　坦率而言，河南雙槐樹與山西陶寺、陝西石峁、浙江良渚一樣，都是國內考古學江河日下學術主流和學風問題頻仍的結果。

　　Q4：請問裴老師如何看待「聚落群聚形態」研究對於中國新石器時代，尤其是探討中國文明形成之類重大問題的積極意義？

　　A：我對這項研究意義的評價，概括起來就是兩個詞——「金鑰匙」和「必由之路」。聚落群聚形態表面上是一種考古的遺存現象，但這種現象的背後卻隱藏著深邃的歷史含義，完全是史前人類社會組織與組織形態的物化反映。一些聚落之所以相互之間近距離抱團相聚，原因就因為他們同屬一個擁有血緣關係的聚落組織。換言之，只有擁有血緣關係的聚落才會近距離抱團相聚。這種聚落組織，不僅僅只是人類社會的一種組織方式，而且還是當時人類日常生產生活的實體。正因此，血緣社會的聚落群聚形態就應該是我們認識血緣社會的社會組織與社會形態的基礎，也是我們認識當時生產方式生活方式

的平臺。我們今天研究古代歷史，之所以都以國家為單位，就因為國家是人類地緣社會的組織形式和組織單位；所以，血緣社會的復原與研究也必須同樣以人類的組織為單位為平臺。聚落群聚形態的研究實際上就是為史前血緣社會的復原和研究提供了唯一的一把金鑰匙，為現代考古復原和研究血緣社會提供了唯一的必由之路。

Q5：對於馬克思主義理論怎樣與中國考古研究實踐相結合，中國考古學界如何跳出機械照搬馬克思主義理論與西方考古學理論這個怪圈，裴老師有哪些最新的思考與認識？

A：這個問題實際上很複雜，我簡單地談一談。我寫的《中國的家庭、私有制、文明、國家和城市起源》這本書，一方面顛覆了馬克思主義關於早期歷史的一些理論認識。比如恩格斯就認為一夫一妻制婚姻普及的原因是因為財富需要正統的血緣來繼承；而我則認為當時大部分人都沒有財富需要繼承，一夫一妻制婚姻之所以普及是由於社會生產方式的變革，是早期個體勞動個體經濟出現的產物。但是，另一方面我又認為我發展了馬克思主義。為什麼呢？一方面，馬克思主義，特別是恩格斯《家庭、私有制和國家的起源》的寫作與出版，不僅年代早（1884 年，也就是 136 年以前），而且當時無論歷史資料還是民族學的資料都很少，尤其是關於中國的考古資料就完全等於零，因而對有關問題的研究也就不免具有地域性階段性的侷限。正因此，我們今天的研究正是對馬克思主義的補充、修正和發展。另一方面，馬克思主義創立的歷史唯物主義依然是我們今天所有研究的基礎與指導思想，之所以要以人為本，以血緣社會的組織為血緣社會問題研究的單位和平臺，就都是建立在歷史唯物主義基礎上的最重要的研究思想和研究實踐。

一般而言，馬克思主義不是教條，尤其是關於早期人類歷史特點的具體認識更不應該變成教條。最近半個多世紀以來，中國的考古事業得到了極大的發展，大量的史前和古代遺址被發掘出來；並為人們解放思想，深入研究奠定了堅實的基礎。但是，隨著學科學風的蛻變，將馬克思主義教條化已逐漸成為了一種新時代的生存模式。

關於中國私有制起源原因的探討就是這方面的典型，大家都照搬馬克思主義的觀點，都以為是手工業與農業分工的結果，都以為手工業的規模化、分工化、專業化就是私有制、商品經濟的證據；長江三峽裏的大溪文化居民就因為在河邊遺棄了大量石器殘品，而被認為是走在了時代的最前列，並以

製作石器為生。至於中國史前手工業有什麼特點，手工業與農業是如何分工的，居然至今無人問津。

更有意思的是，在關於仰韶文化早期及裴李崗文化是否已出現了父系社會的爭論中，所有研究者都以隨葬器物的多寡為根據，有的認為已經出現了貧富差異，有的認為即使有差異也不明顯。總之，控辯的雙方都在使用同一件「批判的武器」，都在用其之矛攻其之盾，都完全忘卻了「武器的批判」。

顯然，不能再把馬克思主義當作教條了，而應該自覺地將還原歷史、研究歷史、發展馬克思主義當作中國考古人義不容辭的責任和義務。

Q6：今天參與採訪的也有我們專業的本科生同學，裴老師能否結合自身求學經歷為他們推薦一些學術著作，能夠為他們後來的學術方向選擇，學術生涯規劃給予啟迪？

A：我上本科的時候，老師到宿舍來看望同學們，當時同學們問的最多的問題是：「老師，我們該怎麼學習呀？您給我們指點推薦一下」。然而，所有的老師都說：「沒什麼可指點推薦的，你想怎麼學就怎麼學」。確實如此，學習是一種自主行為，就像我讀這本《論個人在歷史上的作用問題》一樣，當時我才 23 歲，距上大學還差二年，屋裏連電燈都沒有，每天晚上點著煤油燈看書，從郭沫若、范文瀾、馬克思、恩格斯、普列漢諾夫……沒有任何老師給我指點和推薦，關鍵在於你願意看什麼。所以啊，學習的關鍵不是要有人帶路，而是要有自我追求。就像毛主席一樣，他寫給父親的那首詩：「孩兒立志出鄉關，學不成名誓不還」。這就是十七歲的毛澤東啊！當時毛主席的父親希望他學點能幫家裏做些生意的知識和技能，而毛主席卻自己選擇了一條路——去城裏求學。這就是一種個人的追求！所以，學習這件事真的就是靠自己。

Q7：恰逢畢業季，請問裴老師對於我專業即將步入社會或走向更寬廣學術舞臺的學子們有什麼話想說？

A：這個實際上是每一年都有的老套路了，我也沒有什麼更多東西要講，就用一句老話：希望大家走得更遠，飛得更高。每個人都要有一點自我追求，我也希望這種追求，能夠更高大上一點，不要只是「畢業啦，找到工作就好了」。

不論是學術研究，還是言談舉止，裴安平老師的率直坦蕩都盡顯無餘，懷抱一顆熱愛考古的赤子之心。目前，裴安平老師雖已退休居家，但仍未停

止在學術道路上的繼續開拓，在此衷心祝願裴老師能夠百尺竿頭更進一步，也祝裴老師的新作能夠在國內外學界取得巨大反響。

採訪人員：趙五正、張新澤

執筆：張新澤、趙五正

採訪時間：2019 年 10 月 28 日，發表於南京師範大學官網

東方天國，集體至上——「中國的家庭、私有制、文明、國家和城市起源」講座紀要

　　2019 年 9 月 28 日下午 3：00～5：30，應南京師範大學文博系邀請，著名考古學家裴安平教授在隨園校區 600 號樓 117 報告廳，為我院師生帶來了主題為《中國的家庭、私有制、文明、國家和城市的起源》的講座。此次講座是我校考古學系列講座總第 17 講。講座由王志高教授主持，我院本科生、研究生及校內校外有關師生共計一百餘人聆聽了本次講座。

　　講座的主題係裴安平教授 2017 年國家社科基金後期資助項目成果《中國的家庭、私有制、文明、國家和城市起源》一書。該書今年 7 月出版，上下兩冊，總 80.6 萬字（圖 1）。

　　正如王志高教授在開題致辭中所說：「裴安平教授具有崇高的學術理想和深厚的學術造詣，他在退休後筆耕不輟，繼續沉浸於學術研究，是一位極具學術情懷的純粹的考古學者，值得我們後學景仰」。該書是國內外第一次以考古發現為基礎和線索，全面系統地梳理和研究中國家庭、私有制、文明、國家和城市起源等五大歷史問題的專著。其研究方法新穎，第一次將史前有關歷史問題的研究置於血緣組織與聚落群聚形態的平臺上進行考察，還第一次系統地提出了關於中國家庭、私有制、文明、國家和城市起源方面完全不同於以往傳統的認識，為今後類似的研究提供了新的視角、思想和方法。

　　講座內容主要分為五個部分。

圖1：《中國的家庭、私有制、文明、國家和城市起源》封面照

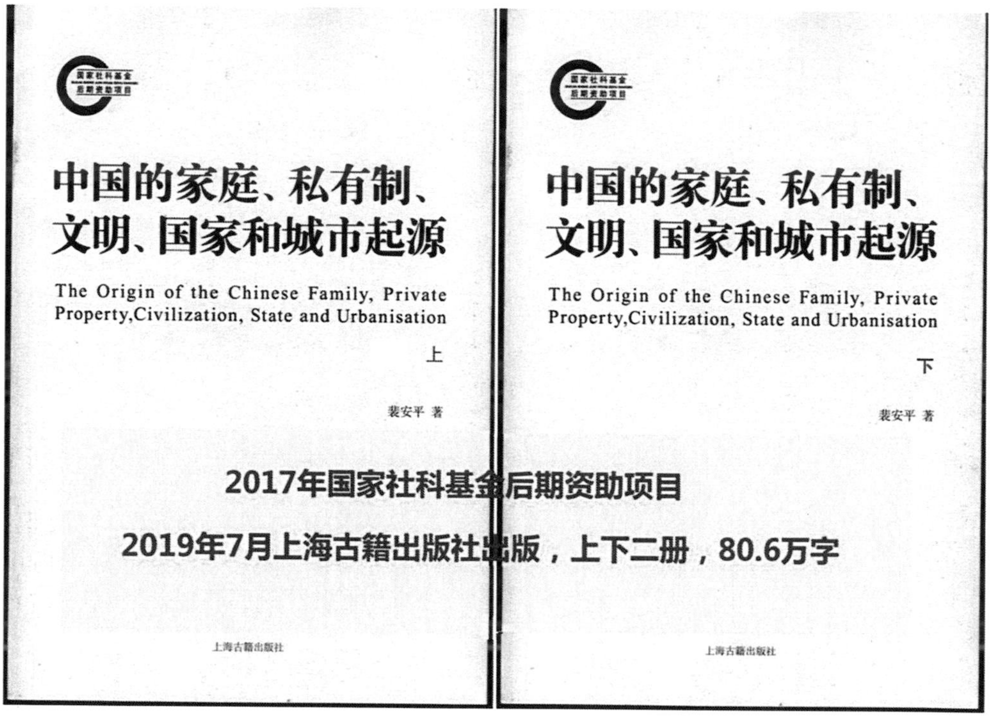

一、家庭起源

關於家庭起源，裴老師認為：自有人類以來就有婚姻，婚姻就是成年男女相結合的方式；而家庭則是成年男女因婚姻而結合在一起的生活與社會單位，是一定歷史階段的產物，是社會形態與婚姻形態演變的結果。

考古表明，一方面中國的舊石器時代根本就不存在獨立生存的孤獨的「原始群」，而遍地是以遺址個體為單位的生產生活實體組織——部落及其物化形態遺址群；另一方面又由於自然的血緣社會的歷史背景，人類的婚姻範圍從舊石器時代一直到新石器時代中期，都僅限於部落一類血緣組織。正因此，早在新石器時代中期，中國就出現了屬於「族外婚」即氏族外婚部落內婚的一夫一妻制婚姻和家庭，並先後經歷了三大起源階段。

第一階段：新石器時代中期及以前。

在流行對偶婚的基礎上，人類社會出現了最早以自然性愛為基礎的一夫一妻制婚姻與家庭。這種家庭雖然當時還不是社會最小的生產、經濟與組織單位，但卻是一種成年男女自願長期在一起的生活單位。其中，無論男女都不是「外人」，生前死後都可以在一起。內蒙古赤峰市興隆溝遺址F22成年男

女帶孩子的居室葬（圖2，1），M23成年男女同穴合葬墓（圖2，2），以及河
南舞陽賈湖裴李崗文化遺址 M353、106 等成年男女合葬墓，就都是這方面最
好的證明和代表。

圖2：內蒙赤峰市興隆溝遺址 F22、M23 發掘現場照片

1、2 皆引自：中國社科院考古研究所內蒙古第一工作隊《內蒙古赤峰市興隆溝聚落
　　　遺址 2002～2003 年的發掘》

第二階段：新石器時代晚期到夏商周時期。

新石器時代晚期，從距今約6500年，由於氣候長期適宜高溫多雨，聚落
與人口大幅增長，人地關係和人與人之間的關係與矛盾日趨緊張激烈。為了
化解以前從未遭遇過的空前的生存危機，人類社會的生產方式發生了重大變
化。一是變集體勞動集體消費的廣譜經濟為個體勞動個體消費的種植農業；
二是將集體土地分給成年男人；三是成年男人從此擁有了土地的獨立耕作權；
四是對公勞役地租，對私多勞多得。從此，男人的社會地位提高了，一夫一
妻制婚姻與家庭在此基礎上也隨之普及流行。對此，陝西臨潼姜寨仰韶文化
早期的男女並穴合葬墓，河南淅川下王崗（圖3，1）、鄧州八里崗（圖3，3）、
鄭州大河村（圖3，4）和安徽蒙城尉遲寺（圖3，2）、湖北應城門板灣（圖
3，5）等距今6000～5000年遺址中的「排房」與「套房」，以及蒙城尉遲寺
聚落整體布局的變化，就都說明以早期個體勞動個體經濟為基礎的一夫一妻
制婚姻和家庭當時已經普及和流行。

第三階段：春秋戰國時期。

在社會完全地緣化、商品經濟出現高潮，生產資料土地使用權完全私有

的基礎上，一夫一妻制家庭開始成為了地緣社會獨立的最小的生產、經濟與組織單位，還為以後中國一夫一妻制家庭「小農經濟」與社會的穩定發展奠定了基礎。

圖 3：各地距今 6000～4500 年的「排房」和「套房」

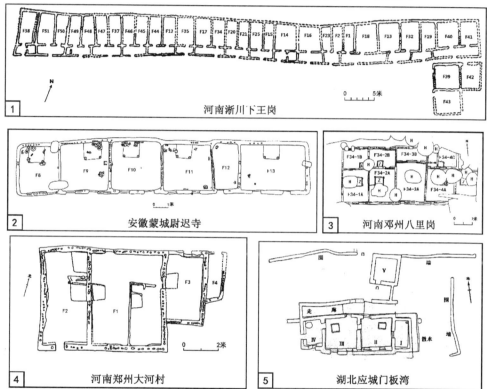

1 引自：河南省文物考古研究所《淅川下王崗》；2 引自：中國社科院考古研究所《蒙城尉遲寺》；3 引自：北京大學考古實習隊《河南鄧州八里崗遺址發掘簡報》；4 引自：鄭州市文物工作隊《鄭州大河村》；5 引自：國家文物局《1999 中國重要考古發現》

二、私有制起源

關於私有制起源，裴老師認為：私有制就是一種包括不動產生產資料都可以私有的制度。但是，中國從來就沒有過這樣的私有制，而只有以動產為主的財富私有制。這種私有制有三大特點。一是主要只有動產財富才可以私有，春秋以後表面上土地可以私有了，但真正私有的只是使用權而不是所有權；二是財富私有制從來不是一種經濟制度，而是一種社會的管理與政治制度；三是財富與權力直接相關，越有權越富。

截止春秋戰國時期，中國的財富私有制起源經歷了三大階段：

第一階段：新石器時代中期。

在廣譜經濟與集體勞動集體消費的生產方式的基礎上，財富私有制作為一種血緣組織集體的管理與分配制度最早登上了歷史舞臺，凝聚了大量社會勞動的「奢侈品」也開始成為權力和地位的象徵。距今 8000 年北方東部地區興隆窪文化所出高等級墓葬和玉器（圖 4）就是這方面最好的證明。

圖 4：內蒙敖漢旗興隆窪遺址 M118 發掘照片與隨葬物

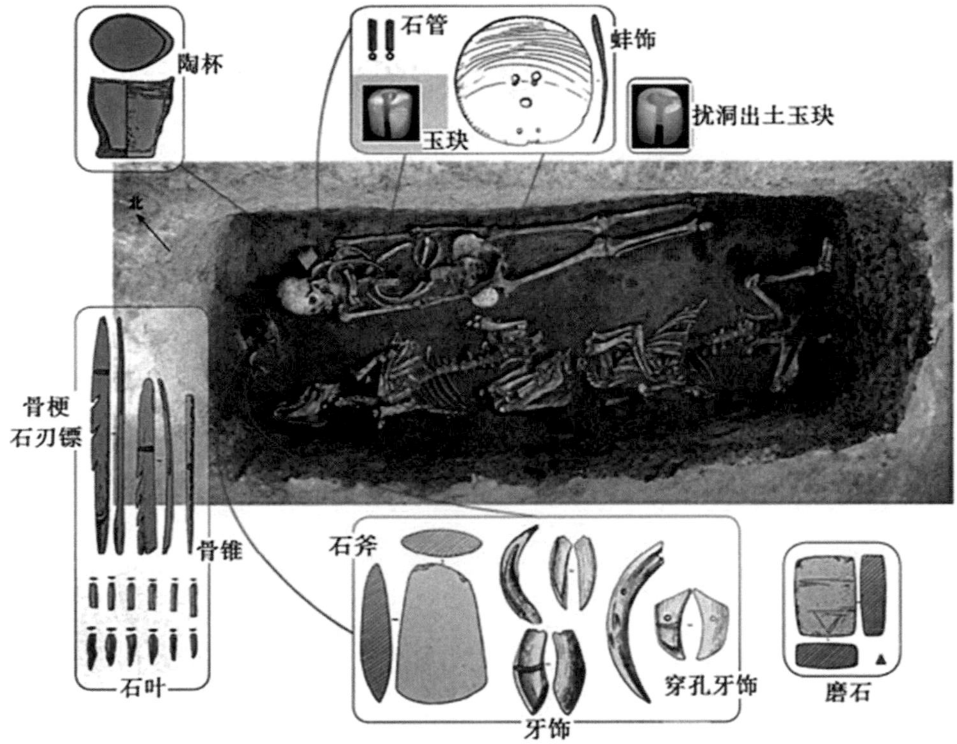

引自：中國社會科學院考古研究所等《玉器起源探索：興隆窪文化玉器研究及圖錄》

第二階段：新石器時代晚期至夏商周時期。

距今 5000 年以後，為了化解以前從未遭遇過的空前的生存危機，人類社會的生產方式與組織方式都發生了重大變化。一方面出現了以土地耕作權私有的早期個體勞動和個體經濟，另一方面以往單純的血緣組織開始演變為一種跨部落一體化集中領導與管理的政治組織。這些變化也同步導致當時的財富私有制發生了重要變化。一方面明顯融入了經濟的因素，社會貧富分化的

廣度和深度日趨擴大；另一方面以聚落社會一體化的政治組織為平臺，私有制也開始成為了一種政治制度。這種制度最重要的特徵，一是出現了「貴族」，二是越有權越富，三是出現了既能標誌等級地位又能標誌財富的「禮器」。對此，安徽含山凌家灘、浙江餘杭瓶窰古城內反山墓地高等級墓葬的玉器（圖5）就是證明。

圖5：良渚玉器——琮王

引自：浙江省文物考古研究所《良渚遺址群》

第三階段：春秋戰國時期。

由於國體政體都地緣化，商品經濟出現高潮，以土地使用權完全私有為基礎的晚期個體勞動和小農經濟開始崛起，貨幣、貴金屬、土地開始成為財富新的標誌物。與此同時，作為一種政治制度和「越有權越富」的財富私有制的主要特徵並沒有改變，改變的只是擁有財富的主體已由以往的血緣貴族

變成了統治階級，官營手工業也成為了統治階級聚斂財富的新途徑。

關於私有制起源與手工業農業社會分工的關係問題，裴老師認為：由於商周及以前，中國的社會基礎就是血緣社會，各血緣組織手工業的目的都是自產自用。正因此，所有的農業與手工業的「社會分工」都只發生在大型的一體化的血緣組織內部。商代之所以會出現「世工世族」、「工商食官」就說明當時還沒有出現地緣化的社會分工與商品經濟，殷墟還不是「貿易中心」。因此，中國財富私有制的起源與手工業農業地緣化的社會分工完全無緣。

三、文明起源

關於文明的起源，裴老師認為：「文明」與「國家」是不同的概念。文明是人類社會高品質的發展狀態和發展階段，也是人類主動追求生存狀態與生存質量不斷改善的內在動力與結果。文明的起源是獨立的起源，不因國家而起，也不因國家之亡而終。

中國的文明起源也經歷了三個階段。

第一階段：距今 8000～5000 年，為血緣社會文明化的早期階段。

考古發現，北方東部地區興隆窪文化的玉器、河南新鄭唐戶裴李崗文化與浙江嵊州小黃山文化以環壕聚落為核心的多聚落遺址、以及浙江義烏橋頭上山文化的環壕聚落，就充分地表明聚落社會當時已出現了明顯的等級分化，出現了「核心」與「從屬」。由於玉器與新式聚落形態以往從未見有，所以它們的發現也就表明文明已經悄然起源，以實力而不是以傳統血緣為基礎，並具有集中統一領導與管理特點的社會文明化一體化的組織已經出現。

距今 6500～5000 年，血緣社會的文明化迎來了發展高潮，還同步迎來了農業、早期個體勞動個體經濟、一夫一妻制婚姻和家庭的流行與普及、個體家庭成為血緣社會獨立的最小的組織與經濟單位（圖 3）、母系社會轉變為父系社會、人開始成為集體中的獨立個人、聚落社會由分散開始走向統一等八個方面的重大變化。

第二階段：距今 5000～夏商周，為血緣社會文明化的晚期，也是血緣社會與地緣社會之間的過渡階段。

於此階段，社會先後出現了四大變化。

第一大變化就發生在距今 5000 年前後，史前社會出現了第一代政治組織——一體化的聚落群團即部落聯盟。這種組織有三大特點。一是最主要的組

織基礎已不是傳統的血緣關係而是財富與實力；二是跨部落集中統一領導和管理，各部落成員之間主從關係明顯，而不是以往的獨立平等與各自為政；三是永久性而不是一種臨時性機構與組織（圖6）。

圖6：各地一體化聚落群團遺址分布圖

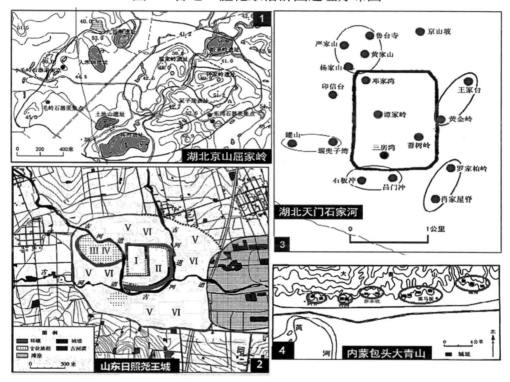

1 引自：湖北省文物考古研究所《湖北京山屈家嶺遺址群 2007 年調查報告》；2 引自：梁中合《日照堯王城遺址的新發現、新收穫與新認識》；3 引自：湖北省文物考古研究所《大洪山南麓史前聚落調查——以石家河為中心》；4 引自：田廣金《北方考古文集》。圖中實線圈為本文作者所加

　　第二大變化就發生在距今 4500～4000 年之間，出現了聚落集團、早期國家、古國等多種新型的社會組織，並標誌史前血緣社會向地緣社會的轉變正式啟動。其中，聚落集團就是多以一體化聚落群團為核心而構建的一種超大型的血緣組織；早期國家則是有關血緣組織之間的聯盟，或只跨血緣，或又跨血緣又跨地域；古國與聚落集團、早期國家完全不同，它的最主要特點就是在不同血緣和地域的聚落組織之間武力建立了統治關係，即政治上壓迫又經濟上的剝削。

第三大變化就發生在夏商周時期，出現了以單一民族為主體的國家。

民族實際就是眾多血緣組織構成的一種地緣化的人類共同體，並有二種不同的組織類型。第一種就是自然民族，是人的自然屬性。由於相似的自然環境促使同一地區的人在外形、語言、飲食、生產方式、生活習慣、心理方面都有很大的相似性；又由於地域鄰近，長期相互交流，以致同一地區的人都不知不覺地在使用同一種考古學文化；但是，自然民族的組織成員都是同一地區相互獨立平等分散的血緣組織。第二種就是實體民族，就是原本獨自為政的各血緣組織在利益的基礎上相互認同並構建的具有統一領導和管理特點的人類共同體。歷史上，蒙古族、女真族由自然民族轉變為實體民族的案例就是這方面的代表。但考古表明，歷史最早第一批實體民族則屬於夏族、商族、周族，而以他們為主體所建立的國家就是單一民族國家。

圖7：西周早期銅器「令方彝」銘文

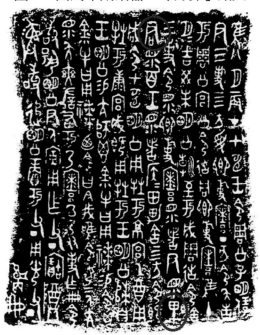

引自：朱玲玲《坊裏的起源與演變初探》

第四大變化就發生在西周時期，「鄉里」制（圖7）與「井田」制的同時實施開啟了社會基層組織地緣化的大幕。一方面變土地以前國家集體二級所有為國家一級獨有，另一方面變以往的血緣組織為地緣化的行政機構。從此，社會血緣化的基層組織變成了地緣化的行政區域，勞動者個人也由此甩掉了

血緣社會的束縛，人的解放開始獨立邁向自由。之所以歷史上最早的「私田」就出現在西周就正是這種變化的證明。

顯然，以上變化的出現不僅標誌標誌人類從血緣社會到地緣社會的過渡又進入了一個新時代，而且還標誌社會的文明化一體化又進入了一個新的歷史階段。

第三階段：春秋戰國時期，也是社會全面地緣化的階段。

於此階段，社會發生了十一個方面的深刻變化，出現了多民族國家，出現了國體政體都地緣化的國家，變「分封制」為「郡縣制」，變貴族「世襲制」為官僚「任命制」，土地使用權開始完全私有，商品經濟出現高潮，出現了城市，出現了晚期小農經濟，法制初上歷史舞臺，出現了「富國強兵」的思想，出現了私學。

這些變化一方面表明人類社會的發展與文明化由此又進入一個全新的以地緣化為基礎的歷史新時代，另一方面也為以後數千年中國社會的發展奠定了基礎。

四、國家起源

關於國家的起源，裴老師認為：國家只是一種地緣化的社會組織與組織形式，國家內部的居民之間不僅跨血緣跨地域，還建立了政治上壓迫經濟上剝削的統治與被統治關係。中國的國家起源既是文明起源的結果，也是社會文明化一體化的結果；既與財富私有制無緣，也不是階級矛盾不可調和的產物，而是在人地關係空前緊張的背景下催生的一種以不勞而獲為目的的社會組織。

中國的國家起源明顯經過了「古城、古國、方國、帝國」四大階段，並相繼催生了血緣國家、單一民族國家、多民族國家、大一統帝國等不同的國家形態。

第一階段：距今 6000～4500 年，為古城崛起階段。

隨著史前古城的相繼崛起，一體化的聚落群與聚落群團不僅先後引領了血緣社會一體化的高潮，也開啟了中國國家起源的歷史序幕。

第二階段：距今 4500～4000 年，為古國崛起階段。

於此階段，聚落集團、早期國家與古國等新型聚落組織同時崛起，不僅表明人類社會已經開始由血緣社會轉變為地緣社會，還表明又跨血緣又跨地

域還具有統治與被統治關係的第一代國家已經登上歷史舞臺。這種國家最早的建國目的就是不勞而獲，最主要的特點就是統治與被統治雙方都是血緣組織，所以這種國家又可以稱為「血緣國家」。

第三階段：夏商周——春秋戰國時期，為方國階段。

所謂「方國」，實際就是地方之國。據考古與文獻記載，方國又有早晚之分。

早期方國的主要特點，一是以單一民族為主體，二是國體地緣化政體血緣化，三是國家範圍地域遼闊。其中，夏商周就都屬於早期方國。

晚期方國的主要特點，一是國家的組織成分已由單一民族變成了多民族，變成了由財富和地位決定的階級；二是政治制度的地緣化，「郡縣制」、官僚「任命制」、兵員的「徵兵制」、管理的「法制」，就都屬於這種變化；三是由於血緣與民族隔閡的消除，階級的出現，階級矛盾已經開始成為國內社會的主要矛盾。

第四階段：秦，大一統集權制帝國出現的階段。

在春秋戰國變革的基礎上，秦代出現了國土地域遼闊、國體政體全部都地緣化並實行大一統中央集權制的帝國，從而標誌著社會的一體化已從血緣真正進入了地緣，社會的組織形式也從最早獨立平等分散的部落走進了地域遼闊大一統的國家，並為以後中國古代兩千餘年的封建帝國歷史奠定了基礎。

五、城市起源

關於城市起源，裴老師認為：城市是歷史發展到一定階段才出現的一種人類地緣社會的共同體與組織單位，是在地緣社會基礎上人類社會組織方式、生產方式、生活方式與人的解放變革的產物，也主要是國體政體地緣化國家與商品經濟發展的結果。中國城市的起源先後經歷了血緣社會軍事中心、血緣社會政治與軍事中心、地緣社會政治、經濟與軍事中心三大階段。

第一階段：距今 7500～5000 年，是血緣社會軍事中心崛起的階段。

為了應對人地關係、人與人關係和矛盾的日趨緊張激烈，血緣組織由此踏上了整合一體化之路，並同步催生了一體化聚落群的軍事中心。其中，早期初級軍事中心的代表就是有明顯防禦功能的壕（濠）溝聚落；晚期高級軍事中心的代表就是兼有城牆與城濠雙重防禦體系的城址。

第二階段：距今 5000 年～夏商周時期，是血緣社會政治與軍事中心崛起

與發展的階段。

隨著聚落組織不斷地大型一體化，以往單純的血緣組織變成了以實力為基礎的政治組織，如一體化的聚落群團、聚落集團、早期國家、古國、早期方國即是。在此變化的基礎上，這些組織的核心城址也順勢升級成為了新型的政治與軍事中心。

第三階段：春秋戰國時期，是地緣社會政治、經濟與軍事中心崛起的階段。

由於國體政體都地緣化了，商品經濟也出現了高潮，於是就出現了以地緣社會為基礎的政治、經濟與軍事中心，並導致城址出現了二個重要變化。一是出現了以前從未見過的「宮城」，二是城址裏面出現了「市」，出現了政治、軍事中心與經濟中心結合在一起的「城市」。

「宮城」最早見於戰國時期。考古表明，它的出現完全是統治階級獨立執政需要的產物，並具有三個明顯不同於以往血緣社會「內城」的特點。其一，面積明顯小於以往的「內城」；其二，沒有以往內城裏核心血緣族體的居住區域與手工作坊；其三，建築群以宮殿和宗廟為主。正因此，「宮城」的出現也是政體地緣化的重要標誌（圖8）。

圖8：史前至戰國城址構建模式圖

1 引自：湖南省文物考古研究所《澧縣城頭山》；2 引自：國家地理中文網；3 引自：中國國家博物館等《商邑翼翼‧四方之極》；4 引自：許宏《先秦城市考古學》

值得注意的是，中國最早的「市」，以及最早成為「城市」的城址都屬於

諸侯國的都城。究其原因，主要有三。其一，由於多民族與階級的出現，血緣與民族藩籬的消失，原統治民族核心血緣族體的族人與後裔需要妥善安置，於是「里坊」與「市」的出現既保護了原住民又給了出路；其二，官營手工業成為了統治階級追逐財富的新式來源；其三，主要是權力的結果，無論是原住民的安置，還是官營手工業的興起，都充分顯示了權利的力量。正因此，中國最早「城市」的出現並不是商品經濟發展的直接結果，也不是單純城鄉分工，農業與手工業自然分工的結果，而是官營經濟的需要與結果，政治制度變革的需要與結果。之所以戰國時期山東臨淄齊故城內大量新興的冶鐵遺址都集中位於西周齊故城的區域內（圖9）就很清楚地說明了上述問題。

圖9：山東臨淄齊故城手工作坊分布圖

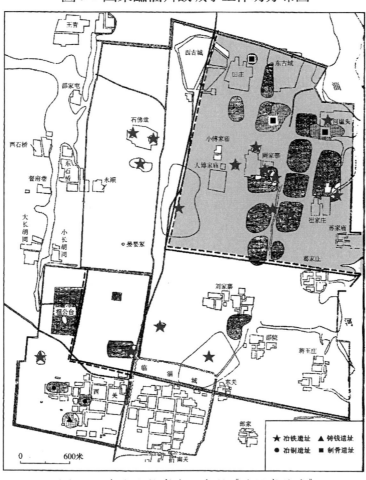

引自：山東省文物考古研究所《臨淄齊故城》

　　講座最後，裴老師指出：誠如馬克思所言，中國的確是一個「東方天國」，無論家庭、私有制、文明、國家和城市都走過了一段深具自我特色的起源之路。事實證明，這條路就是「集體至上」之路。近萬年以來，它一直以生產資料的集體和國家所有為基礎，一直以集體和國家的發展為重心。

　　與此同時，裴老師還希望當代每一個學者都應腳踏實地、實事求是地復原歷史、研究歷史，成為一名合格的考古人。

　　演講結束後，我院陳曦老師和幾名同學就講座涉及的相關問題與裴老師展開了熱烈的討論，裴老師一一予以解答。對於裴老師精彩的解答，臺下的師生則頻頻報以熱烈的掌聲。

　　最後，王志高教授進行了總結發言。他首先感謝裴老師以充滿激情的語言，分享了他對中國家庭、私有制、文明、國家和城市起源等重大歷史問題的研究收穫。這些問題自恩格斯、柴爾德以來，有許多歷史學家、考古學家都做了很深入的研究。裴老師從考古發現出發，不囿於目前學界的權威學說，運用自己史前「聚落群聚形態」的新理論，得出了與以往不同的新認識，令人高山仰止。

　　王志高教授對在座的同學們說：裴老師演講的部分內容很深奧，同學們未必都能領會，但這種薰陶和浸染仍是每一個同學都必須經歷的學習過程。他認為學習和讀書有三種境界，考古學家亦有三種境界：第一種境界是專注於田野發掘及資料整理研究的考古學家。第二種境界是在考古發掘、資料整理研究的基礎上，對許多舊說產生懷疑，進而對一些具體問題，提出自己的新認識。王教授自嘲他目前仍處於第二種境界。而第三種境界，是在前期大量具體問題的實證研究之後，就一些宏觀的重大問題的研究方法與理論，開展新的闡釋與昇華。這是作為思想家的考古學家。王教授希望在座的各位同學都能在將來漫長的專業生涯中，通過不懈的努力和奮鬥，最終可以達到裴老師所達到的第三種境界。

　　講座在熱烈的掌聲中落下帷幕。

文：徐良

圖：左凱文

審核：王志高

講座時間 2019 年 9 月 28 日，發表於南京師範大學官網

復原血緣社會的必由之路
——裴安平教授訪談錄

左凱文（南京師範大學文博系博士研究生）採訪

　　2014 年，裴安平教授的專著《中國史前聚落群聚形態研究》入選國家哲學社會科學成果文庫並由中華書局出版；2019 年，專著《中國的家庭、私有制、文明、國家和城市起源》入選國家社科基金後期資助項目，並由上海古籍出版社出版。這二本著作不僅在國內外第一次提出了聚落群聚形態研究的理論與方法，第一次在聚落群聚形態的平臺上從事了家庭等五大起源的研究，還第一次找到了復原血緣社會研究血緣社會的必由之路。

　　受有關方面委託，南京師範大學文博系博士研究生左凱文特以「復原血緣社會的必由之路」為題對裴教授進行了專訪。

一、聚落群聚形態研究的意義

　　左凱文：為什麼要復原血緣社會歷史？

　　裴安平：之所以要復原血緣社會歷史，有二個基本原因。其一，血緣社會是人類歷史的主要部分。不僅時間最早，自有人以來就是血緣社會；而且歷時最長，達數百萬年之久。在中國，血緣社會就包括了舊石器時代、新石器時代；夏商周三代，屬於過渡時期，雖然國體已經地緣化了，但政體依然還是血緣化的。春秋戰國時期才真正進入地緣社會，至今才 2 千多年。所以，復原血緣社會就是復原人類歷史的主要部分。如果這一部分的歷史都不清楚，那要探討人類社會的發展規律與過程不就成了一句空話。其二，這段歷史有文字記載的時間非常短暫，而且古文字的識別也非常困難。正因此，血緣社

會的復原與研究不僅是中國考古學的難點，更是中國考古學的重點。

左凱文：為什麼現在要重提復原血緣社會的問題，難道以前就沒有復原嗎？

裴安平：歷史是螺旋式發展的，今天重提要復原血緣社會歷史的問題，是因為新的時代有新的問題新的需求。

自 20 世紀初現代田野考古學誕生以來，中國歷代考古學家們就為這段歷史的復原作出了重大貢獻，如仰韶文化、龍山文化的發現，夏墟和殷墟的發掘。但是，考古學以人類物質遺存為主要研究對象的特殊性又導致考古學復原歷史有自己的特點和難度。一方面物質遺存涉及的種類很廣，從自然土壤、動物、植物，以及一切與人類生產生活有關的遺存；另一方面，絕大多數遺存都不會「說話」，有關遺存的年代、屬性、與人類的關係，都需要考古學的研究。正因此，伴隨著現代科學技術的發展，特別是 20 世紀 50 年代以來，除了田野考古學之外，大考古學已經變成了多學科結合的集合體。然而，考古學最困難的還不在於各種遺存的年代與屬性的確定，就像野生稻、早期栽培稻、晚期（成熟）栽培稻的確定一樣，這類問題的解決主要依賴自然科學技術的進步，而且科學家們總有一天會找到相應的認識方法。但是，要確定各種遺存與人類的關係就非常困難，就不單純是技術是時間的問題，就像江蘇吳縣草鞋山馬家浜文化的「稻田」一樣，僅從技術層面來看，土壤的顏色、包含物、稻屬植矽石的數量都證明它應該屬於稻田；可是，從與人的關係來看，那種小規模坑坑窪窪的田塊只能屬於「栽培稻的野生地」，肯定養活不了附近遺址上的居民，也不可能成為當時人類食物的主要來源地，更不可能成為當時人類生產方式與農業的代表和標誌。正因此，要解決各種遺存與人類關係的認識問題就只能依賴哲學的思維方法、視角和相關認知理論。

中國考古學的興起雖然晚於歐美，但在復原歷史進程中的努力與創造卻不亞於歐美，尤其是以蘇秉琦先生為代表的老一代考古學家，在馬克思主義、中國式的器物形態學、考古學文化區系類型理論、文化因素分析方法的基礎上，在世界範圍內豎起了中國學派的大旗。尤其是 20 世紀 90 年代初期，蘇秉琦先生發出了「重建中國史前史」的號召，更是極大地推動了中國考古學復原歷史的研究。

今天，我們之所以要重提復原歷史復原血緣社會歷史的問題，不是要否認前人的努力與成果，而是另有原因，是因為新的時代遇到了新的問題，是

因為自蘇秉琦先生「重建中國史前史」號召以來近 30 年，中國考古學的發展除了浮在表面上的大量精彩的考古發現以外，就是毫無遮攔地引進了西方歐美「先進」的「區域聚落形態」、「四級聚落等級國家論」、「酋邦」等新的理論與方法。結果出人意料，在復原血緣社會研究血緣社會方面卻並未取得任何意義突出的實質性的進展，「文明探源」也根本沒有探到真正的源！

現實表明，新的時代重提「復原血緣社會」最重要的意義就在於警示整個學界，不能再跟在西方歐美的後面，而是仍然要以血緣社會的復原和研究為重點，要根據中國考古的實情創新我們的認知理論與方法。

左凱文：為什麼西方「先進」的理論與方法不能復原血緣社會歷史？

裴安平：20 世紀以來西方歐美的考古學經歷了二個特點非常鮮明的階段。二次大戰以前，考古學界流行馬克思主義，並出現了著名的馬克思主義考古學家，澳裔英籍戈登·柴爾德就是代表。但是，二次大戰以後，這類風氣與學者至今根本不見。究其原因，關鍵就因為當時崛起了一大批社會主義國家，使西方資本主義國家非常緊張，於是就要與馬克思主義劃清界限，人類學、考古學就要劃清與馬克思主義關於社會發展和國家起源理論的界限。從此，西方人類學、考古學就自覺不自覺地走上了一條架空或另築史前社會形態之路。

受這一變化影響最大的就是美國的路易斯·亨利·摩爾根。由於他的《古代社會》受到了馬克思、恩格斯的重視，並成為了馬克思主義社會發展與國家起源理論的重要基礎；所以他，雖然並不認識也沒有受馬克思、恩格斯的影響，但他在書中關於人類早期血緣社會形態與組織、組織形態的研究成果卻受到了普遍的質疑並被束之高閣。為什麼同為美國人的戈登·威利關於秘魯維魯河谷史前聚落形態的研究，以及此後興起並流行於西方的「區域聚落形態」都竭力迴避氏族、部落、部落聯盟等人類早期血緣組織的名稱與概念，甚至不惜用現代地緣社會學的思想、概念和名稱來研究史前社會，將古人從來沒有見過的「社區」和「社群」等組織形態都套在他們頭上，還用以描述歷史？顯然，這樣做的結果不僅全盤否定了馬克思主義與摩爾根有關研究的合理性，還以假亂真，徹底改變了歷史的原貌。

在「區域聚落形態」的基礎上，西方又出現了「四級聚落等級國家論」的新說，並認為部落和酋邦擁有一到二級行政管理機構，國家則至少擁有三

級，或四級決策機構。至於級與級的劃分標準，則是聚落規模一級比一級大。顯然，這完全是一種形式邏輯，不僅完全忽視了血緣與地緣社會的區別，還完全忽視了歷史現象的多樣性與複雜性。

「酋邦」理論也是二次大戰以後興起的關於史前社會與國家起源的重要理論。它有二個要點：一是認為人類社會經歷了遊群、部落、酋邦、國家四個連續發展的階段；二是認為酋邦是史前社會與國家之間過渡階段的社會組織。

不過，「酋邦理論」的問題也很多。

一般而言，人類歷史的演化就像一棵大樹一樣，有主幹也有許多旁支；而且不同的地區還有不同的道路，不同的特點，有多樣性與不平衡。但是，「酋邦理論」產生的主要來源地夏威夷群島波利尼西亞的原始民族是否歷史演化的旁支，是否有不同的道路，是否有不同的特點，誰都沒有說清楚。顯然，在這些問題都沒有說清楚之前，就直接將其視為早期人類普遍經歷過的社會形態，肯定是過於絕對化。此外，現代「酋邦理論」之所以有所謂「簡單酋邦」與「複雜酋邦」、「產品經濟型酋邦」與「財富經濟型酋邦」、「集體型酋邦和個體型酋邦」、「神權型」與「軍事型」等等的分類與提出，實際就說明該理論還明顯的不夠成熟。與此同時，中國古代的歷史文獻中也從未見過「酋邦」的影子，中國史前的聚落群聚形態研究也證明中國歷史上根本沒有出現過所謂的「酋邦」。

顯然，由於當代西方歐美流行的各種認識史前社會形態與特點的理論都不是在尊重歷史復原歷史的基礎上提出來的，而是包含了許多人為主觀認識的因素，因而一點都不先進，也不可能籍此窺探和復原血緣社會的歷史。

為什麼在最近「良渚古城」申遺過程中多次來中國考察的外國專家，英國劍橋大學著名的科林·倫佛儒教授先後二次，第四屆文化遺產世界大會主席加拿大皇家學院院士魁北克大學教授露茜·莫里賽特先後三次，在見到良渚文化的城址和遺跡遺物以後，沒有一個人談到史前原始血緣社會的復原問題，也沒有一個人談到城址內外聚落與聚落組織之間的關係問題，就說明當代西方的學術主流依然還走在架空、虛化或另築史前社會形態的老路上。

事實上，無論是中國還是外國，早期的人類社會都是血緣社會，有關社會組織都是血緣組織。因此，任何時候任何地方若離開了當時社會原有的組織就不可能真正地復原歷史，並揭示歷史的特點、演變過程與規律。

左凱文：為什麼當代中國考古學也不能復原血緣社會的歷史並探到文明之源？

裴安平：原因是多方面的，從純學術的角度來看關鍵就在於雖然新的時代有新的需求，但卻沒有新的研究與認知理論和方法，因而就無法走近歷史，復原歷史。

近年來，我對中國考古學有二大重要的理論貢獻。其一，否定了考古學文化對歷史研究的主要作用，力主以人類的組織為歷史的載體，為歷史研究的單位和平臺；其二，在各種各樣的考古遺存中，發現了聚落群聚形態就是史前人類血緣社會組織與組織形態的載體，考古學關於人類血緣社會的復原與研究就必須以聚落群聚形態為單位為平臺。

然而，中國考古學學科主流對此不屑一顧。一般而言，有三個主要的原因。

第一，為了繼續將考古學文化作為歷史研究的平臺。

典型的觀點就認為：中華文明的形成是在一個相當遼闊的空間範圍內由若干考古學文化共同演進的結果，各文化的區域特色還暗示了在走向文明的進程中各自的方式、機制、動因等也可能不盡相同。為此，要重建中國史前史，探索文明和國家起源，首先就要研究中國的考古學文化。但是，考古學文化的本質是物質的，是在一定的時間與空間範圍內由一群有特色的遺跡遺物構成的共同體。雖然這種物質的共同體也連帶反映了某些人類的歷史與變化，但這並改變不了它的物質本性。此外，考古學文化與區系類型都是跨血緣跨地域的地緣化的概念，而史前的人類組織不僅以血緣為基礎，而且規模與分布地域都很小，遠遠不及考古學文化所覆蓋的地域與範圍。因此，要復原史前社會，一方面不能用地緣的現象和特點來理解和復原血緣社會，另一方面也不能盲目地將考古學文化的整體都當作一個統一的社會組織。實際上，在史前人類的視野中，並沒有「考古學文化」這個概念，也從來沒有在「考古學文化」的旗幟下一起從事過農業、手工業，一起從事過文明和國家的起源。考古學文化對古人來說完全是身外之物。人們相互之間除了血緣與婚姻關係以外，誰都不會因為使用了相似的陶器和石器而成為「親戚」或朋友。雖然它也是當時的一種客觀存在，但它只是一種地域性的物質文化的相似性和共性，就像同一地區的人都有同樣的長相一樣，對當時人們的日常生活並不存在任何影響。今天，人們對考古學文化及其區系類型的認識，純粹只是對一

定時空範圍內有一定共性的物質遺存的主觀理論認識，一種純地緣化的宏觀邏輯概括。因此，考古學文化只是物質文化史的載體，是物質文化史的研究單位和平臺，不能作為歷史的主要載體，也不能作為歷史研究主要的人類組織單位和平臺。

第二，繼續將馬克思主義教條化。

長期以來，中國學術界就存在將馬克思主義教條化的傾向與潮流。每當遇到問題就簡單地抄襲，或將馬克思主義的一些論述「對號入座」。今天，馬克思主義的教條化已成了許多人不作為不思進取的護身符和藏身洞。

關於中國私有制起源原因的探討就是這方面的典型，大家都照搬馬克思主義的觀點，都以為是手工業與農業分工的結果，都以為手工業的規模化、分工化、專業化就是私有制、商品經濟的證據；長江三峽裏的大溪文化居民就因為在河邊遺棄了大量石器殘品，而被認為是走在了時代的最前列，並以製作石器為生。至於中國史前手工業有什麼特點，手工業與農業是如何分工的，居然至今無人問津。

更有意思的是，在關於仰韶文化早期及裴李崗文化是否已出現了父系社會的爭論中，所有研究者都以社會貧富分化和墓葬隨葬器物多寡為依據，有的認為已經出現了貧富差異，有的認為即使有差異也不明顯。總之，控辯的雙方都在使用同一件「批判的武器」，都在用其之矛攻其之盾，都完全忘卻了「武器的批判」。

對此，我們不能把責任都推給馬克思主義。馬克思主義，特別是恩格斯《家庭、私有制和國家的起源》的寫作與出版，不僅年代早，1884 年，也就是 136 年以前；而且當時無論歷史資料還是民族學的資料都很少，尤其是關於中國的考古資料就完全等於零，因而對有關問題的研究也就不免階段性地域性成果的意義。

自 20 世紀 50 年代以來，中國的考古事業得到了極大的發展，大量的史前和古代遺址被發掘出來，並為人們解放思想，深入研究奠定了堅實的基礎。因此，不能再把馬克思主義當作教條，當作藏身洞和護身符了；而應該自覺地將還原歷史，研究歷史，發展馬克思主義當作中國考古人義不容辭的責任和義務。

第三，全盤引進歐美流行的理論和方法。

西方歐美的理論與方法之所以在中國大受歡迎，主要有三個原因。

其一，以社會形態研究為重點的聚落考古，歐美起步的時間明顯早於中國。

其二，20世紀90年代以後中國掀起了「重建中國史前史」及文明和國家探源的高潮，尤其是「文明探源工程」的啟動，要求在一定的時間段內要探到文明之源。於是，歐美理論不僅正好迎合了「探源」的需求，還填補了國內沒有自己聚落考古理論與方法的空白，還為中國考古學披上了「改革開放」，與歐美「先進」理論「國際接軌」的時髦外衣。

其三，馬克思主義以前關於社會發展和文明、國家起源的理論也有許多沒有覆蓋的領域與薄弱環節，於是就給西方有關理論的引進和傳播留下了缺口和餘地。

事實證明，毫無遮攔地引進歐美流行的理論和方法是錯誤的，不僅沒有解決中國文明和國家的起源問題，還導致了用地緣社會的歷史現象來認識和定性血緣社會遺跡遺存的研究簡單化傾向，並給嚴謹求實的學風帶來了前所未有的衝擊。

左凱文：今天中國考古學要復原血緣社會關鍵的突破點在哪裏？

裴安平：聚落群聚形態及其研究就是復原血緣社會及其歷史的關鍵點與突破口。

首先，就研究的思想與理論而言，聚落群聚形態及其研究最重要的特點就是端正了學術思想。136年以前恩格斯《家庭、私有制和國家的起源》的寫作與出版，實際就為後人以人類學、民族學資料為基礎，以人為本，復原歷史研究歷史樹立了榜樣。今天，在田野發掘資料大量出現的背景下，中國人不僅擁有了在人類學、民族學基礎上，而且還擁有了在考古學基礎上續寫《家庭、私有制和國家的起源》，並「重建中國史前史」的不可推卸的歷史責任和義務。因此，中國考古人必須在思想上理論上有所創新有所作為。根據恩格斯《家庭、私有制和國家的起源》的啟發，中國考古人要復原歷史首先就要復原血緣社會的歷史，然後才是復原地緣社會的歷史。因此，不能沉溺於向西方學習，並用現代地緣社會學的概念去溶蝕和架空血緣社會的真相。這就是當前要端正學術思想的關鍵點。

其次，就具體的研究對象而言，聚落群聚形態及其研究最重要的特點就是解決了想走進歷史但又苦於無門的大問題。

一般而言，聚落群聚形態就是聚氏族而居的聚落之間以血緣為紐帶近距

離相聚而形成的一種組織和遺存形態。

就時間而言，主要流行於史前與夏商周時期。

就形成的原因而言，有二種類型。

一種可稱為「群落」，它是因為自然的原因，如環境優良，地形地貌適合居住，食物資源豐富等，從而吸引了大量的人類居住點、聚落和組織群聚在一定的空間範圍內。陝西洛南盆地就是代表，2004 年以前在約 200 平方公里的範圍內就發現了舊石器各時期地點 268 處。另一種類型完全是因為人類的社會關係而形成的，可稱為「組織」或「組織形態」，今天我們所要談到的主要就是這種類型。因為，聚落群聚的第一種類型，涉及的主要是人與自然的關係，而只有第二種類型涉及的才完全是人與人的關係，才是復原血緣社會歷史的重點領域。

但是，長期以來它卻一直是國內外史前考古與聚落形態研究的空白領域。

有二個方面的原因。

一方面，相對各種歷史遺跡遺物年代與屬性研究，聚落的屬性研究是最困難的，因為它的特點除了物態的以外，更多的是非物態的社會性的。至於聚落群聚形態的研究，又由於涉及問題的層次更高，涉及的不僅是單個遺址或聚落，而是遺址與遺址、聚落與聚落、群體與群體之間的關係，而且主要都是無形的社會關係，所以其研究難度更大。

另一方面，由於社會關係的研究難度較大，所以就反向滋生了研究的簡單化傾向。一是用現代地緣社會學的觀念去認識和理解聚落群聚形態，另一方面就是簡單按遺址規模論英雄，哪個大哪個就是王。

事實上，正是因為這種研究的簡單化傾向更進一步加劇了聚落考古與研究的空虛化趨勢。

值得注意的是，在《古代社會》中，摩爾根早就發現了這種以血緣為紐帶的聚落群聚現象，他說：部落內部各氏族「不論怎樣擴張他們的共同疆域，其領土總是相互毗鄰」；「每一個村落通常就是一個獨立的自治團體。如幾個村落共沿一條河流而彼此鄰近，其居民往往出自同源，而且他們或者處於同一部落政府之下，或者處於同一聯盟政府之下」；「他們的領土包括他們實際居住的地域，還包括他們在漁獵時足跡所到的周圍地區那麼大的範圍，同時也得是他們有能力防禦其他部落侵入的範圍。如果他們的緊鄰是操不同語系方言的部落，那麼在雙方領土之間，就有一片廣闊的邊區是中立地帶，不屬

於任何一方；但如果彼此是操同一語系方言的部落，則這個間隔地帶比較狹小，也不是劃分得那麼清楚」。

除了摩爾根的調查與論述以外，童恩正先生在《文化人類學》專著中論及的尼日利亞北部蒂夫人（Tiv）、前蘇聯 C.A.托卡列夫的《澳大利亞和太平洋各族人民的組織》，詹承緒、嚴汝嫻、宋兆麟先生關於中國雲南永寧納西族母系制社會的調查，以及福建漳州等地的土樓群，實際都證明聚落群聚形態的本質就是血緣社會聚落之間以血緣為紐帶近距離相聚而形成的一種組織形態和遺存形態，並隨著社會的變化而變化。

然而，為了凸顯考古發掘成果的現實意義，盡快完成文明探源的「工程」，中國的考古學者在歐美「區域聚落形態」的啟發下，比戈登·威利還走得更遠，一方面哪個史前遺址規模大哪個就是王，另一方面只要是在「王」周邊的聚落就都是它的「城址區」、「郊區」、「野」和「衛星聚落」。在這裡，除了「浮躁」與「浮誇」，看不到任何科學求實地論證與研究。

事實上，聚落群聚形態的研究對於復原血緣社會研究血緣社會幫助很大，主要有四個方面。

第一，有助於血緣社會血緣組織物化形態的認識。

以往，中國考古學總以為遺址與聚落的分布是無序的一盤散沙，因而就從思想上根本拒絕了通過考古遺存從事血緣社會組織形態的認識與研究。事實上，聚落群聚形態完全是血緣社會血緣組織的一種歷史遺存，對它的理解和認識，將完全改變以往的研究面貌與認識。

第二，透過聚落群聚形態可以看到不同歷史時期不同的人類生產生活實體組織。

新石器晚期早段即距今 5000 年以前，人類的社會組織雖然包括了氏族、部落、部落聯盟三級，但遺址或聚落群聚形態卻表明只有部落才是人們的生產生活實體，是生產生活的有效組織單位與組織範圍，而部落聯盟則是臨時性的。正因此，到發現美洲的時候，「絕大多數的美洲印第安人，都沒有超過聯合為部落的階段」。

距今 5000 年以後，人類社會的實體組織出現了不斷升級的趨勢，先後出現了一體化的聚落群團、聚落集團、早期國家、古國等新的組織形態。

第三，找到了人類史前社會存在與發展的歷史平臺。

為什麼古代社會的研究，人們主要都以國別為單位為平臺，關鍵就在於

國家既是一種地緣社會的人類組織形態，又是地緣社會人類共同生產生活的實體，是人類存在與發展的平臺，無論政治制度、經濟制度、軍事制度、法律法規、農業、手工業、教育、文化都是在這個平臺上發生發展的。史前是血緣社會，自有人類以來就有一定的血緣組織與群體，人類社會所有的存在、發展、變化也都是在相應的組織內部發生的。例如，史前農業與手工業的分工就沒有地緣化的所謂「社會分工」，而是從史前一直到商周都只在大型血緣聚落組織內部分工。正因此，商代才會出現「世工世族」，才會一直「工商食官」，才會在西周早期的分封中見到以手工特長而命名族體的現象。正因此，史前聚落群聚形態的研究將為我們發現和認識這些歷史問題提供平臺和依據。

第四，有助於認識夏商周時期的社會形態。

就歷史的發展而言，史前晚期晚段一直到夏商周時期都是人類由血緣社會轉變為地緣社會的過渡時期和階段。雖然夏商周都已經是一地之方國，國體都已經地緣化了，但政體還是血緣化的，統治民族的社會基礎還是血緣組織。如殷墟，雖然是一國之都，但它的居民則是一個超大型的血緣組織——聚落集團。此外，西周實行的「封建親戚，以藩屏周」的治國方略也是政體血緣化的最好代表。正因此，三代基層組織的聚落群聚形態與史前完全一樣，殷墟即是，充分顯示了血緣組織的基本特徵。

事實上，已有的研究顯示，在所有的歷史遺存中，沒有一種遺存像聚落群聚形態一樣可以作為其他歷史遺存共存的平臺，也沒有一種像它一樣承載了那麼多那麼重要的人與人和人與社會發展關係的信息，所以它就是考古學「由物及人」復原血緣社會研究血緣社會的最佳平臺與突破口。

二、中國聚落群聚形態的特點與歷史演變

左凱文：人類早期為什會形成聚落群聚形態？

裴安平：從人類的組織發展史來看，人類先後經歷了二大階段。第一階段，是血緣社會，人類的組織以血緣為紐帶；第二階段，是地緣社會，以一定的地區為紐帶。中國民間有一句老話「老鄉見老鄉，兩眼淚汪汪」，就是地緣紐帶導致親情的典型寫照。

一般而言，聚落的群聚現象主要就發生在血緣社會時期，具體而言在中國主要就見於史前與夏商周時期。

已有的研究表明，人類早期之所以會需要並形成群聚現象，主要有四個

方面的原因。

第一，人的自然屬性使然。

考古發現，從舊石器時代早期開始，人類的居住遺址就存在明顯的群聚現象，如河北陽原泥河灣盆地大田窪臺地就是如此，在桑乾河的南岸東西不足 2 公里南北約 1 公里的範圍內就聚集了 9 個遺址，其中有 7 個明顯相聚為 3 群，群內成員之間的距離都不超過 300 米。另外，飛梁與東谷坨二遺址，不僅時代接近，而且距離也很近，約 200 米，更重要的是發掘表明它們還擁有時代與特點相同的文化層。這說明群聚現象完全是人類與生俱來的一種自然現象，是一種人的自然屬性使然。一般而言，最早的人類群體內都是一個母親的兒女及其直系後代，後來由於人口的增多和食物資源的侷限，群體一分為二了，但分出去的群體依然傍依在母親的周圍，正如摩爾根所言「其領土總是相互毗鄰」，「如幾個村落共沿一條河流而彼此鄰近，其居民往往出自同源」。

第二，人的社會屬性使然。

由於群體內所有的人都是親戚，雖然後來分家了，但相互之間還是親戚，原本的婚姻關係依然存在。正因此，自有人類以來就有同血緣的「族外婚」，即同一個大一級的族群內不同小族體之間的通婚，也就類似後來民族學的部落內婚氏族外婚。由於方便婚姻的需要，所以也要求各自居住遺址之間的距離不能太遠。此外，人們還需要聯合起來佔有和保護自己的自然食物資源地。

第三，生產力水平低下。

一方面時代越早社會生產力越低，因而人數的多寡本身就是生產力大小的主要標誌；另一方面單獨的人類群體規模很小，人數很少，因此相互組織起來，以小變大，加強互助，不失為適應生產力低下狀況的一種最佳選擇；再一方面，為了佔有和保護自己的自然食物資源地，以及農業土地和水利資源，也使人們有了更多聯合起來的理由。

第四，穩定發展的需要。

穩定歷來是人類社會可持續發展所要求具備的必要條件，而力量又是維持穩定所必需具備的條件。為此，在生產力水平低下，人類群體規模小，人數少的背景下，走團結聯合之路，才能創造力量，維持和平，從而有利於人類組織自身的長期穩定發展。

正因此，群聚不僅是人類早期最基本的自然生活方式和普遍的社會組織

形態，而且還是利用自然環境適應生產力發展水平謀取最佳發展效果的必然選擇。

左凱文：中國商周及以前有哪些類型的聚落群聚形態？

裴安平：根據已有的研究，中國商周及以前有聚落群、聚落群團、聚落集團、早期國家、古國等不同的五種聚落群聚形態。

聚落群：以單個聚落為組織單位相互近距離相聚而形成的組織與組織形態，是所有聚落組織中規模最小的一種組織。已有的民族學資料顯示，由於聚落承載的社會組織單位基本上都相當于氏族，所以聚落群承載的就基本相當於部落，就是一種相互擁有直系血緣關係的組織。考古表明，聚落群有二種組織類型。第一種，普通型，各成員獨立平等；第二種，一體化型，各成員之間等級地位差別明顯，主從關係明顯。

聚落群團：以單個聚落群為組織單位相互近距離相聚而形成的組織與組織形態，由於組織單位升級了，直系加旁系的血緣組織都有，所以組織規模也明顯大於聚落群。史前考古與國內外已有民族學資料表明聚落群團不僅相當於部落聯盟，而且也有二種組織類型。第一種，臨時性聯盟，非生產生活實體；第二種，永久性聯盟，一體化並實現統一領導和管理的生產生活實體。

聚落集團：以核心聚落群團為核心，其他從屬聚落群、聚落群團相互近距離相聚而形成的一體化實體組織與組織形態。有三個特點，一是血緣組織；二是血緣關係比較鬆散，既有直系、旁系，還有遠親；三是組織規模超過聚落群團，是歷史上規模最大的聚落組織。

早期國家：地域鄰近而不同血緣的聚落組織結成的一體化實體聯盟。有二種組織類型。第一種：跨血緣聯盟，其中從屬者從異地來到核心組織的領土上；第二種，又跨血緣又跨地域，各有關組織都在自己原有的土地上不動。

古國：地域鄰近而不同血緣的聚落組織。有二個特點。其一，相互又跨血緣又跨地域；其二，相互之間還建立了以政治上的壓迫經濟上的剝削為特徵的統治與被統治關係。

左凱文：中國商周及以前聚落群聚形態的特點與演變有何規律？

裴安平：根據已有的研究，中國商周及以前的聚落群聚形態特點與演變可以分為四個階段。

第一階段：舊石器——新石器中期中段，距今 8000 年以前，以自然部落

為社會實體組織,並有五個方面的特點。

1. 整個社會只有遺址、遺址群、遺址群團三級組織。由於時代較早,資料不足,規模普遍較小,所以舊石器時代遺址的社會組織屬性不是很清楚。但是,距今萬年以來,從新石器時代中期以來,不僅出現了聚氏族而居的聚落,而且三級社會組織也非常清楚,即聚落、聚落群與組織狀態比較鬆散的聚落群團,即臨時性的部落聯盟。

2. 所有的聚落,即使是長輩的母氏族所在的聚落,都是獨立平等的組織單位,也沒有一個聚落擁有能標誌地位等級較高的公共設施與建築,如新石器時代晚期可見到的壕溝、城牆、大型祭壇、宮殿等。

3. 只有部落才是當時社會的實體組織。有二方面的原因。一方面正如摩爾根所言:部落「的領土包括他們實際居住的地域,還包括他們在漁獵時足跡所到的周圍地區那麼大的範圍,同時也得是他們有能力防禦其他部落侵入的範圍」。換言之,基於自然的直系血緣關係,當時的生產生活資料都是部落集體所有制。另一方面,當時人少地廣,社會矛盾並不激烈,所以不需要也不存在以聯合起來抵禦外敵為己任的永久性的部落聯盟。

4. 隨著時代的晚近,人類的聚落群落,即居住地與聚落、聚落組織的分布地域,發生了重大變化,由以前多位於山區、丘陵區轉向以山前地帶和平原區為主。

5. 隨著時代的晚近,人口的增加,一方面遺址的面積普遍擴大,舊石器時代遺址的面積一般都很小,不超過一萬平方米,而新石器時代中期則普遍一萬平方米以上;另一方面各級組織的整體規模也在不斷擴大。一是群團本身的數量增加了,二是各群團內的遺址群數量增加了,三是遺址群內遺址的個體數量增加了,四是各級組織群聚的分布密度也增加了。

第二階段:新石器中期晚段──晚期早段,距今 8000～5000 年,是血緣社會實體組織部落一體化逐漸深入的階段。

由於人口和聚落數量的增加,人地關係,人與人之間關係的不斷緊張,文明起源了,聚落社會也從此踏上了一體化的不歸路。

所謂「一體化」,簡而言之就是一種人類社會的組織狀態,就是由血緣的「小社會」逐漸過渡為地緣的「大社會」,其最主要的特徵就是無論組織規模大小一律實行集中統一領導和管理。考古發現,這種一體化的過程首先就是從部落開始的,並先後經歷了以環壕聚落、環濠聚落、城址為代表的三

個小的階段。

第一小段，距今 8000～6500 年，以環壕聚落的出現為標誌。

新石器時代中期及以前，由於人地關係人與人的關係都相對寬鬆，所以基於自然血緣的長輩就滿足了組織的領導與管理需求。但是，隨著人地關係人與人關係的緊張、激化與長期化，就要求整個集體更緊密地長期團結起來擰成一股繩，於是就催生了永久性一體化的聚落組織。河南新鄭唐戶、浙江嵊州小黃山等多聚落遺址的發現就是這種組織起步的代表。其中，遺址上那些防禦功能明顯的大型壕溝的挖掘實際就是整個部落或聚落群集中統一領導、規劃、全體參與的結果。

與此同時，聚落群與部落的組織方式也發生了重大變化。

一方面，二個遺址上挖掘的寬超過 10 米深超過 2 米的壕溝表明當時的聚落之間已經出現了前所未有的地位和等級高低分化，少數高等級的聚落已經開始需要用防禦功能明顯的壕溝來刻意保護。

另一方面，聚落與聚落之間出現了主從關係。

河南新鄭唐戶、浙江嵊州小黃山等多聚落遺址的發現就表明，當時在同一聚落群的內部，相互之間不僅僅只是出現了等級分化，還在此基礎上出現了主從關係。其中，主人與核心就住在壕溝裏面，而隨從則環繞在壕溝外面。這種現象以往各時期也從未有過。

再一方面，聚落群與群之間也開始了地位等級分化。

以往在聚落群團即部落聯盟內，各部落成員的地位都是獨立平等的。但是，由於有的部落或聚落群在實力的基礎上異軍突起，一體化，鶴立雞群，從而導致同一聯盟內部各聚落群之間也開始了等級分化，如河南新鄭唐戶的地位就因為它同時擁有一體化的聚落群與壕溝而明顯較高。

第二小段：距今 6500～6000 年，以新型有長年積水濠溝的出現為標誌。

距今 6500 年以前，中國史前所有環繞在聚落外圍的各種溝狀設施，無論規模大小，無論自然區域，開口一律都與聚落居住面等高，都是無積水的乾溝。但是，由於長江中游地區人們慣常定居崗地上的陳年老土多黏重板結，用石器木器很難深挖，所以溝的深度都不超過 1 米。於是，為了增強防禦功能，人們創新變革思路，降低溝的開口高度，將溝的開口移到了崗地的下方。又由於崗坡下方的堆積土多係水成，這樣既有利於溝的深挖，又使溝內出現了長年積水，有的是地下滲水，有的是與自然河溝聯通。湖南澧縣城頭山湯

家崗文化距今 6500 年的濠溝就是中國最早的長年積水型濠溝。

積水型濠溝的出現也是人類社會一體化進步的重要標誌，一方面它說明南方長江流域部落社會的一體化過程出現了一段由濠溝領軍的階段；另一方面又說明一體化的過程並非是坦途，既有人為的障礙，也有自然的障礙，水濠的出現就意味著人類又一次成功越過了重大的自然障礙。

第三小段：距今 6000～5000 年，中國史前最早一批城址開始崛起。

大約距今 6000 年前後，中國崛起了史前第一座城址，湖南澧縣城頭山；距今約 5000 年以前，除了城頭山以外，還崛起了一批城址，它們是湖北石首走馬嶺——屯子山、湖北天門龍嘴、河南鄭州西山。這些城址的崛起說明社會矛盾激化的程度在進一步加劇，所以就催生了擁有壕（濠）溝與高牆雙重防禦體系的城址。與此同時，城址的出現不僅標誌著社會的一體化程度進一步加深，而且相對前期的無水壕溝、有水濠溝而言，巨大的工程量還顯示了強大的實力與部落社會高級軍事中心的出現。

值得注意的是，當時所有的城址都規模小，都是單聚落駐守。

湖南澧縣城頭山即是代表。一方面，距今 5000 年以前包括城牆城濠最大面積約 8 萬平方米，外觀圓形；另一方面，城內的居住區、手工作坊區、墓葬區分布明顯，而且從大溪文化一直延續到屈家嶺文化，從而說明城內只有一個聚落居住。湖北的石首走馬嶺——屯子山面積較大，16 萬平方米，但它是兩個獨立的城連接成一體的雙城城址，每一個城都是單聚落駐守，所以各自面積均約 8 萬平方米。

為什麼早期只有單聚落城址？歷史表明，當時社會的一體化還只發生在聚落群一級，而在聚落群內部實際又只有一級核心，那就是核心聚落，因而只有核心聚落才可以住在城裏。

此外，由於自然環境的原因，中國史前第一批城址還顯示了南北不同的修築方法與模式。

鄭州西山是黃河模式的代表，它的特點是乾溝加夯土牆。由於北方的黃土粉狀鬆散，不借助外力，無以成型，所以當地就興起了夯築法。又由於地勢平坦面積較大，所以聚落外圍的壕溝普遍都與聚落居住面等高，溝的底部明顯比當地自然沖溝還高，所以皆為無長年積水的乾溝。

澧縣城頭山是長江模式的代表，它的特點是水溝加堆築牆。由於當地人類居住的崗地一般面積都較小，同時崗地的土壤比崗地下方周圍地面的更黏

更硬更板結，所以當地城外的濠溝一是多位於崗地下方，二是濠溝既可以靠地下滲水，又可與周邊的自然河溝相連，所以多有長年積水。又由於無論崗上崗下的土都比較黏，所以城牆就流行堆築。

應該指出的是，南北築城模式的區別，不僅僅只是施工與城牆建築特點的不同，更說明聚落社會的一體化過程充滿了多元多樣的特點。

與此同時，出現了內外城的雛形。

鄭州西山就是一個聚落群同時零距離相聚的多聚落遺址，30 萬平方米。其中，聚落的布局很有特點，一是整個遺址的外圍環繞著一條大型壕溝，二是核心聚落就住在大壕溝中間的城裏面，3.5 萬平方米；三是其他的隨從聚落就住在城的外面與壕溝之間。

這種遺址的聚落布局，不僅繼承了河南新鄭唐戶、浙江嵊州小黃山遺址聚落布局的傳統，也開了距今 5000 年以後史前社會出現內外城結構城址的先河，是內外城的雛形。

第三階段：新石器晚期中段，距今 5000～4500 年，人類的社會組織發生了重大變化，血緣社會從未有過的一體化實體聚落群團即永久性部落聯盟開始崛起。

以前，正如恩格斯所言：絕大多數的美洲印第安人「親屬部落間的聯盟，常因暫時的緊急需要而結成，隨著這一需要的消失即告解散」；但是，隨著社會矛盾的進一步激化與持久化，這種「最初本是親屬部落的一些部落從分散狀態中又重新團結為永久的聯盟」。中國的考古表明，這種聯盟就是一種永久性一體化的社會組織，它的出現具有三個方面的重大歷史意義。

其一，標誌人類社會出現了第一種政治組織。以前社會的管理，主要是部落一級的管理，都是血緣輩分管理，長輩說了算；即使是一體化的聚落群，長輩的地位可能也很高。但是，隨著一體化聚落群團的出現，歷史上第一種真正永久性跨部落的社會組織登上了歷史舞臺；它主要的組織基礎不再是血緣，而是血緣之上的實力，誰有實力誰就是核心，就能夠實現全組織的集中統一領導和管理。

其二，標誌人類社會由血緣社會開始轉向地緣社會。對此意義的揭示，恩格斯有一句話非常到位，他說：「永久性的聯盟，這樣就朝民族［Nation］的形成跨出了第一步」。

其三，標誌聚落實體組織的大型化由此起步。由於以前社會的實體組織

只有部落,所以組織的規模很小,一般都是 3～5 成群;但一體化聚落群團出現以後 10～20 個同時期聚落近距離抱團相聚形成的組織比比皆是。湖北京山屈家嶺,在 236 萬平方米的範圍內就聚集了 11 個遺址;在湖北天門石家河,在約 600 萬平方米的區域內就聚集了 18 個聚落。

值得注意的是,人類歷史上第一批多聚落和具有內外雙重結構的城址此刻也正式誕生了,湖北天門石家河、山東日照堯王城就是代表。

為什麼它們會和一體化聚落群團同時誕生呢?

關鍵的原因就在於,聚落群是聚落群團的基本組織單位。於是,聚落群團的核心組織就有了二級。一級是核心聚落群,即核心部落;另一級就是核心聚落群即核心部落內的核心聚落,同時也是整個群團的核心。湖北天門石家河、山東日照堯王城內外城的布局結構就表明,外城是核心聚落群一般成員的駐地,內城是核心聚落群的核心聚落,即整個群團核心的駐地。

這種城址的出現不僅表明中國歷史上出現了第一種政治組織,表明歷史上出現了第一種政治中心;還表明政治中心是由核心聚落構成的,並具有至高無上的地位。

值得注意的是,歷史事實還表明中國最早的禮制、最早的禮器、最早的貴族、最早的人權神授觀念的出現,都與這種政治組織的出現存在明顯的因果關係。

第四階段:新石器晚期晚段,距今 4500～4000 年,人類從血緣社會開始邁向地緣社會,聚落集團、早期國家、古國等以往從未見過的一體化實體聚落組織同時崛起。

湖北天門石家河石家河文化的聚落組織就是聚落集團出現的代表,在近 8 平方公里的土地上聚集了 40 個聚落,平均每一個聚落只擁有 20 萬平方米,約現代 300 餘畝的居住與生活空間,創下了中國史前聚落分布密度的最高記錄。值得注意的是,屈家嶺文化時期的 18 個聚落都原封不動地延續下來了,說明聚落集團雖然血緣關係已經比較寬鬆,但本質上還是一種大型的血緣組織。

河南洛陽盆地龍山文化的聚落組織就是早期國家的代表。仰韶文化時期,洛河北岸的聚落組織是當地最發達的群體,一是群體規模最大,二是每個聚落個體平均面積也最大,三是擁有盆地內二個面積最大的聚落遺址,四是還擁有盆地內規模最大的聚落群。但是,仰韶與龍山之交,洛河北岸完全衰落

了，早期的四項發展記錄全部喪失殆盡。與此同時，伊洛河之間與伊河以南的聚落組織卻都空前發達，從而顯示它們之間存在一種聯盟關係，又跨血緣又跨地域結盟，並共同擊潰了洛河北岸的敵對群體。

山西臨汾盆地龍山文化時期的聚落組織關係就是古國出現的代表。早在仰韶文化時期，當地塔兒山以北一直到澇河南岸只有一個聚落群團。龍山文化早期，陶寺及其組織成員突然空降在了塔兒山北麓，擠佔了澇河南岸聚落群團的地盤。對此，澇河聚落群團在組織規模發展擴大為聚落集團的基礎上，一舉攻破了陶寺城址並血族復仇。為此，陶寺的城牆被人掘了，宮殿與觀象臺被人毀了，祖墓被人挖了，城內的男人被人砍了頭骨成堆置於灰坑之中。顯然，陶寺的毀滅就意味者一個古國的誕生，在實力面前澇河集團成了統治者，陶寺成了階下囚，成了被統治者。由於統治者與被統治者都是血緣組織，所以這種古國又可稱為「血緣國家」。此外，還由於當時中國還沒有出現階級，所以當時的國家還不是階級壓迫的工具。

需要說明的是，夏商周時期由於各統治民族的基層組織依然是血緣組織，所以它們的聚落群聚形態基本上與史前晚期晚段一樣，並沒有發生大的變化。

總之，中國夏商周及以前聚落群聚形態不僅僅只是人類血緣社會組織與組織形態的物化遺存，而且還是人類血緣社會所有歷史活動的載體與平臺，在血緣社會沒有一種歷史遺存與人的關係如此密切如此重要，也沒有一種歷史遺存像它一樣承載了那麼多鮮為人知的歷史信息，因而它就是考古學開啟「由物及人」大門的金鑰匙，是復原血緣社會研究血緣社會的必由之路，完全無愧於復原血緣社會研究血緣社會的不二選擇。

左凱文：中國的聚落群聚現象是什麼時候退出歷史舞臺的，原因是什麼？

裴安平：由於聚落群聚形態本質上是人類血緣社會普遍存在的組織與形態，所以隨著社會的地緣化，聚落的群聚現象與群聚形態也就退出了歷史舞臺。

考古與歷史文獻共同表明，聚落群聚現象流行的時間從史前一直到夏商周。但是，血緣組織的社會獨立性也嚴重地妨礙了社會更大規模一體化的發展和集中統一領導管理。於是，從西周初期開始，國家就採取了二個方面的措施來打擊血緣組織。一方面，在上層採取「封建親戚」治國方略同時，對基層則實行了「鄉里制」，變以往的血緣組織為國家地緣行政機構，從而剝奪了

血緣組織社會與政治的合法性。另一方面，在基層又實行了「井田制」，變以往土地國家集體二級所有為國家獨有，徹底斬斷了血緣組織的經濟命脈。由此，延續了幾百萬年的血緣組織開始衰落。春秋戰國，由於多民族與階級國家的出現，商品經濟的發展，土地使用權的完全私有並可以自由買賣，郡縣制、官僚任命制、徵兵制的實施，以致人類社會的血緣與民族藩籬全部都被拆除了，每一個人都由此獲得了更多社會的獨立性與自由，生產生活的空間也由此得到了極大的拓展。於是，以血緣為紐帶的聚落群聚現象隨著社會地緣一體化的加速最終退出了歷史舞臺。

三、聚落群聚形態研究的基本內容與方法

左凱文：聚落群聚形態對於中國考古學而言完全是一個陌生的
　　　　領域，應該如何研究呢？

裴安平：關於聚落群聚形態的研究實際包括指導思想與具體研究方法二個方面。

（一）關於研究的指導思想

主要涉及五個問題。

第一，一定要以復原血緣社會為目的，切忌用地緣社會的概念與思想來研究聚落群聚形態。

第二，有關的研究一定要明確區分自然屬性的群落形態與社會屬性的組織形態，不能攪在一起。

第三，要強調群體研究的獨立性與重要性，不能用個體的研究代替了群體的研究，更不能隨意將大遺址周邊的同期遺址都人為劃歸它管。

第四，要從群體與個體雙向結合的角度綜合觀察問題。

誠如人們對世界的觀察一樣，一隻眼看世界，那世界的成像就完全是平面的；而二隻眼看世界，世界的成像就是立體的。因此，在聚落群聚形態的研究中，僅僅只強調個體規模與相關遺存的內含差異固然可以為有關問題的研究提供大量線索，並顯示出基於這些標準的聚落等級和級差，但卻不能明確地顯示聚落與城址的屬性，顯示聚落或城址相互之間有形的組織形態與無形的權力邊界。中國的考古發現，有的城址只屬於聚落群一級，有的屬於聚落群團一級，有的屬於聚落集團一級；有的早期是聚落群一級而晚期升為群團，或集團一級；此外，同級之間也還有明顯的實力不同。因此，要揭示歷史

的真相，要準確判讀遺址與城址的屬性，並杜絕被實力的差異遮掩了屬性的相似，就必須打開一個通過群體看個體，通過個體看群體的雙向研究的視窗。否則，很容易產生假象，出現誤解。

第五，要注意群聚形態的整體性與動態性。

任何聚落群聚形態都是組織整體長期存在與發展的結果。其中，各聚落成員之間會存在一定的時代早晚不同，就像「森林」，有的樹很老，有的年輕，但它還是一個整體。人類的社會組織也一樣，母氏族與女兒氏族之間就有時間早晚不同，但這種現象總體上只影響不同時期群聚的規模，並不影響群聚現象的客觀存在與整體性。

此外，由於各種自然與社會原因的不同，聚落群聚形態還具有明顯的動態發展過程。其中，有的組織從小變大，從弱變強，也有的完全相反。

正因此，對聚落群聚形態的考察不能忽視了整體性與動態性的歷史意義。

（二）關於自然群落的研究

同時期的聚落因各種自然原因在一定的自然地理單元空間範圍內集中相聚而形成的一種遺存形態就稱為群落形態。由於人類面對生活與居住環境擁有完全自主的選擇權，所以關於自然群落的研究要以探討人與自然的關係為重點。

1. 群落形態研究的四個基本要求

一是對象的同一性，凡是非人類居住遺址與聚落均不在研究之列；二是對象的共時性，為了保證不同地區不同時期群落形態概括的科學性與準確性，務必對相關研究對象提出共時性的要求，並將非同一時段的對象排除在相關研究範疇之外；三是規模無論大小，只要在一定的自然地理單元範圍內因自然原因而促成的同一性質同一時代的群聚現象，其屬性就應該認定為群落形態；四是大範圍的跨自然地理單元的形態不在群落形態的研究範圍之內。

2. 群落形態自身特徵的認識

主要涉及二個方面的內容。一是群落形態與自然環境的關係。時代越早，生產力越不發達，人類對自然的依賴就越深；而且自然環境的特點還是促成自然群落存在、規模、形態特點的主要原因。二是自然群落形態與社會組織形態的關係。很久以來，學術界就有一種觀點，以為聚落的群聚現象完全是環境使然，與聚落的組織無緣。實際上，中國考古早已表明，群落都是由社

會組織構成的，所以一定要在群落中進行組織形態的辨識與研究。其中，有的群落與組織規模完全相等，也有的群落大於組織。

（三）關於組織形態的研究

由於聚落的組織形態完全是人群之間的組織和相互關係，所以組織形態研究的重點就是人與人的關係。

1. 組織形態的辨識

已有的研究發現聚落的組織形態最主要的有三種：聚落群、聚落群團、聚落集團。其中，聚落群與聚落群團出現的時間早，經歷的時間長，是人類血緣社會最基本的組織形態，也是聚落組織形態研究的重點。

一般而言，組織形態的辨識有五個需要注意的問題。

第一，對象的同一性。

第二，對象的共時性。

第三，空間距離的差異。

民族學和各種歷史文獻均表明，聚落之間、聚落組織之間的親疏關係均可通過相互空間距離的遠近得以清晰明確的表達。空間距離越近，相互關係越親。不過，由於自然地理條件、所在具體位置、時代背景的不同，各級組織之間的空間距離也並非總是一個均值，因而在認識和確定各種聚落組織形態的空間分布規律時必須以當地同一時期的多數個案為準。

第四，環境的特點與影響。

為了更好地適應和利用當地不同的地形、地貌等環境條件，聚落的組織形態在細節上還會呈現出明顯的多樣性。如平原區，無論哪一種群聚組織，空間上都會呈現出一種「片」狀的分布形態；而河流階地，那裡的群聚組織則往往呈「帶」狀分布；在丘陵、山區、石灰岩洞穴地區，群與群之間的距離忽大忽小，群團與群團之間的邊界也相對模糊；在黃河流域，由於地勢開闊，旱作為主，聚落群與群之間的距離就普遍大於長江流域。所以，在辨識各種聚落組織形態的研究中，一定要注意當地地貌與環境因素的影響。

第五，時空序列。

組織形態的辨識不是一時一地有關現象的綜合與概括，而是要始終關注各地各時期各種組織形態時空二方面的特點與變化。惟有如此，才可能動態地揭示不同時期不同組織形態在不同地區的歷時性演變與序列。

2. 各組織內、外部相互關係的辨識

這是以同一聚落組織內、外部各種人與人相互關係為重點的一項研究，但並非專注聚落社會泛泛的等級化和複雜化。

需要注意的問題有三個。

第一，規模。

就聚落個體而言，它的規模主要是聚落的面積與人口；而就聚落群與群團而言，除了各聚落面積與人口以外，還涉及聚落的數量。因為，聚落總體的數量、規模大小、人口多少，同樣都是群體實力的表現。

第二，遺址個體形態與內涵。

這是一個以遺址個體為單位的研究，既關係到遺址本身屬性的研究，也關係到整個聚落組織屬性的大問題。以往中國考古學從來不關心遺址與聚落的關係，只主觀認為一個遺址上只有一個聚落，對多聚落遺址卻長期視而不見，因而只知道遺址「哪個大哪個就是王」，也根本無法解讀遺址真正的社會屬性，以及促成遺址大小的真正原因。

根據已有的線索，這個問題的研究可以從微觀與宏觀二個方面展開。

微觀主要涉及遺址本身的房址、墓葬、隨葬品、手工作坊等遺跡的種類、規模、功能與空間分布，目的在於識別同一個遺址上同時共存了幾個聚落。

宏觀主要涉及遺址的整體形態與特點，如是否擁有環濠、城壕、城牆等一類公共建築，以及這些建築的空間位置，目的在於認識同一個遺址中不同聚落的社會等級與差異。

第三，整體形態與內涵。

這是一個以遺址群體為單位的研究，以聚落與聚落，聚落群與群，聚落群團與團相互關係為重點的研究。

這個問題的研究是一個與個體研究相輔相成的研究。

首先必須盡可能廓清楚每一個遺址的特點與可能的屬性。不過，由於社會組織與組織狀況的複雜性多樣性，多數遺址的屬於不可能就事論事，而必須通過群體才看得更清楚。

距今 5000 年以前，要以識別聚落群為主；距今 5000 年以後，要以識別聚落群團為主。識別的主要根據還是各種組織之間相互空間距離的遠近。其次，就是有關組織的內涵特徵。就像浙江餘杭良渚遺址群一樣，距離瓶窯古城很近的姚家墩群團就擁有類似反山一樣的高等級祭壇和隨葬了瓊璧鉞的高

等級墓，而距離遠一點的良渚群團則不見高等級的祭壇和墓葬。

3. 各種聚落組織形態歷史屬性的研究

要復原歷史，研究史前史，所有考古研究就不能只停留在單純考古現象的觀察與揭示的層面上，歷史不應該只是一部考古現象堆砌的歷史，而是應該努力將考古現象轉變為人與人類活動的歷史。

為此，作為歷史學的考古學，一方面它也要求每一個考古工作者都要自覺地採用多學科結合的研究方法，特別要依據世界各地當代原始民族的調查資料、我國史前與夏商周三代的考古資料、歷代金文、甲骨文、史料記載，以便多層次多角度地解讀史前各時期各種聚落組織形態的基本歷史屬性與相互關係；另一方面它又要求每一個考古工作者都要自覺地擁有正確地歷史研究思想和觀念，不要「浮躁」和「浮誇」。

左凱文：目前聚落群聚形態研究遇到了哪些問題，有何解決思路與方案？

裴安平：主要遇到了三個問題。

第一個問題：關於資料的完整性。

經過一次又一次的文物普查，歷代人類的活動地點與聚落數量大幅增加，為今後各地各時期聚落群聚形態的研究奠定了堅實的基礎。但是，無論任何時候，利用任何方法，調查資料的完整性總會有所缺憾。

一般而言，造成這種缺憾的原因主要有以下三個方面。

第一，總有一些調查顧及不到的地方。

第二，總有一些早就被古人，或被其他原因破壞殆盡，或殘缺不全的遺址。

第三，總有一些干擾因素會模糊人們的視線，使調查數據有所失真。

然而，任何大範圍的調查資料又都具有絕對與相對的二重性。所謂絕對性，即指它的總量和完整性都超過了以往任何時期，對問題反映的清晰度也比以往任何時期都好；所謂相對性，是指任何清晰度良好的資料都不過是一個階段性的產物，就統計的完整性而言，總還有相當部分的缺失。

對此，人們不能指望消極的等待，而應該充分地利用已有資料的絕對性。正如人口普查一樣，無論任何時期，無論普查的方法如何先進，它的數據的完整度精確度總是會有各種各樣的缺憾，但只要多數數據接近真實，即使有些誤差也不會在很高的程度上影響有關宏觀與綜合性問題的研究及其科學性。

　　正因此，目前全國多數地區關於史前聚落群聚形態研究的基本條件還是具備的。

　　第二個問題：關於資料的共時性。

　　這是一個聚落考古的基本原則，是聚落考古科學性的根本，它要求對任何規律性的概括和抽象都必須建立在同時期相關遺存的基礎上。

　　然而，基於歷史遺存的殘缺不全，以及既缺少文字說明，又缺少絕對年代記載的史前考古資料來說，那種絕對的共時性只能是一種理想和追求。

　　事實上，現階段中國考古學關於各個考古學文化年代序列的研究已為同時期史前聚落群聚形態的研究奠定了良好的基礎。儘管它的時間刻度還較為寬泛，但它也是現代科學技術的總體發展水平的結果，以此為基礎並不會根本性地動搖實際的研究成果及其科學性。與此同時，已有的研究實踐也已經證明，即使在現有考古學文化年代分期的條件下，關於史前聚落群聚形態的研究也完全可以正常進行。

　　第三個問題：關於聚落相互關係的實證問題。

　　這個問題不僅對聚落形態研究，而且對整個史前考古學都是一個巨大的挑戰。整個學科所建立的各種體系，對史前史和文明起源的理解，在很大程度上也都是基於人類學、民族學、文獻資料的解釋與邏輯推演。惟此，考古學才能不斷地接近歷史的真實。

　　作為聚落形態研究的一個分支，群聚形態的研究除了要實證這種現象本身的客觀存在以外，還有一個要認定群體內各組織單位相互關係的問題。

　　關於聚落群聚形態存在的客觀性問題，完全可以通過考古學本身的發現來解決，因為聚落的群聚現象不是一種個別現象，而是世界各地不同時段都重複存在的現象。因此，這種現象的求證實際就是這種現象的本身，就是它們各自在相互證明對方的存在。

　　關於群體內各組織單位相互關係的問題，這主要靠民族學、考古學與現代科學技術三方面的發展來解決。

　　民族學可以組織力量再度對雲南永寧納西族母系社會村村寨寨，福建漳州各地土樓群所有居民，近百年以來性別與關係調查。

　　考古學可以有重點的選擇一些群聚現象明顯且規模又大的群體，對每一個聚落遺址都進行「外科手術式」的發掘，開小探溝，以便比較準確地確定各遺址之間的共時性特點與變化。與此同時，還可以將殷墟出土青銅器族徽

銘文的分布與當地聚落群聚形態結合研究，以窺探商代晚期都城居民的組織方式與特徵。

現代科學技術，尤其是 DNA 技術，完全可以在有可能的條件下，通過同一遺址、不同遺址、不同聚落的人骨 DNA 測試，確定各種人類社會組織的關係。

總之，聚落群聚形態作為一種血緣社會的基本組織形式與組織形態，完全是可以實證的。

結束語

左凱文：**採訪即將結束，您最後再說幾句話吧！**

裴安平：如果說聚落的研究可以幫助考古學將一個個獨立的人連結成為了一個基本的史前社會單位，那麼聚落群聚形態的研究就可以更上一層樓，幫助考古學將一個個獨立的史前聚落連結成為一個個規模更大的組織群體。因此，任何聚落形態的研究如果缺失了群聚形態的研究，那不僅是不夠完整，也不符合歷史的真實。

不過，史前聚落群聚形態的研究還只是剛剛起步，對許多相關問題的認識和理解還不免浮淺，簡單；但它畢竟為中國史前社會的復原和研究找到了一條必由之路，拿到了復原血緣社會研究血緣社會的金鑰匙。

坦率而言，聚落群聚形態的研究並不是一項特別困難的研究，關鍵在於現代考古人的追求與思想意識使之成為了研究領域的旁門左道。今天，中國考古學的發展已經處在一個歷史的轉折點上，要麼繼續融入以「區域聚落形態」為標誌的歐美體系，繼續誇大史前社會的歷史特點與成就；要麼以聚落群聚形態的研究為突破口，實事求是地重建中國史前史。為此，中國考古人不能再自欺欺人了，必須在思想上理論上有所創新有所作為才對得起這個國家和時代。

新的時代正在呼喚新的理論與方法！聚落群聚形態的理解和研究，別無選擇！

採訪於 2020 年 2 月 18 日

反思泡沫

質疑八十壋發掘報告造假作偽

為了探索和認識彭頭山文化的聚落形態，1993 年本人選擇了整體都掩埋在平原地表以下各種遺跡遺物保存良好的澧縣夢溪八十壋遺址作為發掘對象。

1993～1997 年，發掘歷時 5 年 6 次，皆本人領認。

2001 年，遺址資料整理獲國家社科基金重點項目資助（01AKG001）。

2002 年，由於工作調動，遺址發掘所有原始資料全部移交給湖南省文物考古研究所。

2006 年，在本人毫不知情的背景下，考古發掘報告《彭頭山與八十壋》正式出版了。其中，關於八十壋遺址部分完全背離了發掘所得原始資料，存在大量作偽作假現象。

圖 1：八十壋遺址鳥瞰及發掘區位置示意圖

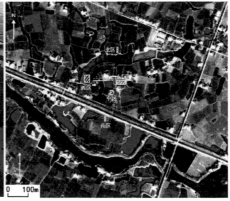

　　為了還原歷史，也為了學術的純潔與高尚，這裡將原報告的作偽現象公之於眾。

　　文中所利用的原始資料皆為本人在湖南工作期間竭力推動考古資料信息化數字化的結果，亦為當時掃描在局域網供大家共享的原始資料。

一、遺址發掘東區的改動造假作偽問題

（一）東發掘區聚落圍溝與土垣層位、外觀的改動、造假與作偽

　　經與原始發掘資料比對，《報告》對東發掘區進行了大量地改動、造假和作偽。主要涉及二個部分。一部分是聚落圍溝，另一部分是其他的地層與遺跡。

1. 東發掘區聚落圍溝

　　1993 與 94 年，遺址在東部發掘區內一共發現平行的聚落圍溝兩條。位於西部的編號為 G7，東部的編號為 G8，二條溝的最近距離約 4 米。此外，G7 還打破了一條時代略早的溝（編號 G10）。

　　《報告》對 G7、G8 中的 5 個重要部位（圖 2，A～E）進行了大量地改動、造假和作偽。

圖 2：遺址發掘東區聚落圍溝與圍牆平剖面原始圖

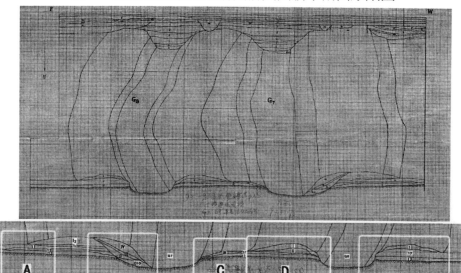

上：45°角俯視圖，方向左東右西；下：正方向圖，左西右東，其中 A～E 為《報告》改動造假部位

圖 3：A 部原始圖與《報告》造假圖對比

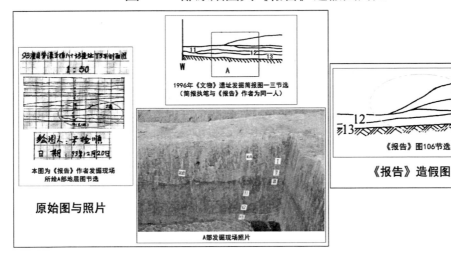

（1）A 部（土垣西段）

由圖 3 比較可知，《報告》對土垣西部（A 部）的改動主要有以下 4 處。

第一，取消了原來的 11 層。

第二，扭轉了原 12 層的堆積方向，並讓它由西向東消失在土垣底下。

第三，由於以上兩項改動，原本土垣下厚約 50cm 的文化層被減薄一半。

第四，為配合文化層的減薄，將原本由西向東傾斜的生土面改為向東翹起。

第五，改變了土垣隆起的形狀。

（2）B 部（土垣東段與 G7 西坡）

由圖 4 比較可知，《報告》對土垣東部的層位與外形有以下 5 處改動。

第一，土垣外坡原本緩坡狀，坡面約 40°；《報告》將坡面改為陡峭形，坡面約 50°。

第二，土垣原本的 II、III、IV 層被合併為 Q1II 一層，並明顯削減了 II、III、IV 原本所有的寬度、厚度和體量。

第三，Q1I①、Q1I②的層厚都有新的變化，Q1I①明顯減薄，Q1I②成倍加厚。

第四，改變了原 G10 與土垣之間的層位關係，讓 Q1I①直接迭壓在 G10 之上。

第五，抹去了 11、12 層，使偽造的土垣比原始的高度增加近 1/4。

圖4：B部原始圖與《報告》造假圖對比

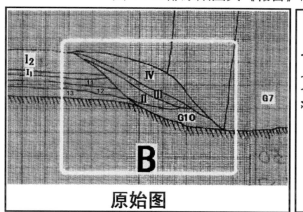

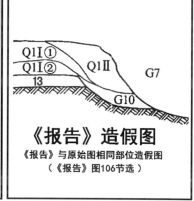

《報告》造假图
《报告》与原始图相同部位造假图
（《报告》图106节选）

圖5：C部原始圖、照片與《報告》造假圖對比

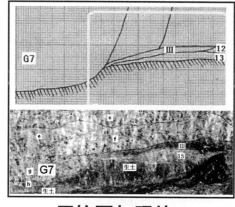

原始图与照片

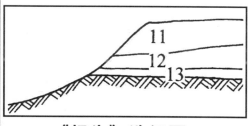

《报告》造假图
（《报告》图106节选）

（3）C部（圍溝G7東坡）

由圖5比較可知，《報告》對圍溝G7東部的層位、外形有以下4大改動。

第一，圍溝東坡原本只打破13層，而新的改動使圍溝連續打破了11、12、13，共三層。

第二，抹去了圍溝東坡原本存在的清溝淤土堆積層III。

第三，由於以上二項改動，溝的深度大幅增加，最深為1米，接近原來的2倍。

第四，由於抹去了清溝淤土堆積層，即第III層，從而也使該地層中出土的一批重要陶片，即中國時代最早的白陶片以及大圈足盤片、口部帶雙耳的罐片、有紅白黑三色的彩陶片都去向不明，使該地層失去了作為遺址最晚地層代表的意義。

（4）D、E部（圍溝G8二邊的土垣）

由圖6比較可知，《報告》對圍溝G8及二側土垣進行了3大改動。

第一，從根本上徹底抹去了圍溝G8二側用清溝淤土堆積而成的土垣。

第二，圍溝G8原本只打破12、13二層，但《報告》在它們之上又新增加了9、10二層，使溝打破的層位一共變成了4層；而且還使溝的相對年代完全被人為推後了，使原本與G7同時的關係變成了早晚關係。

第三，由於前二項改動，圍溝G8的寬度與深度都被明顯加寬、加深了。

圖6：D、E部原始圖、照片與《報告》造假圖對比

遗址围沟（G8）与沟边土垣照片（不同发掘时期）

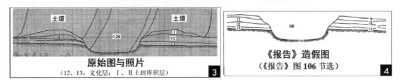

原始图与照片
（12、13，文化层；I、II土垣堆积层）3

《报告》造假图
（《报告》图106节选）4

2. 東發掘區其他遺跡、地層外觀的改動、造假與作偽

（1）改變了T4H5、H7的深度

由圖7比較可知，《報告》改變了T4H5、H7的原始深度，分別加深了20～30釐米。

圖7：T4H5、H7原始圖、照片與《報告》造假圖對比

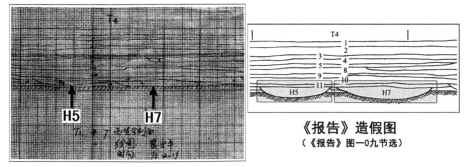

原始图

《报告》造假图
（《报告》图一0九节选）

（2）改變了 G3 的形狀與走向

由圖 8 的比較可見，在 T8 範圍內 G3 明顯只分布在整個探方的西北部，且並未向東南部延伸。但《報告》卻完全改變了 G3 的形狀和走向。

第一，在 T8 範圍內，G3 的原始形狀比較寬圜；但《報告》改變為窄長條形。

第二，《報告》改變了 G3 的原始走向，讓溝從東南方流出去了。

第三，在 T8 範圍內，G3 被 F2 打破的部位比較寬廣，而《報告》不僅明顯縮小了打破的範圍，還改變了打破的位置。

圖 8：T8 遺跡平面原始圖與造假圖對比

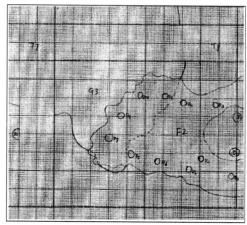

原始图（T8以及平面图）

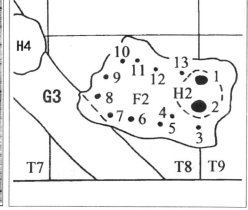

《报告》造假图

二、遺址發掘南區的改動造假作偽問題

1995 年發掘的 T22，是當年專門為解剖遺址南部聚落圍牆與圍溝而設置的 2×17 米的長條形探溝。探溝發掘的負責人為湖南省湘西自治州文物工作隊隊長，全國「五一」勞動獎章獲得者龍金沙先生。

根據原始資料，可知《報告》對該探方的所有原始地層與遺跡都進行了全方位的改動與整形。

（一）改變了 T22 所有的原始地層線

由圖 9 的比較可知，《報告》全方位地改變了 T22 的所有地層線，以及地層的厚度與分布。

①原打破第 2 層的現代溝被取消了。

②原第 3 層被位移，放大。

③原本間斷的第 4 層，被改為連貫。

④原第 5 層向北拉長。

⑤原第 6 層，向南拉長，比原來的長 3 倍還多。

⑥原第 7 層的寬度、長度、厚度被完全改變。

⑦原屬圍牆堆積的第 8 層，被重新安置在探方的南部。

⑧原位於探方中、南部的第 9 層，被拉長 5 倍。

⑨抹去了探方南部原有的第 10 層，拉長了探方北部原來的第 10 層。

⑩拉長了探方北部原有的第 11 層，抹去了探方南部原有的第 11 層。

⑪將探方南部原本明顯向南翹起的生土面削平了 15～20 釐米。

圖 9：遺址發掘南區 T22 東壁剖面照片、原始地層剖面圖與《報告》
　　　造假圖比較

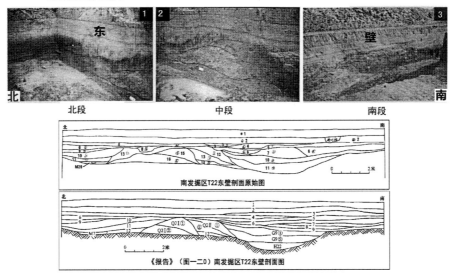

（二）改變了遺址南部圍溝和土垣的地層與形態

　　由圖 9 的比較可知，《報告》全方位地改變了遺址南部圍溝與土垣的所有
地層與形態。

①在圍溝底部新增加了 H22。

②在圍溝內，H22 之上，新設置了二個堆積層，即 G9①、②；不僅加深
了溝的深度，還意味著溝最後被填平了，使溝失去了作用。

③在土垣南北兩面的牆腳下同時新增了第 12 層。

④原墓葬 M28 是直接打破土垣北坡，現被改為與土垣無關，只打破新增
的 12 層。

⑤完全改變了圍溝的外形，使圍溝明顯變深變窄。

⑥完全改變了圍牆的外形與堆積層位，並明顯縮小了土垣寬度。

三、遺址發掘西區的改動造假作偽問題

圖 10：遺址發掘西區第 7 層層面照片（上）與第 6 層層面遺跡柱洞
分布原始圖（下）

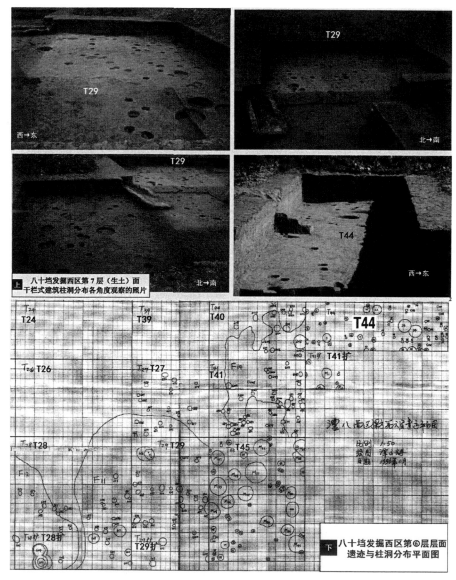

發掘西區古河道的岸坡是遺址原始地貌最高處，也是當時主要的居住區，
1995、96 年的發掘曾發現大量杆欄式建築的柱洞。根據原始資料，由圖 10 即

可知道這些柱洞的分布有三個重要特點。

第一，在居住區即柱洞分布區域內，地表鋪墊了淺色、較純淨細膩的泥土，一共二層，即原始的第 5、6 層。在第 6 層的表面還發現有因長期居住而形成的自然小溝，以及喇叭形的溝口（圖 13，左，G1、G2）。

第二，柱洞分布相當密集。在發掘區所見墊土層總體約 170 平方米的範圍內，一共發現與各土層大體同時的柱洞 329 個。其中，第 5 層層面發現 64 個，第 6 層層面上發現 222 個（圖 10，下），生土面上即第 7 層面上還有 43 個層位關係不明的柱洞（圖 10，上）。

圖 11：遺址發掘西區第⑥層層面 F6、F7、G1 照片、原始平面圖與《報告》
圖一二五（節選）比較

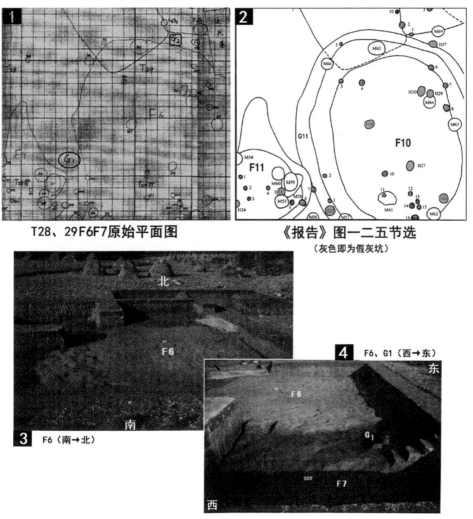

T28、29F6F7原始平面圖

《报告》图一二五节选
（灰色即为假灰坑）

3　F6（南→北）

4　F6、G1（西→东）

第三，由於柱洞過於密集，排列的規律性不強，很難分清楚各自的歸屬，因而當時杆欄式建築的基本形態與布局並不十分清楚。圖 11，1、3、4 中的 F6、F7 都只是根據墊土與水溝的實際形狀給出的房址編號。

令人遺憾的是，《報告》對那些墊土和柱洞進行了全方位的人為改形與編造。

（一）編造了一批國內外從未見過的假房址

1. 大量削減柱洞數量，變柱洞為灰坑

由圖 10 與圖 12 的比較可知，《報告》一是將原發掘西區第 5 層面上的 64 個柱洞全部刪除了，二是將原發掘西區第 6 層面上的 222 個柱洞全部改變為第 6 層下，還增加為 230 個，三是將第 7 層即生土面上的柱洞全部刪除了。值得注意的是，在刪除的柱洞中，有的被徹底抹掉，有的被改為「灰坑」，以致在《報告》圖一二四、一二五、一二六中就有許多直徑 20～30 釐米舉世罕見的微型灰坑（圖 12）。

圖 12：《報告》重新編造的圖一二六

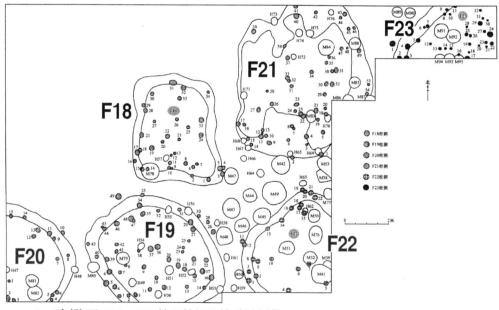

2. 改變了 F6、F7 的原始形態與結構

根據圖 10、11 的比較，可知《報告》對原 F6、F7、G1 有如下明顯改造之處。

①因自然原因形成的 G1、G2 之間原本喇叭口狀的溝口不復存在。

②毫無根據的將原 G1、G2 合二為一（《報告》圖一二五，G11），並將其改造成環繞原 F6《報告》F10 的圍溝。

③完全改變了原 G1 與 F6 西南部的外輪廓，以滿足重新整形的需要。

④由於以上改動，原本居住區大範圍的墊土，即第 5、6 層，完全失去了原本的意義，變成了單一高臺式房址的臺基。

3. 編造了一批高臺基干欄式建築

由圖 10～12 的比較可知，《報告》的作者編造了一批國內外從未見過的高臺基干欄式建築（圖 12）。

第一，改變了所有建築的層位關係，毫無根據地將這些高臺基干欄式建築都人為假設為「第 6 層下」。

第二，將各高臺基干欄式建築之間原本的柱洞全部抹掉了。

第三，《報告》作者在親自發掘的 T44 範圍內，發掘時並未在「第 6 層下」發現任何高臺基建築，但在《報告》中卻編造了一個 F23。

（二）編造了一批地層及其出土物

1. 編造了一批地層

圖 13：遺址發掘西區與東區地層剖面照片

根據圖 13 可知，彭頭山文化遺址毀滅的主要原因就是當時連天的洪水，因而在遺址發掘的東區和西區都留下了明顯的洪水淤積層，也留下了人們對

駐地的依依不捨和頑強拼搏的地層。其中，圖13（左）顯示的夾在洪水淤積層中間的 3A 層就是這種地層，也是遺址最晚的文化層，並與東發掘區圍溝 G7 東坡上的第 III 層年代相當（圖14，左），還出土了大圈足盤、口部帶雙耳的罐、紅白黑三色的彩陶殘片，東部第 III 層還出土了白陶殘片。

　　然而，《報告》完全不顧原始資料，編造了一套假的地層堆積，圖14右，所示即是。

　　第一，在《報告》中，T25 的 3A 層已不再是早晚洪水之間的文化層了，而是連續堆積的文化層的頂部。

　　第二，在《報告》中，發掘西區 T25 的 3A 層，以及與其中連通的 T43 的 6～17 層，不僅完全是新編造的，而且也沒有說清楚那些屬於洪水淤積層。

圖 14：發掘東區 G7 東坡原始地層圖、照片（左）與《報告》編造的圖一一
四（右）

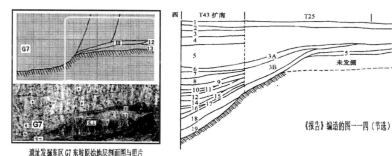

2. 編造了一批出土物

　　根據原始資料，《報告》在編造假地層的基礎上又編造了一批出土器物，圖 15 即是。

　　第一，將時代介於彭頭山與城背溪文化遺存之間過渡時期的器物與陶片，全部都人為地推晚到「皂市下層」時期（《報告》圖三一八）。實際上，遺址根本沒有皂市下層時期的遺存。

　　第二，將遺址根本不存在的所謂「大溪文化」器物從外地搬到八十壋遺址。但是，八十壋遺址只有彭頭山與屈家嶺文化二個史前時期的文化堆積和遺物。

　　第三，將介於彭頭山與皂市下層文化之間過渡時期以及大溪文化時期的器物與陶片全都放置在隨意編造的地層中。

圖 15：《報告》圖三一八器物造假圖複製

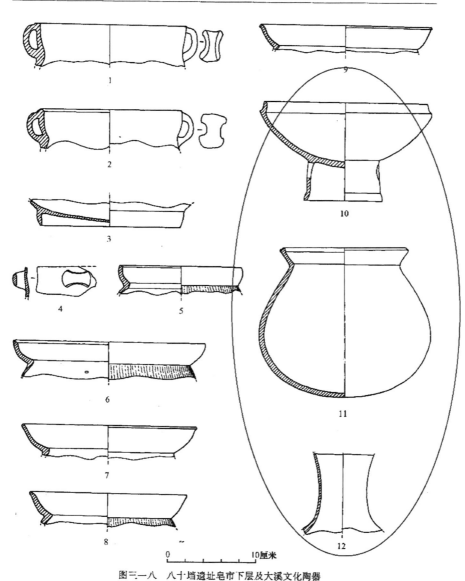

图三一八　八十壋遗址皂市下层及大溪文化陶器

1、2、4. 双耳罐（T25③B：8、T25③B：7、T25③B：9）　3. 矮圈足盘（T25③B：6）　5、6. A 型釜（T25③A：2、
T25③A：5）　7~9. B 型釜（T25③A：3、T43⑥：2、T43⑥：1）　11. C 型釜（H14：1）　10、12. 豆（H13：1、
T24⑥：1）（10~12 为大溪文化，余为皂市下层文化）

八十壋遺址根本就沒有大溪文化遺存，圖中 10、11、12 根本就不是遺址出土彭頭山
文化遺物

結束語

撰寫考古發掘報告最基本的要求就是忠實於原始現象原始資料。但是，八十壋遺址發掘《報告》，在原始現象清楚原始資料詳實的基礎上，卻竭盡全力從地層到遺跡遺物，全方位的重新編造，這不僅有違了從業的基本學術道德，也毀掉了整個遺址發掘成果的科學性。

基於各方面的原因，這裡所揭露的《報告》作偽現象只是其中一部分，如《報告》第 210 頁所言 T43 古河床第 20 層以下就是「白膏泥層」的編造之辭還沒有涉及，還有許多類似的問題就留待以後進一步地整理與分析。

寫於 2007 年 8 月

質疑世界遺產「良渚古城遺址」
認識的十大學術泡沫

　　2019 年 7 月 6 月，「良渚古城遺址」成功申報為「世界遺產」，這的確值得慶賀。一方面它有力地說明了中國對人類歷史的發展有其突出貢獻，所以能成為「世界遺產」的項目和數量都名列前茅；另一方面也有利於國內文化遺產品質的提升，有利於文化遺產保護事業的發展與深入。

　　然而，「良渚古城遺址」的申報與認識也暴露了許多學術追求與認識方面的問題。根據已有的資料與專家論述，「良渚古城遺址」的認識至少有十大學術泡沫。之所以稱其為「泡沫」，因為它不僅缺少嚴謹求實的論證，還毫無根據地隨意誇大考古發現的屬性和意義，已完全不屬於一般的學術問題和不同的學術觀點。

泡沫一：「良渚古城」的命名有違學術規範

　　經過多年的努力調查與發掘，一座良渚文化的古城終於在浙江餘杭瓶窯鎮的附近被發現了。由於面積巨大，300 萬平方米，為中國史前土城之最；又由於城內中心部位還有莫家山約 30 萬平方米的人工土臺，以及周邊所發現的反山、瑤山、匯觀山等大型祭壇與出土大量玉器的高等級墓葬；所以城址的發現不僅是錦上添花，更讓人們看到了中國史前文化發展與國家起源進程的光輝燦爛。籍此，為了突出它的地位與重要性，專家們就將古城直接命名為了「良渚古城」。

　　為此，在 2008 年 3 月浙江省文物考古研究所主持召開的「良渚古城考古

規劃研討會」上〔註1〕，作者就提出了不同意見，直言「良渚古城」的命名值得商榷。

第一，違背了以往考古以當地地名命名重大考古發現的慣例，不僅有史以來第一次破壞了考古學的傳統，還使人很容易就以為城址的發現之地是在距離6.3公里的「良渚」而非只約3公里的「瓶窯」。

第二，「良渚古城」一詞與「良渚文化」、「良渚古國」在概念上有重合之處，很容易使人誤以為該城是「良渚文化」與「良渚古國」的都城，不是良渚文化某一個局部地區的城。

第三，如果今後在良渚文化的範圍內又發現一個規模與現在的持平，甚至更大的城，那又該如何命名呢？是否還可以命名為「良渚古城」呢？

實際上，按規範與慣例實事求是地將古城稱為「瓶窯古城」並不妨礙對它的歷史地位與重要性的認識，而違反規範與慣例將其拔高稱為「良渚古城」卻顯示了一種有意提升其歷史地位與重要性的人為情結。尤其是在專家視良渚鎮地區為史前城外「郊區」或「野」地的時候〔註2〕，此處更不宜為「古城」命名之地？

顯然，如此命名一方面是自我矛盾又抬又貶，另一方面也與歷史事實和地位明顯不符。

泡沫二：「良渚古城」內根本沒有「宮城」

專家認為：古城內的莫角山宮殿區堪稱中國最早的宮城，宮殿區的面積要遠遠超過年代更晚的龍山時代的石峁、陶寺和夏代的二里頭宮殿區或宮城，堪稱中國最早的宮城，更形象的說，是中國最早的「紫禁城」〔註3〕。

然而，莫角山只是城址的「中心」，並不是「中國最早的宮城」。

第一，血緣社會沒有「宮城」。

中國的歷史文獻與考古皆證明，「城」有一個歷史的發展過程，最早的城

〔註1〕金毅：《良渚古城不愧為「中華第一城」》，杭州：《錢江晚報》，2008年3月23日，第A0009版。

〔註2〕劉斌等：《良渚文化與良渚古城考古的意義》，搜狐網，2019年7月6日；浙江省文物考古研究所：《良渚古城城內考古發掘及城外勘探取得重要收穫》，北京：《中國文物報》，2016年12月16日，第8版。

〔註3〕劉斌等：《良渚古城在中國城建史上具有劃時代的意義》，杭州：《杭州日報》2018年4月26日，第23版。

是屬於一定的血緣組織的，後來才逐漸地緣化，才出現「宮城」。中國最早的「宮城」只見於戰國時期，並擁有二個最重要的時代特徵〔註4〕。一是「宮城」已不再與任何核心血緣組織有關，而純粹屬於不以血緣和民族為紐帶的統治階級；二是，由於正式成為了新型統治階級的統治中心，所以主要除了宮殿、宗廟以外，也不見核心血緣組織族人日常居住的住宅、墓葬和從事日常手工業的作坊。

一般而言，良渚文化所處時代還是血緣社會與地緣社會之間的過渡時期，即使是內城的核心區域莫角山也像史前湖北天門石家河〔註5〕、山東日照堯王城〔註6〕、河南安陽殷墟小屯宮殿宗廟區〔註7〕、明末女真族努爾哈赤所建「赫圖阿拉」的內城一樣〔註8〕，都是大型血緣組織內部核心血緣組織與族體的駐地和手工作坊。因此，莫角山不可能超越歷史出現真正地緣化並屬於統治階級的「宮城」。

第二，莫角山上並沒有發現單獨的「宮城」。

莫角山曾進行過二次大的考古發掘。

1992～1993 年，第一次，發掘面積 1400 平方，發現了柱洞、取土坑、普通平民墓、土埂與土坯磚堆放場（圖 1，2）等〔註9〕。其中，在小莫角山東南編號為 II1T1 的 10×10 米的探方內一共發現 32 個柱洞〔註10〕。但是，這些柱洞都「大小、形狀各異」，排列也不規矩；而且所有的柱洞竟然皆無石頭或燒土類的柱礎，也不見江浙一帶常見的木質墊板（圖 1，1）。顯然，如此不規範，不整齊，且簡陋有餘的柱洞，與大型宮殿完全不相匹配，說明莫角山

〔註4〕裴安平：《中國的家庭、私有制、文明、國家和城市起源》，上海：上海古籍出版社 2019 年版，第 682 頁。

〔註5〕湖北省文物考古研究所：《三苗與南土——湖北省文物考古研究所「十二五」期間重要考古收穫》，武漢：江漢考古編輯部，2016 年，第 31 頁。

〔註6〕梁中合：《日照堯王城遺址的新發現、新收穫與新認識》，北京：《中國社會科學院古代文明研究中心通訊》，2016 年，第 30 期，第 12～21 頁。

〔註7〕裴安平：《中國史前聚落群聚形態研究》，北京：中華書局，2014 年版，第 404～412 頁。

〔註8〕梁振晶：《赫圖阿拉城「尊號臺」遺址建築格局及相關問題討論》，北京：《故宮博物院院刊》2002 年第 5 期，第 54～59 頁。

〔註9〕浙江省文物考古研究所：《餘杭莫角山遺址 1992～1993 年的發掘》，北京：《文物》2001 年第 12 期，第 4～19 頁。

〔註10〕浙江省文物考古研究所：《餘杭莫角山遺址 1992～1993 年的發掘》，北京：《文物》2001 年第 12 期，第 6 頁。

夯土基址之上的建築遺跡並不一定都是宮殿。此外，在莫角山東南T7清理的一座小墓，僅隨葬鼎、豆、壺三件普通陶器（圖1，3）〔註11〕，顯示地位很低，屬於一般的平民。

圖1：莫角山1993年以前發掘出土遺跡平剖面圖

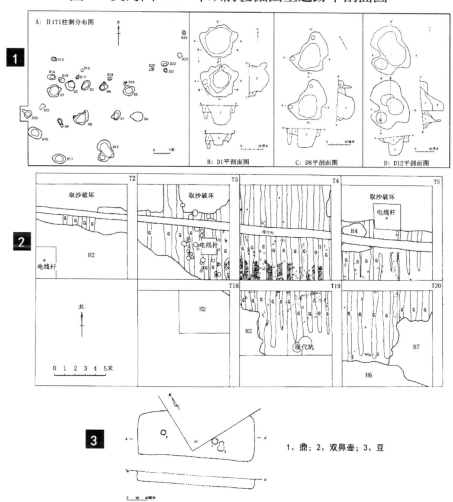

1.II1T1柱洞、柱坑平剖面圖；2.IV1區溝埂遺跡平面圖；3.莫角山東南小墓平剖面圖（1引自：浙江省文物考古研究所《餘杭莫角山遺址1992～1993年的發掘》；2引自：浙江省文物考古研究所《餘杭莫角山遺址1992～1993年的發掘》；3引自：浙江省文物考古研究所《良渚遺址群》）

〔註11〕浙江省文物考古研究所：《良渚遺址群》，北京：文物出版社，2005年，第141頁。

2011～2016 年，通過大規模勘探、長探溝發掘配合探方全面揭露等方法，在大莫角山周圍發現寬約 4～15、深約 0.6～1.5 米的圍溝。圍溝在良渚文化晚期被廢棄填平，隨後又修建了石頭牆基。在大莫角山頂上還發現了 7 個面積約 300 至 900 平方米的房屋臺基。在大莫角山西面，發掘也確認小莫角山山頂存在 4 個房屋臺基。早期階段房基一處，總面積約 380 平方米〔註12〕。

顯然，歷年的發掘表明莫角山上的確可能有屬於宮殿的基址，但它卻同時還像河南安陽殷墟商代晚期小屯大灰溝以內既有宮殿宗廟又有普通手工作坊一樣〔註13〕，也與其他的普通住宅、手工作坊和平民墓葬共存，而不是只獨見宮殿和宗廟為主的「宮城」。

正因此，作為考古工作者切忌為了拔高考古發現的意義而偏心，一定要實事求是地完整系統地理解自己所發現的古人遺跡，絕不能有意抬高一部分的意義與價值，而對另一部分則視而不見。

泡沫三、四：「良渚古城」內根本沒有獨立的「王陵」與貴族墓地

專家認為：良渚古城遺址之所以規模不亞於同時期世界其他文明的都邑性遺址，還因為其中包括王陵與貴族墓地〔註14〕。

然而，按等級地位將王或個人貴族單獨聚在一起並集中葬在專門為他們設置的墓地裏完全是地緣階級社會才普遍具有的歷史現象，而史前血緣社會無論地位高低所有的人死了都與族人和家人葬在一起，因而只有氏族公共墓地與家族墓地二種基本的組織類型。「良渚古城」所處的時代充其量也只是血緣與地緣社會之間的過渡階段，城裏或城外也根本不可能超越時代有單獨的「王陵」與「貴族墓地」。

（一）「良渚古城」不存在單獨的「王陵」

作為一種埋葬制度，考古表明「王陵」有三個基本特點。其一，所有的墓主都是同等地位的王；其二，由於所有的人都是王，因而同一個墓地裏的所有人都享受同等待遇，沒有明顯的地位級差；其三，墓穴之上有如小山一樣的封土堆，即「陵」。其中，前二個特點最早發端於商代晚期，河南安陽殷

〔註12〕浙江省文物考古研究所：《良渚古城城內考古發掘及城外勘探取得重要收穫》，北京：《中國文物報》2016 年 12 月 16 日，第 8 版。
〔註13〕中國社會科學院考古研究所安陽工作隊：《2004～2005 年殷墟小屯宮殿宗廟區的勘探和發掘》，北京：《考古學報》2009 年第 2 期，第 217～245 頁。
〔註14〕劉斌等：《良渚文化與良渚古城考古的意義》，搜狐網 2019 年 7 月 6 日。

墟西北崗所見大墓區就是代表。那裡不僅是地位相等的商王單獨集中埋葬之地，而且都擁有「亞」字形的四個墓道的大墓和眾多的殉人。真正三個特點都齊全的時代是春秋戰國，如浙江紹興印山大墓春秋越王允常墓〔註15〕、河北平山戰國中山王墓〔註16〕。

　　相對而言，被專家譽為「良渚古城」「王陵」的反山墓地，不僅時代太早沒有出現小山一樣的「陵」，而且已有的發現還表明那裡人的地位等級也明顯高低不平〔註17〕。

　　其中，出土玉器數量最多還有琮王的只有一座墓，即M12；而在南北兩排的 9 座墓中，有 4 墓琮璧鉞共存（M14、12、16、20），有 1 墓琮鉞共存（M17），有 1 墓琮璧共存（M23），有 3 墓或只有琮（M18）或只有璧（M22、15）。特別值得關注的是 M15、18 二墓，不僅玉器的種類殘缺不全，而且隨葬的數量也特少，分別只有 54、61 件，為所有墓隨葬玉器數量倒數第一、第二名，即使與倒數第三名 M22 相比，也比它 175 件少了近 2/3。

　　這不僅說明反山墓葬的等級差異明顯，而且說明 M15、18 既不是「王」也不是大貴族；更重要的是由此還證明莫角山根本不是由「王」構成的單純的「王陵」。

（二）「良渚古城」不存在單獨的「貴族墓地」

　　所謂「貴族墓地」，一般而言就是除了王以外其他有權有勢的高等級的人物單獨按等級地位集中埋葬之處。

　　考古表明，這種只按地位而無血緣或民族界限的人都可以集中埋在一起的墓地也完全是社會地緣化的產物，是春秋戰國以後的產物。對此，河南安陽殷墟後崗墓地的整體組織結構就是證明。

　　後崗墓地可分為六個墓組（圖 2），第 I 組就是整個墓地規模最大的墓組，有 18 墓。其中，有三座帶二個墓道的「中」字形大墓，一座是帶一個墓道的「甲」字形大墓。這些墓，毫無疑問都是大貴族，尤其是那些「中」字形大墓，發現的數量很少，墓主很可能就屬於王室成員。然而，就在他們的墓穴周圍卻簇擁著一批地位低下的小墓。其中，I 組就有沒有墓道的中小型墓 12

〔註15〕浙江省文物考古研究所等：《印山越王陵》，北京：文物出版社，2002 年。
〔註16〕河北省文物研究所：《厝墓・戰國中山國國王之墓》，北京：文物出版社，1996年。
〔註17〕浙江省文物考古研究所：《反山》，北京：文物出版社，2005 年。

座，數量是帶墓道墓的 4 倍；II 組一墓帶墓道，另有 6 墓不帶；三組也是一墓帶墓道，另有 13 墓不帶。與 I、II、III 組不同的是，IV、V、VI 組不僅都位於 I、II、III 組的外圍，也沒有一座帶墓道的墓，而且 1971 年發掘的第 IV 群墓葬還絕大多數墓室面積不足 3 平方米，隨葬品稀少〔註 18〕。

圖 2：殷墟後崗墓地墓葬分布示意圖

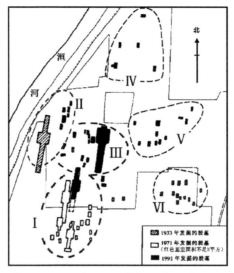

引自：中國社科院考古所《中國考古學‧夏商卷》

顯然，殷墟後崗墓地雖然有「中」字形大墓 5 座，但它仍然不是一個「貴族墓地」，而是「有王室成員及其家族的墓地」〔註 19〕。與此同時，還說明即使當時的國體是地緣化的，但社會基層組織，包括大貴族所在，仍以血緣組織為主，墓地的組織方式也與活人的社會組織方式一樣。良渚反山墓地雖然當時與眾不同，但不可能超越歷史，更不可能提前超越商代就出現了無血緣無民族界限的純貴族的「貴族墓地」。

最近，有專家一再強調「良渚古城」內 2016 年發掘的良渚文化中期姜家山墓地就屬於「貴族墓地」〔註 20〕。

姜家山墓地位於反山墓地南側，也是依託自然崗地人工堆築的高臺墓

〔註 18〕中國科學院考古研究所安陽發掘隊：《1971 年安陽後崗發掘簡報》，北京：《考古》，1972 年，第 3 期，第 14～24 頁。
〔註 19〕中國社會科學院考古研究所編著：《殷墟的發現與研究》，北京：科學出版社，2000 年，第 132 頁。
〔註 20〕浙江省文物考古研究所：《2016 年浙江重要考古發現選介》，中國考古網，2016 年 12 月 12 日。

地，已發現 14 座墓葬，大致呈三排分布，男性墓頭向均朝南，女性墓除 M7 外均頭向朝北，男女性墓葬交錯分布。其中，既有高等級墓葬，也有隨葬品較少的普通居民甚至小孩的墓葬〔註21〕。

圖3：殷墟孝民屯發掘成果平面圖（1）與 A 區半地穴式房址分布平面照片（2）

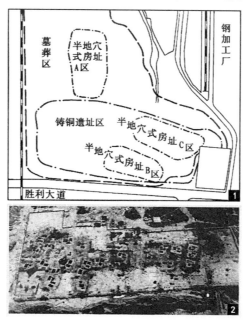

引自：殷墟孝民屯考古隊《河南安陽市孝民屯商代房址2003～2004年發掘簡報》

　　顯然，姜家山也是一處家族墓地，而非純正的「貴族墓地」。之所以會有「人工高臺」就因為這是一個高等級的家族，其中有人是「貴族」，有人是平民。因此，不能在史前墓地裏一見到有貴族的高臺墓地就以為整個墓地的性質就屬於單純的「貴族墓地」。

　　位於安溪鎮下溪灣村的瑤山祭壇墓地也如此，所有墓都有玉器隨葬，很像是一個單純的「貴族墓地」。但是，那些墓葬的等級高低也差異明顯，尤其是 M5〔註22〕，不僅出土玉器數量最少，只有 22 件，而且琮璧鉞全無，顯示墓主很可能只是一個一般的小貴族，並說明那裡就像反山、姜家山一樣也存在一個高等級的家族墓地，夫榮妻貴，父榮子貴。但是，它們絕不是可以超越時代的地緣化的單純的「貴族墓地」。

〔註21〕宋晗語：《從墓葬等級看良渚社會結構》，浙江餘杭：《餘杭晨報》，2019 年 6 月 24 日，第 10 版。

〔註22〕浙江省考古所：《瑤山》，北京：文物出版社，2003 年，第 66～68 頁。

泡沫五：「良渚古城」內根本沒有獨立與專門的「手工業作坊區」

專家認為，在「良渚古城」範圍內還存在「獨立」與「專門」的「手工作坊區」〔註23〕，特別是內城鍾家港河道西側區域的南段和北段，由於緊鄰兩岸臺地，所以河道堆積中存在大量的遺物。其中，鍾家港南段西岸的李家山臺地邊緣就揭露出保存良好的木構護岸遺跡與木器坯件等漆木器；在鍾家港南段東岸的鍾家村臺地邊緣也出土了較多黑石英石片、玉料、玉鑽芯、石鑽芯等遺物，從而顯示李家山和鍾家村臺地上可能分別存在漆木器和玉石器作坊。由於這是城內首次發現的手工業作坊，故推測古城城內除了宮殿區、王陵和貴族墓地等場所以外，還存在專門的手工業作坊區〔註24〕。

然而，中國的考古與文獻都表明，這種專門獨立的，由四面八方生產資料使用權個人所有的獨立工匠集中一起構成的，不屬於任何特定血緣和民族組織單位的專門的手工業作坊區，至少要到地緣社會的春秋戰國才出現，因為從史前晚期一直到商代殷墟和西周，所有的農業與手工業都是集體所有制，都屬於一定的血緣組織，所有的農業與手工業社會分工都只發生在大型的血緣組織內部，並有三個重要特點〔註25〕。一是所有的作坊都要服從上級的統一領導和集中管理；二是所有的作坊都都是具體氏族和部落在各盡所能基礎上賴以生存賴以工商「食官，官廩之」的基本產業（《周禮》）；三是氏族和部落內部只有具體的手工作坊沒有跨作坊的「手工作坊區」。

史前晚期，考古發現，湖北天門石家河城內城外共有 3 個地點發現了可能是冶銅的遺跡和遺物。其中，鄧家灣，位於大城內的西北〔註26〕；肖家屋脊與羅家柏嶺則位於大城外的東南〔註27〕。由於銅是當時的貴金屬，銅的製品也只有貴族才能享用；又由於冶銅也是當時手工業技術含量最高的頂級產業；所以它的生產活動絕不是個別聚落的隨意行為，而是都服從小城內核心

〔註23〕劉斌等：《良渚文化與良渚古城考古的意義》，搜狐網，2019 年 7 月 6 日。
〔註24〕浙江省文物考古研究所：《良渚古城城內考古發掘及城外勘探取得重要收穫》，北京：《中國文物報》，2016 年 12 月 16 日，第 8 版。
〔註25〕裴安平：《中國的家庭、私有制、文明、國家和城市起源》，上海：上海古籍出版社，2019 年，第 240～310 頁。
〔註26〕湖北省文物考古研究所等：《鄧家灣》，北京：文物出版社，2003 年，第 243 頁。
〔註27〕湖北省荊州博物館等：《肖家屋脊》，北京：文物出版社，1999 年，第 236 頁；湖北省文物考古研究所等：《湖北石家河羅家柏嶺新石器時代遺址》，北京：《考古學報》，1994 年，第 2 期，第 191～228 頁。

聚落的統一領導和管理；但值得注意的是，這些作坊也是所在聚落所在血緣氏族賴以為生的產業和技能。

商代晚期的河南安陽殷墟孝民屯也一樣，雖然遠離小屯宮殿宗廟區約 2 公里，但它所出土的商代頂級陶範卻毋容置疑的表明那裡是一處「王室直接控制」的手工作坊（圖 3，1）。但是，作坊周圍的半地穴式住房，僅 A 區就有 27 組近百間（圖 3，2），從而說明該作坊就應該一直是當地整個血緣部落各氏族所共有的產業。

實際上，商代晚期之所以會存在「百工」與「世工世族」就充分表明，當時所有的作坊都屬於具體的血緣組織氏族或部落，並沒有形成脫離了血緣組織的專門單純獨立的「手工業作坊區」。

此外，《左傳・定公四年》所言西周分封魯國的「殷民六族」，條氏、徐氏、蕭氏、索氏、長勺氏、尾勺氏；分封衛國的「殷民七族」，陶氏、施氏、繁氏、錡氏、樊氏、饑氏、終葵氏，也證明商代手工業與基層血緣組織之間不僅存在明顯「世工世族」的長期聯繫，而且這種聯繫還轉變成了有關血緣組織的社會特徵，也同步說明當時並沒有出現不屬於任何基層血緣組織的單純的「手工業作坊區」。

顯然，真正與單獨血緣組織和民族無關的獨立的手工作坊區是社會地緣化的產物，是生產資料使用權完全個人所有的產物，是春秋戰國時期才出現的社會現象，「市」的出現就是這方面的最好證明。

泡沫六：「良渚古城」內根本沒有「城址區」

「城址區」是「良渚古城」浙江考古與研究者提出的獨有的全新的考古學概念。

就字面的含義而言，它介於史前血緣組織的「城址」與現代地緣社會城市的「市區」之間。一般而言，現代城市的市區即城區多指城市中人口密集，工商業、服務業、交通運輸業、文教衛生業比較發達的地區，是城市的主要組成部分和核心區域，即市中心和周圍連片的城市區域，如北京的東城區、西城區；而新概念想要表達的一個重要思想就是「良渚古城」也與現代的城市一樣，既有市中心，又有周邊的城區（圖 4，1），甚至還有「郊區」（圖 4，2）；其中，城區就包括宮城、內城、外城三部分；而周邊的城區或郊區則根據不同的理解來隨意劃分（圖 4，4），這樣「其規模不亞於同時期世界其他文明

的都邑性遺址」〔註28〕。

圖4：史前「良渚古城遺址」地緣社會的結構與布局示意圖

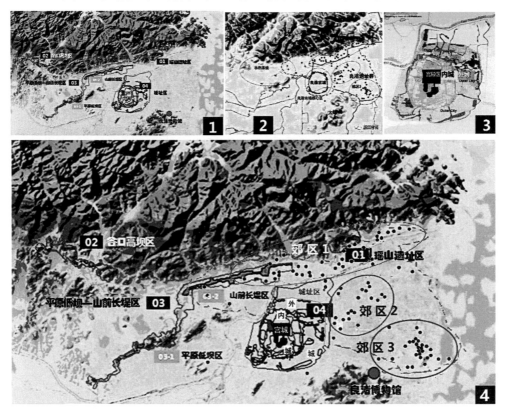

1. 良渚古城遺址平面圖；2. 良渚古城郊區平面圖；3. 良渚古城城址區平面圖；4. 本文作者集成圖（1 引自：劉斌等《良渚文化與良渚古城考古的意義》，搜狐網，2019年7月6日；2 引自：浙江省文物考古研究所《2016年浙江重要考古發現選介》，中國考古網，2016年12月12日；3 引自：張煜歡《良渚古城遺址申遺成功：實證中華五千年文明史》，新浪網，2019年7月7日）

然而，這完全是一種不切實際地拔高「良渚古城」意義的認識。

第一，史前晚期一直到商周時期，城址都屬於一定的血緣組織，城內城外的聚落都是同一個大型聚落組織的不同成員，城外也根本沒有獨立於血緣組織以外的地緣化的「城址區」的部分和地域，更沒有突破了血緣界限完全地緣化的「郊區」，河南安陽殷墟即如此（圖5）。

〔註28〕劉斌等：《良渚文化與良渚古城考古的意義》，搜狐網，2019年7月6日。

圖5：殷墟的聚落遺址分布位置與政治組織結構示意圖

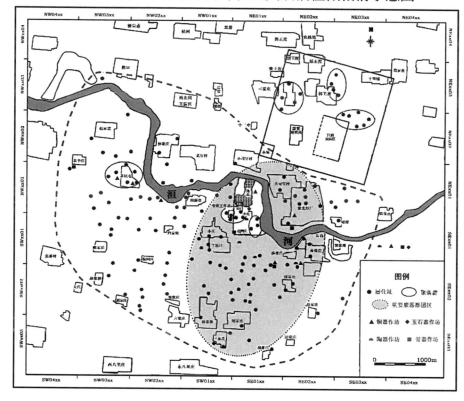

引自：中國國家博物館等《商邑翼翼　四方之極》。圖中實線圈、虛線圈為
本文作者所加

　　第二，要正確理解和認識史前城址的屬性和特點，唯一的途徑就是要正
確理解和認識城址所在聚落組織與組織形態的性質與特點。捨此，完全是本
末倒置。關於「良渚古城遺址」特點與性質的識別與理解即如此，不僅絲毫
沒有與史前聚落組織相聯繫，而且從一開始就與晚期地緣社會的城址掛鉤，
從而徹底地誤解了歷史的真相。

　　第三，截至春秋戰國為止，考古在各諸侯國都城的外圍也沒有發現所謂
的「城址區」。因為當時「築城以衛君，築造廓以守民」（《吳越春秋》），民都
集中在「廓」內，「城址區」與「市」都在城內，所以也就沒有必要在城外設
置「城址區」了。

　　第四，根據圖4的顯示，良渚專家們的「城址區」完全是城外的一個獨
立區域，並有三大特點。一是，地域廣闊，外城北部至東苕溪之間大於內城
一半的面積皆屬「城址區」；二是，人口聚落稀少，整個區域只有二個聚落；

三是，這二個聚落還明顯偏安一隅，只位於「城址區」的東北角。顯然，這種地廣人稀的區域和所要表達的「城址區」的內涵是矛盾的，也名不符實；而且將這樣的區域賦予「城址區」的含義也顯示研究者對問題認識的輕率。

泡沫七、八：「良渚古城」內根本沒有「中國最早的三重城市格局」

專家認為：「良渚古城」其宮殿區、內城、外郭的格局類似後世都城中宮城、皇城、外郭的三重結構體系，是中國最早的三重城市格局，具有重要的開創意義〔註29〕。

然而，這種比較結論完全是錯誤的，因為它們相互之間僅只是形似而神不似，根本沒有可比性。

（一）城址「三重結構體系」的歷史意義完全不同

史前是血緣社會，夏商周也只是血緣地緣社會之間的過渡階段，因而當時所有的城都是血緣組織的城，城內城外聚落的分布與城址結構模式也完全與血緣組織各成員的等級地位相匹配，湖北天門石家河、河南安陽殷墟就都是這方面的典型代表。

據考古發掘與調查，距今5～4.5千年屈家嶺文化期間，整個天門石家河聚落群團就完成了城址的全面規劃與建設。其中，聚落群團的核心聚落，類似「良渚古城」莫角山那樣的「宮城」和「宮城區」，類似反山那樣最高等級的「王陵」，以及類似莫角山上那樣的平民住宅與墓葬都位於26萬平方米的內城中的譚家嶺遺址上〔註30〕。此外，在內城外還有100萬平方米的大城，裏面住的全是核心聚落群的其他成員，即鄧家灣、三房灣、蓄樹嶺等聚落。在大城外，聚落群團的其他非核心聚落群成員就超近距離的聚集在城的周邊，最近的不超過2百米，至少5個聚落群14個聚落（圖6，1）。石家河文化時期，雖然當地的聚落組織整體由屈家嶺時期的聚落群團升級成為了聚落集團，但內城、外城裏面的聚落組織結構沒有大的變化，變化最大的一是城外的聚落數量由14個翻了一番還多，變成了至少30個；二是所有30個聚落全部位於外環濠之中（圖6，2）。

〔註29〕劉斌等：《良渚古城在中國城建史上具有劃時代的意義》，杭州：《杭州日報》，2019年4月26日，第23版。

〔註30〕湖北省荊州博物館等：《譚家嶺》，北京：文物出版社，2011年；湖北省文物考古研究所：《三苗與南土——湖北省文物考古研究所「十二五」期間重要考古收穫》，武漢：江漢考古編輯部，2016年，第32頁。

圖6：湖北天門石家河屈家嶺文化（1）、石家河文化（2）時期城址與聚落
　　　分布圖

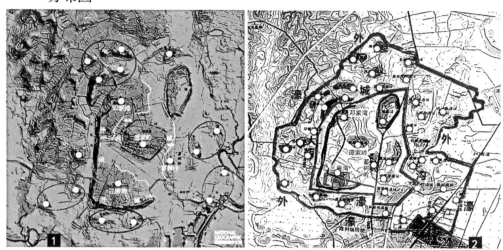

1（地形圖）引自：孟華平等《石家河遺址考古勘探發掘取得重要成果》，《中國文物報》2017 年 2 月 10 日；（遺址位置）引自：湖北省文物考古研究所《大洪山南麓史前聚落調查——以石家河為中心》，《江漢考古》2009 年，第 1 期。2 本文作者 2018年 12 月攝於石家河發掘工地宣傳欄。圖中實線圈為本文作者所加

　　商代，雖然國體已經地緣化了，但政體依然還是血緣化的，基層社會組織依然還是血緣組織，安陽殷墟即如此，就是一個超大型的聚落集團（圖5）〔註31〕。其中，小屯宮殿宗廟區就是核心聚落群團的駐地。1991 年花園莊一帶再次發掘，H3，出土甲骨 1583 片，清一色「非王卜辭」〔註32〕，由此證明當地就住著一個與王同屬一個聚落群團但非王一族的聚落群或部落。

　　事實表明，從史前一直到夏商周，中國的城址與都城周邊只有同一個大型血緣組織的成員駐地，而從未出現過完全地緣化的宮城、皇城、外郭的三重結構體系。

　　根據已有的資料，中國出現宮城、皇城、外郭三重結構都城的時代最早濫觴於魏晉時期〔註33〕，其意義完全是地緣化的，是強化中央集權制的重要

〔註31〕 裴安平：《中國史前聚落群聚形態研究》，北京：中華書局，2014 年，第 401
　　　　 ～404 頁。
〔註32〕 中國社會科學院考古研究所：《殷墟花園莊東地甲骨》，昆明：雲南人民出版
　　　　 社，2003 年。
〔註33〕 中國社會科學院考古研究所：《中國考古學・三國兩晉南北朝卷》，北京：中
　　　　 國社會科學出版社，2018 年，第 28～86 頁。

舉措，與任何血緣組織和民族都沒有直接關係。

顯然，不能因為史前血緣社會的城址和結構在外觀上與地緣社會的城址和結構有一定的相似之處，就認為它們都具有相同的意義，這是疏於深入研究而簡單類比的結果，是重形式邏輯而輕歷史邏輯的結果。

（二）城址的「三重結構體系」完全與「市」無關

根據專家的論述，只要具有了「宮城、皇城、外郭三重結構」的城址就具有了「三重城市」的含義，這完全讓人匪夷所思，因為中國的「市」在東周以前與城沒有任何聯繫，也與魏晉以後「宮城、皇城、外郭三重結構」的城沒有任何聯繫。史前至商周，所有的城裏都沒有市；而春秋戰國時期，雖然城裏還沒有出現「宮城、皇城、外郭三重結構」，但「市」已赫然存在〔註34〕。魏晉以後，「宮城、皇城、外郭三重結構」的城的出現也是因為社會政治的需要而與「市」的發展和需求無緣。

事實上，「良渚古城」即使具有「類似後世都城中宮城、皇城、外郭的三重結構體系」，也根本不可能超越歷史成為「城市」。

中國的考古表明，城市不是從來就有的，而是歷史發展到一定階段才出現的一種地緣社會的人類共同體與組織單位。它的主要形成途徑，一方面是國體政體全地緣化國家的出現，否則城址就會像商晚期的河南殷墟、西周時期的山東臨淄一樣，被一定的血緣組織和統治民族的人所佔領；另一方面就是在生產資料使用權完全私有基礎上商品經濟的興起，因為沒有這種私有權就沒有商品經濟，就沒有城鄉的手工業與農業的分工，「城」裏就不需要「市」。實際上，商品經濟也是一種地緣社會才擁有的歷史現象。一般而言，社會地緣一體化就是商品經濟的社會基礎，任何地方的手工業和農業都不可能在生產資料集體所有且獨自為政的血緣社會和血緣組織之間實現所謂的「社會分工」，即使有剩餘產品也只能「交換」而無法「流通」。此外，生產資料的使用權還必須個人完全所有。否則，產品都是集體的、國家的，也不可能變成可隨意銷售與自由競爭的商品。

顯然，「良渚古城」即使具有「宮城、皇城、外郭三重結構」也根本不可能先於東周就成為歷史上最早與社會分工與商品經濟有關的「城市」。

〔註34〕裘錫圭：《戰國文字中的「市」》，北京：《考古學報》，1980 年，第 3 期，第 285～296 頁。

泡沫九：「良渚古城」豈能證明中華只有五千多年文明史

專家認為：國際學術界由於對中文文獻不瞭解，對中國考古學進展的認識也停留在 20 世紀 80 年代，所以在他們的著作中，中華文明的起始時間常常定在晚商殷墟；而良渚古城遺址的發現與深入研究，將有力地改變這一傳統觀念，並證實良渚文化已進入成熟文明和早期國家階段，良渚是實證中華五千多年文明史的聖地，在中華文明史上佔有重要的地位〔註 35〕。

然而，「良渚古城」考古工作者的認識也同樣停留在 20 世紀 80 年代，也根本不知中華文明史已超過了 8 千年，「良渚古城」本身就是社會不斷文明化的結果。

長期以來，國內外學術界一直將「文明」與「國家」這二個概念捆綁在一起，並認為「國家」的出現是「文明」起源的標誌，「國家是文明社會的概括」〔註 36〕。

但是，中國的考古表明：文明是人類社會高品質的發展狀態和發展階段，也是人類社會組織方式、生產方式、生活方式、人本身的解放不斷的進步與變革。不因國家而起，也不因國家而亡。國家只是人類地緣社會的一種組織方式與組織形式。以前沒有，以後也會因為「人類命運共同體」的出現和世界「大同」而消亡。

中國的考古還表明，距今約 8 千年前後，中國的文明就已經起源了。其中，最重要的社會變化就是人與人之間，聚落與聚落之間，都出現了等級地位的分化。

人與人之間等級地位分化的最早標誌就是興隆窪文化的玉器（圖 7）。對此，1991 年 8 月，在《文明發端玉龍故鄉——談查海遺址》〔註 37〕一文中，蘇秉琦先生就說到：「查海玉器已解決了三個問題，一是對玉材的認識，二是對玉的專業化加工，三是對玉的專用。社會分工導致社會分化，所以是文明起步」。同年 12 月，在《關於重建中國史前史的思考》〔註 38〕的論述中，他

〔註 35〕劉斌等：《良渚文化與良渚古城考古的意義》，搜狐網 2019 年 7 月 6 日。

〔註 36〕王巍：《對中華文明起源研究有關概念的理解》，河南開封：《史學月刊》，2008年，第 1 期，第 10～13 頁。

〔註 37〕蘇秉琦：《華人·龍的傳人·中國人——考古尋根記》，瀋陽：遼寧大學出版社，1994 年，第 127 頁。

〔註 38〕蘇秉琦：《關於重建中國史前史的思考》，北京：《考古》1991 年第 12 期，第1109 頁。

又進一步指出：「沒有社會分工生產不出玉器，沒有社會分化也不需要禮制性的玉器」。蘇先生的話一針見血，切中要害，最早且充分地肯定了興隆窪文化玉器作為文明起源標誌的社會和歷史意義。

圖7：興隆窪遺址M118發掘照及隨葬品器物圖

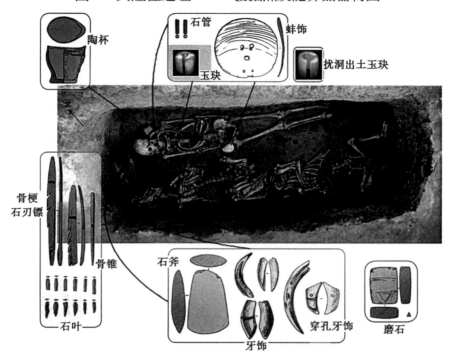

引自：中國社會科學院考古研究所等《玉器起源探索：興隆窪文化玉器研究及圖錄》

關於聚落之間等級地位分化的標誌主要見於浙江嵊州小黃山〔註39〕、河南新鄭唐戶〔註40〕（圖8，1）等多聚落遺址的發現。因為在這些遺址中人類血緣社會以往各成員獨立平等的組織方式發生了重大變化，出現了前所未有的一體化主從關係，出現了核心聚落與從屬聚落。其中，核心聚落就住在有防禦功能的環壕之內，其他從屬聚落就圍繞在壕溝以外（圖8，1）。

大約距今5千年前後，文明的陽光已灑滿了人間，並給當時的人類社會帶來了8大變化。

〔註39〕王海明：《專家論證嵊州小黃山遺址》，北京：《中國文物報》，2006年1月11日，第2版；張恒等《「小黃山」萬年古文明的見證》，浙江嵊州：嵊州新聞網，2011年4月25日。

〔註40〕河南省文物管理局南水北調文物保護辦公室等：《河南新鄭市唐戶遺址裴李崗文化遺存發掘簡報》，北京：《考古》，2008年，第5期，第3～20頁。

圖8：河南唐戶、湖南城頭山、山東堯王城、陝西石峁遺址平面與聚落群聚
　　　形態示意圖

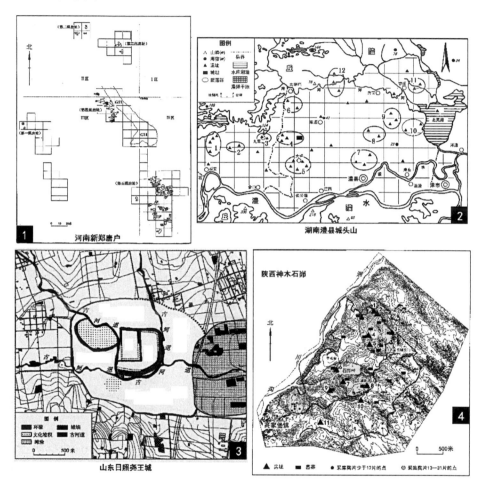

1 引自：張松林《鄭州市聚落考古的實踐與思考》；2 引自：裴安平：《中國史前聚落
群聚形態研究》；3 引自：梁中合《日照堯王城遺址的新發現、新收穫與新認識》；4
（城址圖）引自：陝西考古研究院等《發現石峁古城》；（城內陶片採集位置圖）引自：
孫周勇《石峁遺址考古調查與發掘》，2016 年《中國陝西神木石峁遺址國際學術研討
會》發言 PPT；（城內採集陶片數量文字說明）引自：陝西省考古研究院等《陝西神
木縣石峁遺址》。圖中實線圈均為本文作者所加

變化1：自然的廣譜經濟轉變為人為的生產性農業經濟。

變化2：生產方式由集體勞動轉變為早期個體勞動。

變化3：一夫一妻制婚姻與家庭開始普及。

變化 4：個體家庭成為了血緣社會獨立的最小組織與經濟單位。

變化 5：母系社會變成了父系社會。

變化 6：財富私有制進入了新階段，出現了貴族。

變化 7：個人開始由集體中的一員變成了集體中獨立的個人。

變化 8：社會由分散開始走向整合與統一。

值得注意的是，中國考古還證明國家是社會不斷文明化的結果，是社會由分散不斷走向整合與統一的結果，是社會由血緣過渡到地緣的結果。

距今 8～5 千年，以無長年積水的壕溝、有長年積水的濠溝和早期單聚落古城為代表，標誌新興的各成員之間主從關係明確一體化的聚落群即部落的崛起，浙江嵊州小黃山、河南新鄭唐戶等多聚落遺址（圖 8，1）、湖南澧縣城頭山城址（圖 8，2）就是代表〔註41〕。

距今 5～4.5 千年，以聚落群即核心部落多聚落駐守的中期古城為代表，標誌新興的一體化的聚落群團即永久性的部落聯盟開始登上歷史舞臺，湖北京山屈家嶺、天門石家河（圖 6，1）、山東日照堯王城（圖 8，3）就是代表〔註42〕。

距今 4.5～4 千年，以聚落群團即核心部落聯盟多聚落駐守的晚期古城為代表，標誌新興的一體化的聚落集團開始登上歷史舞臺，陝西神木石峁古城（圖 8，4）就是代表〔註43〕。

值得注意的是，中國最早的國家就出現在這一歷史時段，但不是「良渚古城址」。

由於「良渚古城」內外城範圍內實際近距離聚集的就是一個不少於 8 個聚落群 17 個聚落遺址的聚落群團（圖 9）〔註44〕；又由於良渚遺址群的範圍內實際近距離聚集的至少就是一個以古城為核心的不少於 4 個聚落群團的大型聚落集團或其他性質的組織（圖 4，4）〔註45〕。因此，「良渚古城」本身也

〔註41〕湖南省文物考古研究所：《澧縣城頭山》，北京：文物出版社，2007 年。

〔註42〕梁中合：《日照堯王城遺址的新發現、新收穫與新認識》，北京：《中國社會科學院古代文明研究中心通訊》，2016 年，第 30 期，第 12～21 頁。

〔註43〕陝西考古研究院等：《發現石峁古城》，北京：文物出版社，2016 年。

〔註44〕浙江省文物考古研究所：《良渚遺址群》，北京：文物出版社，2005 年，圖 10，第 40～41 頁之間插頁；裴安平：《中國史前聚落群聚形態研究》，北京：中華書局，2014 年，第 355～358 頁。

〔註45〕浙江省文物考古研究所：《2016 年浙江重要考古發現選介》，中國考古網，2016 年 12 月 12 日。

是社會不斷文明化的結果，而不是文明起源的開端與標誌，更不能為了抬高良渚的歷史意義而大幅縮短中國文明起源的最早時間，並證明中國只有五千多年文明史。

圖 9：瓶窯古城範圍內聚落遺址分布示意圖

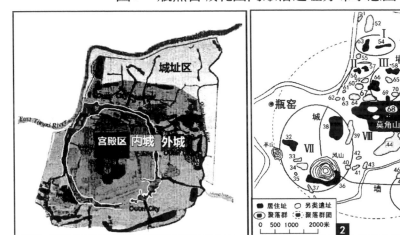

1. 專家認定的古城範圍；2.《良渚遺址群》顯示的遺址分布圖（1 引自：劉慧《良渚古城遺址申遺成功——良渚遺址，實證中華五千年文明史的聖地》；2 引自：浙江省文物考古研究所《良渚遺址群》。圖中居住遺址抹黑與虛、實線圈為本文作者所加）

泡沫十：「良渚古城」根本不是「早期國家」

專家認為：「良渚古城」是一個「早期國家」，核心區由宮殿區、內城、外郭城構成，佔地面積約 8 平方公里；而且同時在城外還發現了規模巨大的水利系統和面積廣闊的「郊區」，從而使它們與古城核心區共同構成了佔地面積達 100 平方公里的早期國野體系〔註46〕。至於早期國家有什麼特點？早期國家的定義和認定標準又是什麼？專家並沒有給出明確的答案。

實際上，國家是人類地緣社會的一種組織方式與形態，國家的基礎與特點就是暴力。歷史的發展表明，要最終破除人類社會組織初始的血緣和民族紐帶實現地緣一體化，沒有暴力是不可想像的；此外，國家要在國民之間建立政治上的壓迫與經濟上的剝削的統治制度，沒有暴力也是不可想像的。早期國家，也就是歷史上時代最早的國家，中國的考古表明由於它發端於血緣

〔註46〕浙江省文物考古研究所：《良渚古城城內考古發掘及城外勘探取得重要收穫》，北京：《中國文物報》，2016 年 12 月 16 日，第 8 版。

社會，所以它的統治者與被統治者都是血緣組織，是一個族體統治、壓迫和剝削另一個族體。因此，要認定一個早期國家僅依靠專家自認為的「宮城」、「王陵」、「城市」、規模巨大的水利系統、超乎想像的社會動員能力，都只能說明它們是在自我完善自我發展，而不能說明它們已經具有了統治、壓迫和剝削他人的特徵。顯然，一定要找到它的統治、壓迫和剝削對象，才能實證「良渚古城」是國家。

但是，根據已有的考古發現，「良渚古城」就從未發現過被統治、壓迫和剝削的對象。

2000 年，餘杭市有關部門曾編輯出版了一本《餘杭文物志》〔註47〕，書中對整個市區範圍內良渚文化遺址的分布進行了重點描述，從中可以明顯看到，在良渚鎮以南一直到杭州是一大片因地勢低窪而形成的人跡罕至的區域，只有以東相距約 15 公里的臨平才有一個聚落組織（圖 10，1）。

然而，這個組織卻有二個特別令人關注的現象。

圖 10：浙江餘杭良渚三鎮與臨平鎮良渚文化聚落遺址分布示意圖

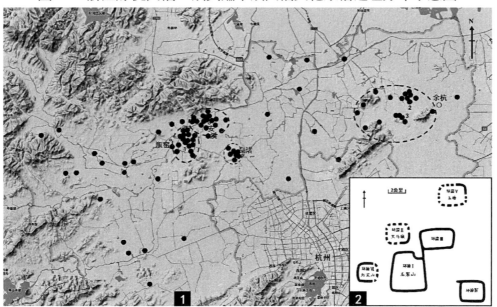

1. 莫角山，2. 玉架山，3. 橫山（1 引自：（地形圖）便民查詢網；（遺址分布圖）《餘杭文物志》編纂委員會《餘杭文物志》。圖中虛線圈為本文作者所加。2 引自：趙曄《浙江餘杭臨平遺址群的聚落考察》）

〔註47〕編纂委員會：《餘杭文物志》，北京：中華書局，2000 年，第 47 頁。

其一，臨平聚落群團有近 20 處聚落遺址相聚在一起。其中，還有一處以玉架山遺址為首的環濠聚落群，一共有六個遺址，多數相距都不足二公里（圖 10，2）〔註 48〕。

其二，在該群團的橫山遺址還發現二座玉器墓，特別是未經擾亂的 M2 令人感覺非同一般〔註 49〕。該墓共出土玉琮 4 件、玉璧 2 件、玉鉞 1 件、石鉞 132 件，包括其他器物共 284 件，被專家們認為是「非一般部落成員」，而是「集神權、財權和軍權於一身」的顯貴。可是，與良渚的同類墓相比，該墓卻特點明顯不同。

第一，共出玉琮 4 件，象徵地位高過良渚遺址群瑤山的所有墓，因為瑤山沒有一墓超過 3 件。

第二，沒有人工專門營建的祭壇；而且玉器從材質、工整度到細刻紋飾都相對粗糙，都不如良渚遺址群。

第三，隨葬了 132 件石鉞，「這是迄今所見良渚墓葬中出土石鉞最多的一座，比瓶窯匯觀山遺址 M4 出土的還要多 84 件」。但該墓的石鉞「個體普遍較小，製作多粗糙甚至粗陋」。

第四，墓葬的年代為良渚文化中期偏晚，並明顯晚於反山、瑤山等多數高等級的大墓。其中，玉琮就有 3 件是多節型的，比良渚三鎮的匯觀山 M4 還多 1 件。

顯然，上述現象說明臨平聚落群團與良渚三鎮根本不屬於同一個「良渚古國」。

一方面雙方禮制與禮器的結構大不相同，另一方面玉器、石鉞的製作質量也大不相同。假如都是一家，假如都是一個統一的古國，官員都是古國統一任命的，禮器也是古國統一派發的，那還會存在上述現象嗎？難道在古國狹小的範圍內，各聚落組織還可以自由製作玉禮器，想隨葬什麼就隨葬什麼，想隨葬多少就隨葬多少？

另一方面，橫山 M2 的年代明顯晚於反山、瑤山等多數大貴族墓，而與匯觀山 M4 相當，這說明臨平聚落群團繁榮發達的時間比良渚三鎮延續的時

〔註 48〕趙曄：《浙江餘杭臨平遺址群的聚落考察》，南京：《東南文化》，2012 年，第 3 期，第 31～39 頁。

〔註 49〕浙江省餘杭縣文管會：《浙江餘杭橫山良渚文化墓葬清理簡報》，《東方文明之光——良渚文化發現 60 週年紀念文集》，海南海口：海南國際新聞出版中心，1996 年，第 69 頁。

間要長要晚，也說明它所在聚落組織的發展並沒有受到過外力的干預和阻滯。

正因此，瓶窯古城就不是一個真正的古國的都城。一方面，良渚三鎮的聚落組織並沒有表現出任何對外武力征服以建立統治與被統治關係的跡象；另一方面，良渚「遺址群」與臨平「遺址群」不僅都是獨立的聚落組織，而且各自還有不同的發展方式與發展特點。

值得注意的，由於「良渚古城」根本不是早期國家，所以所謂「佔地面積達 100 平方公里的早期國野體系」也就不攻自倒了。實際上，即使「良渚古城」是早期國家，當地也不存在「國野體系」。因為最早的國野制只見於西周，其中「國」就是統治民族周人的住地和區域，「野」就是被統治民族族人的駐地和區域。為此，難道專家們是想把「城址區」以外的包括「郊區」的所有人，也包括瑤山墓地的貴族，都視為「野人」嗎？顯然，這裡的邏輯是混亂的講不通的。

結束語

事實表明，「良渚古城」研究與認識的泡沫問題絕不止上述 10 個。之所以如此，事出有因。

一是，不實實在在地去求證考古發現的本來意義並復原歷史，而是大量與一些表面上形似的晚期歷史現象進行比對，目的顯然是為了盡快突出新發現的重要性和歷史意義。

二是，考古發掘者與研究者對血緣社會原貌的復原和研究已經完全淡化，不屑一顧。

三是，與歐美流行用現代地緣社會學架空和替代史前血緣社會本來面目的「區域聚落形態」理論與方法聯繫明顯。「良渚古城」申遺之所以大獲成功，一方面確實是考古發現獨特精彩，另一方面也是中國學術與世界緊密「接軌」的回報。之所以多次免費來中國考察的外國專家，著名的科林·倫佛儒先後二次，第四屆文化遺產世界大會主席加拿大皇家學院院士魁北克大學教授露茜·莫里賽特先後三次，在見到良渚文化的城址和遺跡遺物以後，沒有一個人談到史前原始血緣社會的復原問題，也沒有一個人談到城址內外聚落與聚落組織之間的關係問題，就說明當代中外的「接軌」已達到了相互融合的層次。

顯然，現代中國考古學的發展已經到了關鍵時刻。「良渚古城」申遺成

功，既是好事，也是壞事。但願「良渚古城遺址」的成功申報能使中國考古學警醒，盲目跟著歐美「先進」理論走的確很危險，而應該重新回到先復原歷史再研究歷史的歷史唯物主義正道上來。

寫於 2019 年 7 月

質疑浙江上山文化最早年代的
認識與認識方法

　　自 2001 年浙江浦江縣上山遺址發掘並發現上山文化以來，關於它的最早年代學術界就一直有不同的認識〔註1〕。然而，浙江考古人不僅至今約 20 年來從未在科學刊物上正式發表過一篇專門論述上山文化年代問題的論文；即使唯一在《浦江上山》（以下簡稱《報告》）發掘報告中關於上山文化最早年代的簡要論述（第 272 頁，第八章《總論》第二節第三小節「上山文化的領先位置」）連圖帶字也不過約 3 千字，而且還問題很多，值得商榷。

第一，《報告》關於彭頭山文化特點的舉證全都無根無據

　　在《報告》第八章《總論》「上山文化的領先位置」（以下簡稱「領先位置」）中，作者重點討論了上山文化早於彭頭山文化的年代問題。但是，所有關於彭頭山文化特點的文字舉證除一處具體提到了「城背溪」（附件第 33 行）的遺址名以外，其餘沒有一處注明了資料原本的出處與信息來源。顯然，這樣做的目的就是方便自圓其說。

第二，自認為「彭頭山文化的年代跨越上山文化與跨湖橋文化」

　　在《報告》「領先位置」第 10 行，作者說：「彭頭山文化的年代跨越上山

〔註 1〕 張之恒：《浙江嵊州小黃山和浦江上山兩遺址在文化時代和年代再研討》，北京：《中國文物報》，2006 年 6 月 30 日，第 7 版；陳偉駒：《關於上山文化年代的討論》，南京：《東南文化》，2018 年，第 3 期；《上山文化》，360 百科，https://baike.so.com/doc/6662384-6876208.html。

文化與跨湖橋文化」。

對此，考古學界至今沒有一個人公開撰文闡述了這類觀點，完全是《報告》作者無根無據的一家之言。經查，作者自己也從未單獨發表過持有這種觀點的專門的研究文章。正因此，作者在之所以要這樣說，完全是出於一種論證策略，因為將彭頭山與皂市下層二個文化合併成一個文化，就可以利用皂市下層文化相對較晚的年代來證明彭頭山文化也出生很晚。

第三，自認為湘西北鄂西南彭頭山文化可以整體分為「四期」

在《報告》「領先位置」第 25 行，作者說：「在彭頭山文化第四期……」；在第 33 行，作者又提到了鄂西南的城背溪遺址，從而表明作者關於彭頭山文化的分布地域與時代分期都包括了湘西北與鄂西南，

這個觀點也完全是《報告》作者無根無據的一家之言，因為考古學界至今只有他一個人將湘西北鄂西南都納入彭頭山文化的範圍，並將它們同一分為早晚四期〔註2〕。然而，《報告》的作者從來沒有對彭頭山文化做過專門的研究，寫過有關的文章。之所以要在沒有任何研究基礎和根據的前提下，將湘西北鄂西南都納入彭頭山文化的範圍並統一分期，其目的與將同一地區的彭頭山和皂市下層文化混在一起是一樣的，就是希望借周邊地區城背溪文化的一些晚期因素來模糊早期彭頭山文化的真實面貌，從而達到證明彭頭山文化出生很晚的目的。

第四，自認為「彭頭山文化一期與跨湖橋文化存在銜接的關係」

在《報告》「領先位置」第 41 行，作者說：「彭頭山文化一期與跨湖橋文化存在銜接的關係」。

這個觀點也完全是《報告》作者的一家之言，因為考古學界至今沒有一個人公開撰文闡述了這種觀點。

此外，作者的這種觀點還弄巧成拙，並於自己彭頭山文化可分四期的觀點相牴牾。

作者一方面認為「彭頭山文化的年代跨越上山文化與跨湖橋文化」（「領先位置」第 10 行），一方面又認為「彭頭山文化一期與跨湖橋文化存在銜接

〔註2〕尹檢順：《彭頭山文化的編年及其聚落特徵》，《華南及東南亞地區史前考古》，北京：文物出版社，2000 年。

的關係」，即彭頭山文化早期與跨湖橋年代接近。

然而，作者同時一方面認為「彭頭山文化早期與上山文化中晚期有一定的聯繫」(「領先位置」第 38 行)；另一方面又認為「跨湖橋文化的早期相當於彭頭山文化的晚期」(「領先位置」第 25、26 行)。

在這裡，作者的思維與論證完全是自我矛盾自我否定。

既然「彭頭山文化早期與上山文化中晚期有一定的聯繫」，那與跨湖橋文化早期相當的就應該是彭頭山文化的二、三期，而不應該是彭頭山文化的晚期即第四期。否則，就意味著上山與跨湖橋是二個時代並不相接的文化，中間還有一大段空白。於是，彭頭山文化就被神化了，變成了不老翁，連跨浙江浦陽江流域三個文化時期。

顯然，這種結論的邏輯不僅很不合理，也顯示了作者的論述矛盾百出。

第五，《報告》圖表 43 的器物圖將大量彭頭山文化晚期的器物當作彭頭山文化早期的因素。

為了證明上山文化的起始年代早於彭頭山文化，《報告》特意在「領先位置」製作了表 43（圖 1），以此證明其論述都是對的都是有根有據的。

然而，在表中作者卻故意將先後差距近 2 千年的屬於城背溪文化和皂市下層文化的器物，都當作了彭頭山文化早期的器物。

圖 1：《浦江上山》表 43 掃描圖

表43 上山、彭头山和跨湖桥陶器对比简表

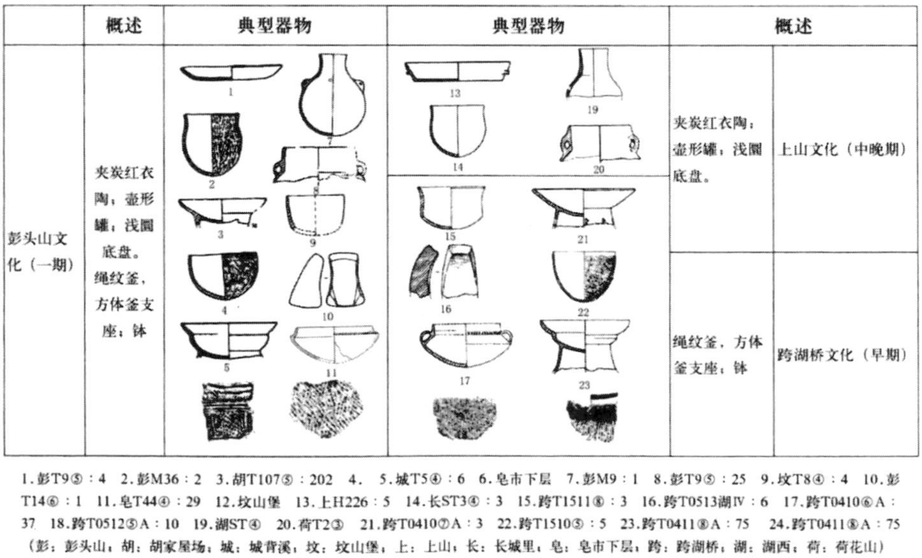

	概述	典型器物	典型器物	概述	
彭头山文化（一期）	夹炭红衣陶，壶形罐，浅圜底盘。绳纹釜，方体釜支座，钵	1–11	13, 14, 19, 20	夹炭红衣陶，壶形罐，浅圜底盘。	上山文化（中晚期）
			15, 16, 17, 21, 22, 23	绳纹釜，方体釜支座，钵	跨湖桥文化（早期）

1. 彭T9⑤：4　2. 彭M36：2　3. 胡T107⑤：202　4.　5. 城T5④：6　6. 皂市下层　7. 彭M9：1　8. 彭T9⑤：25　9. 坟T8④：4　10. 彭T14⑥：1　11. 皂T44④：29　12. 坟山堡　13. 上H226：5　14. 长ST3④：3　15. 跨T1511⑧：3　16. 跨T0513湖Ⅳ：6　17. 跨T0410⑥A：37　18. 跨T0512⑤A：10　19. 湖ST④　20. 荷T2③　21. 跨T0410⑦A：3　22. 跨T1510⑤：5　23. 跨T0411⑧A：75　24. 跨T0411⑧A：75

（彭：彭头山；胡：胡家屋场；城：城背溪；坟：坟山堡；上：上山；长：长城里；皂：皂市下层；跨：跨湖桥；湖：湖西；荷：荷花山）

其一，將年代相當彭頭山文化晚期的湖北宜都城背溪所出圈足碗（表43，5）當作了彭頭山文化早期的器物。

其二，將距今約7千年前後屬於皂市下層文化晚期的器物，即湖南臨澧胡家屋場所出圈足盤（表43，3）、石門皂市下層所出折腹圜底缽（表43，11）和紋飾陶片（表43，6）、岳陽墳山堡所出紋飾陶片（表43，12）等都歸屬於「彭頭山文化一期」。

其三，在表43「彭頭山文化（一期）」總共20件陶器標本中，明顯屬於城背溪文化、皂市下層文化等晚期文化的因素竟然高達45%以上，表43，3、5、8、11、13、17、20、21、23等9件器物皆屬這二種晚期文化。

難道將彭頭山文化與城背溪、皂市下層文化相區別就很困難嗎？難道同一文化所有早中晚期的器物都可以視為這個文化早期的器物嗎？

顯然，作者之所以要這樣做，目的一方面就是故意要將彭頭山、城背溪與皂市下層三個文化都合併成一個晚期文化，另一方面就是故意要延後和攪渾彭頭山文化早期的年代與文化內涵。然而，這樣做的結果卻適得其反，完全攪亂了作者自己的論證邏輯，一方面致使彭頭山文化一期的內涵全部包含了彭頭山、城背溪與皂市下層三個文化，另一方面還導致整個彭頭山文化已沒有分四期的必要了，「跨湖橋文化的早期相當於彭頭山文化的晚期」（「領先位置」第25、26行）的說法也不攻自破了。

第六，自認為「彭頭山文化夾炭陶的比例較小」

在《報告》「領先位置」第16行，作者說：「彭頭山文化夾炭陶的比例較小」。

這個觀點也完全是《報告》作者的一家之言，沒有任何根據；因為至今在所有彭頭山文化遺址發掘報告中沒有一個說「夾炭陶的比例較小」。與此同時，《報告》「領先位置」的作者也沒有提供擁有這一特點的遺址和發掘者。

顯然，這裡存在明顯的作偽現象。

第七，自認為彭頭山文化的「缽形釜」是「跨湖橋文化的流行器種」

在《報告》「領先位置」第24行，作者說：彭頭山文化「有一種缽形釜，卻是跨湖橋文化的流行器種」。

這個觀點也完全是《報告》作者無根無據的說法，因為學術界至今沒有一個人有這種看法，而且《報告》作者既沒有公布「缽形釜」的器物圖，也沒

有說明這種釜出自哪一期的哪一個地點，以及二者在那裡相似。

顯然，《報告》「領先位置」的作者之所以要這樣做，目的完全就是要捏造事實混淆視聽以假亂真。

第八，自認為「彭頭山文化第四期」的「繩紋陶釜的盤口折沿特徵，在跨湖橋文化中大量出現」

在《報告》「領先位置」第 25 行，作者說：「在彭頭山文化的第四期，繩紋陶釜的盤口折沿的特徵，在跨湖橋文化中大量出現」。

這個觀點也完全是《報告》作者的一派胡言，因為「繩紋陶釜的盤口折沿特徵」實際上是晚期皂市下層文化的流行特徵。對此，國內就沒有一個學者認為擁有繩紋盤口釜的文化年代就屬於「彭頭山文化第四期」，就是「跨湖橋文化早期相當彭頭山晚期」的證據。此外，這一說法與《報告》作者自己的「彭頭山文化一期與跨湖橋文化存在銜接的關係」的說法相矛盾（第 41 行）。

第九，自認為「截面呈方形的支座」、方格拍印紋、網格刻畫紋、戳點紋都證明「彭頭山文化早期與上山文化的中晚期有一定的聯繫」，「年代也可定在同一階段」

在《報告》「領先位置」第 29 行，作者說：「彭頭山文化方格拍印紋、網格刻畫紋、戳點紋均見於跨湖橋文化……反映了跨湖橋文化與彭頭山文化的相似性特徵」。

這個觀點也完全是《報告》作者的一派胡言。一，國內至今沒有一個學者有類似認識和論述；二，《報告》作者也沒有提供一張圖來說明各種紋飾的外形，尤其是「方格拍印紋」，更是不知其所云為何物；三，彭頭山文化從始至終，即使包括城背溪與皂市下層文化，也從未發現過「方格拍印紋」；四，《報告》作者的認識邏輯也很偏頗，自以為凡是相似的因素就只有橫向關係並證明它們是「同一階段」，但實際上相似因素也可以證明它們之間有早晚關係。對此，作者並沒有說清楚如此取捨的原因。

第十，自認為「城背溪遺址中的圈足盤、淺腹圜底缽、雙腹圈足器，與跨湖橋文化同類器接近」，於是就有助於「證明彭頭山文化早期與上山文化的中晚期有一定的聯繫」

在《報告》「領先位置」第 36、37 行，作者說：「比較而言，城背溪遺址

中的圈足盤、淺腹圜底缽、雙腹圈足器，與跨湖橋文化同類器更為接近」；第
38 行，作者又說：「以上分析，證明彭頭山文化早期與上山文化的中晚期有一
定的聯繫」。

這個觀點也完全是《報告》作者的一派胡言，一方面國內至今沒有一個
學者有類似認識和論述；另一方面論證邏輯明顯錯誤。其一，湖北城背溪遺
址的年代實際屬於彭頭山文化晚期〔註 3〕，但《報告》作者卻將其用以證明
「彭頭山文化早期」。其二，相似的因素既可以證明雙方可能同時，也可以證
明雙方可能存在淵源關係，但作者並未給出選擇原因的說明。其三，有意將
彭頭山文化晚期的遺物用以「證明彭頭山文化早期與上山文化的」聯繫。

值得注意的是，概括以上分析不難發現《報告》「領先位置」的論述存在
五大明顯問題。

其一，惘顧學術界的已有共識。

其二，有意將彭頭山、城背溪、皂市下層三個有早晚關係的文化混為一
體。

其三，竭力迴避與彭頭山文化早期彭頭山遺址特點的比較。

其四，對有關論述既不提供文獻證據，也不提供圖像證據。

其五，隨意編造證據顛倒黑白。

顯然，《報告》的論證方法與具體的認識和結論既不規範、正統、實在、
科學，還導致有關的認識和結論錯上加錯，並充分說明上山文化的最早年代
早於彭頭山文化的認識目前還不成立，還有待更多的發掘、發現和繼續探討。

結束語

現代田野考古學之所以成為科學就因為它擁有考古地層學與器物類型學
二大方法論基礎。至於碳十四測年法的結果，只能作為考古學遺跡遺物絕對
年代認識的一種參考，不能作為考古學遺跡遺物相對年代認識的主要依據，
尤其是田野考古工作者更應該明白這個道理，切忌為了個人的私利不顧器物
類型學的事實竭盡全力向碳十四年代數據靠攏。

最近 20 年來，中國考古學的碳十四數據擁有越來越早的趨勢，例如與湖

〔註 3〕裴安平：《彭頭山文化初論》，《長江中游史前文化暨第二屆亞洲文明學術討論
　　　　會論文集》，長沙：嶽麓書社，1996 年；裴安平《湘北洞庭湖地區新石器文化
　　　　序列的再研究》，《中國考古學的跨世紀反思》，北京：商務印書館，1999 年。

南石門皂市文化基本同時並「有許多驚人相似之處」的跨湖橋文化〔註4〕，碳十四測年數據〔註5〕就比皂市文化整整早了一千年。正因此，對考古學文化相對年代的認識決不能以碳十四數據為主要依據，而是要強化器物類型學的基礎研究。

寫於 2020 年 11 月

〔註4〕焦天龍：《論跨湖橋文化的來源》，《浙江省考古研究所學刊》第八輯，北京：科學出版社，2006 年。

〔註5〕劉斌：《序》，《上山文化：發現與記述》，北京：文物出版社，2016 年。

上山文化根本不是世界上最早的
稻作和彩陶文化

最近，有專家接受記者採訪，認為浙江上山文化是世界上最早的「稻作文化」和「彩陶文化」〔註1〕。但是，這並不符合歷史事實。

一、「稻作文化」與「彩陶文化」的定義不明確

（一）「稻作文化」的定義不明確

根據專家的訪談，所謂「稻作文化」有四個要點。一，要有栽培稻；二，要有同時的「農業定居聚落」；三，要有「農業社會結構的初步發展狀態」；四，要有「農耕村落文化」〔註2〕。

然而，這些要點都含義不清，似是而非，並沒有真正說清楚什麼是「稻作文化」？「稻作文化」究竟有什麼特點？

第一，「稻作」概念不清。

就考古而言，稻作不僅僅涉及有人工栽培的水稻，而且還涉及一定的規模，涉及在人類食物結構中的歷史地位和作用等問題。如果都籠而統之稱為「稻作」，都理解為只要有人工栽培的水稻就是「稻作」，那現在世界上最早的「稻作」遺存就應該是湖南道縣玉蟾岩，那裡出土稻穀的研究表明已有人

〔註1〕沈愛群：《著名考古學家嚴文明：擁有2項「世界第一」的「上山文化」有資格申遺》，杭州：浙江新聞客戶端，2020年11月12日，https://zj.zjol.com.cn/news/1561247.html。

〔註2〕馬黎等：《上山文化是世界稻作文化的起源地》，杭州：《錢江晚報》，2020年11月14日。

工栽培的痕跡〔註3〕。與此同時，浙江餘姚河姆渡早期遺存又表明，距今7千年以前雖然稻作的規模在不斷擴大，但人類的生存狀態依然是廣譜經濟，即使自稱距今1萬年以前的上山文化也不可能例外。正因此，「稻作」一詞完全沒有說清楚究竟哪一階段的「稻作」就屬於「稻作」？也沒有說清楚廣譜經濟範疇內的「稻作」為什麼也是「稻作」？更沒有說清楚為什麼上山文化的「稻作」就是世界上時代最早的「稻作」？

　　第二，「定居聚落」概念不清。

　　一般而言，定居聚落就是史前血緣社會人們以血緣為紐帶長期聚族而居的地點和場所。但是，由於自然地理條件的不同，聚落又可以分為不同的形態和類別。如上山遺址就屬於「露天」聚落，而湖南道縣玉蟾岩就屬於非露天的「洞穴」聚落。值得注意的是，上山文化和玉蟾岩文化都具有相似的聚落群聚形態（圖1），即同一血緣組織的成員相互近距離相聚成群〔註4〕。這種共性說明「露天」遺址與洞穴遺址只是居住的形式與規模不同，本質上都是人類血緣族體聚族而居的地點和場所。因此，既有稻作「農業」又有「定居聚落」的最早地點就不應該是上山文化，而是玉蟾岩文化。

圖1：湖南道縣玉蟾岩和浙江浦江上山遺址所在文化聚落群聚示意圖

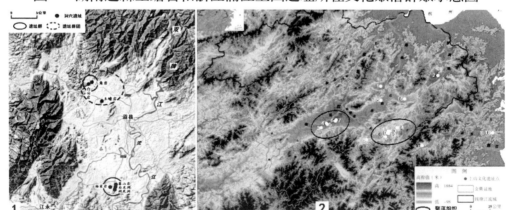

1引自：國家文物局《中國文物地圖集・湖南分冊》）；2引自：浙江省文物考古研究所《上山文化：發現與記述》

〔註3〕張文緒：《湖南道縣玉蟾岩故栽培稻的初步研究》，北京：《作物學報》，1998年，第4期。

〔註4〕裴安平：《中國史前前聚落群聚形態研究》，北京：中華書局，2014年，第351頁。

第三，「農業社會結構的初步發展狀態」概念不清。

截止目前為止，全世界的考古學也沒有搞清楚史前「農業社會結構」及其「初步發展狀態」有什麼特點，以及有關的認識標準。

一般而言，人類就根本沒有單純的「農業社會結構」，因為農業只是經濟基礎不能成為社會結構的基礎和根據。史前是血緣社會，只有血緣才是人類社會結構的基礎。歷史時期，是地緣社會，只有地緣才是人類社會結構的基礎。此外，史前中期晚段，聚落之間出現了等級分化，有的高等級聚落擁有了防禦功能明顯的圍溝，如義烏橋頭遺址所出，但這並不是「農業社會」的特徵，也不是「農業社會結構」與「初步發展狀態」的特徵，而是文明起源的特徵〔註5〕。

第四，「農耕村落文化」概念不清。

由於史前只有以血緣為紐帶聚族而居的聚落，所以史前就根本沒有「村落」，尤其是距今萬年以前人們更不知道村落為何物。實際上，村落是歷史時期地緣社會人類的居住單位，它的最大特點就是居住點與場所的居民之間沒有任何血緣隔閡與界限。因此，史前就根本不可能有「農耕村落文化」。

顯然，將上山文化美譽為世界上最早的「稻作文化」，美譽為「遠古中華第一村」不僅概念嚴謹不夠，含糊不清，也不符合歷史事實。

（二）「彩陶文化」的定義不明確

根據專家的訪談，所謂「彩陶文化」就是陶器表面有燒製而成的彩繪圖案的文化。然而，這一概念與「稻作文化」一樣，定義含糊不清，似是而非。

第一，有彩的陶器應該都是廣義的彩陶。

陶器之所以稱為「彩陶」，廣義而言就因為外表有礦物質顏料的塗層，並起到美化陶器的作用。其中，有的是陶器燒製之前塗的或繪的，有的是之後塗的或繪的。因此，擁有燒製之前塗的陶衣的陶器也應屬於廣義「彩陶」大家族中的一個成員。

第二，彩陶的本身也有不同特點的發展階段。

中國的考古證明，最早的陶器表面並沒有彩，所以彩陶的第一階段就是以陶衣為代表的階段，第二階段才是以繪製各種圖案為代表的階段。因此，

〔註5〕裴安平：《中國的家庭、私有制、文明、國家和城市起源》，上海：上海古籍出版社，2019年，第345頁。

不能也不應該將流行彩色陶衣的階段排除在「彩陶」以外。

第三，新石器早期的標準是什麼？

有專家認為義烏橋頭遺址屬於新石器時代早期遺址，所以發現的繪製了圖案的彩陶也是世界上最早的。然而，這完全與全世界考古發現的事實不符，因為，義烏橋頭既不是新石器時代早期遺址，而且全世界也沒有一個地點發現了新石器早期繪製了圖案的彩陶；即使是距今 8 千年左右及以前中國新石器時代中期的北方興隆窪文化、黃河中游的裴里崗文化、長江中游的彭頭山文化早中期也沒有一個發現了繪製圖案的「彩陶」。

顯然，將繪製了圖案的彩陶與新石器時代早期聯繫起來既不符合歷史事實，也不符合歷史發展的一般規律。

二、上山遺址根本不比彭頭山遺址早

自 2001 年浙江浦陽江流域浦江縣發掘並發現上山遺址和上山文化以來，關於它的最早年代問題就一直引起了學術界的高度關注〔註6〕。為此，很有必要實事求是地再考察一下上山文化最早的真實年代。

由於浙江和湖南的考古都分別將上山文化與彭頭山文化分為了早、中、晚三期，並將彭頭山、上山遺址各自作為了早期的代表〔註7〕，所以這裡的討論主要就限於這二個最能反映各自時代特點的遺址的陶器比較。

（一）相似的因素

能體現雙方時代特點的相似因素主要有三個方面。

1. 製作技術

兩者陶器的製作技術都很簡單原始，手製泥片貼塑法為主，根本不見泥條盤築與輪製的痕跡。器物造型一般都很不規整，燒製的火候也低。由於都沒有發現陶窯，露天堆燒的可能性較大，所以器物外表顏色多不統一。

〔註 6〕張之恒：《浙江嵊州小黃山和浦江上山兩遺址的文化時代和年代再研討》，北京：《中國文物報》，2006 年 6 月 30 日，第 7 版；陳偉駒：《關於上山文化年代的討論》，南京：《東南文化》，2018 年，第 3 期。

〔註 7〕裴安平：《彭頭山文化初論》，《長江中游史前文化暨第二屆亞洲文明學術討論會論文集》，長沙：嶽麓書社，1996 年；裴安平：《湘北洞庭湖地區新石器文化序列的再研究》，《中國考古學的跨世紀反思》，北京：商務印書館，1999 年；蔣樂平：《綜述》，《上山文化：發現與記述》，北京：文物出版社 2016 年。

2. 陶色與陶胎

兩者陶器的陶胎都因夾稻殼等物悶燒滲碳而多呈黑色。又為了掩蓋和抹平胎內摻雜物導致的凹凸不平，胎外表面還有一層純淨的細泥質覆蓋層。此外，在胎外覆蓋層的外表，即器物的表面，很多都可見較厚的礦物質顏料的紅陶衣。

3. 陶器組合

兩者陶器的器物造型與種類總體上都相對簡單。上山主要是盆（圖2，10、11），以及雙耳罐、圈足器等（圖2，12～15）；彭頭山主要是各種圓底罐、雙耳罐、盆、盤與支座等（圖2，1～9）。此外，雙方都有少量帶小短足的器物。

（二）有區別的因素

能體現雙方時代特點並有區別的因素主要有六個方面。

1. 器物造型

彭頭山除了支座以外，以圓底器為主（圖2，1～8），沒有圈足器，平底器很少；器物個體較大，腹部較深。但上山流行平底器，還有較多的圈足器（圖2，10～15）。除平底盆以外，相對彭頭山，其他器物的個體都偏小，腹偏淺，很少深腹器。

2. 胎壁

彭頭山陶器胎壁很厚，常見0.8～1釐米厚的，尤其是罐底還多見2～3釐米厚的個體。但上山陶器胎壁上下比較均勻，不僅較薄，一般厚 0.6 釐米以下，還極少器底厚2～3釐米的個體。

3. 紋飾

彭頭山器物由於胎壁較厚並摻雜了較多稻殼，所以需要對器物表面用繩紋陶拍拍打加固，故器表流行交錯拍打的繩紋，但膠股不清晰，多長條狀。但上山完全不同，以素面為主。

4. 器物口沿

彭頭山各種罐類器物口腹分界不明顯，也基本上沒有明顯獨立的口沿；但上山的同類器不僅口腹分界明顯，還有明顯獨立的口沿部，並有卷沿、折沿、平沿三類（圖2，16～18）。

5. 雙耳罐

彭頭山的雙耳罐器耳全部都位於頸腹之間或肩部（圖2，1），但上山的器

耳則大部與口部相接（圖2，14、15）。由於器物厚重製作方法原始，彭頭山器耳的製作方法多見透壁式，即穿透器壁將耳根固定在器物內壁上；但上山的製作方法先進，清一色附在器物表面。

6. 無耳罐

彭頭山無耳罐基本上口沿與腹部都沒有明顯的分界，大部略顯外卷（圖2，2～6）；但上山口腹區別明顯，口沿獨立成器物的一個組成部分，並有卷沿、折沿、平沿三種（圖2，16～18）。

圖2：彭頭山遺址與上山遺址出土器物比較圖

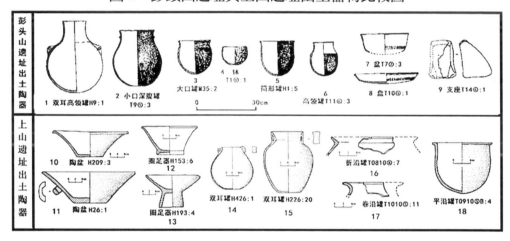

彭頭山遺址陶器引自：湖南省文物考古研究所：《湖南澧具彭頭山新食器時代早期遺址發掘簡報》，《文物》1990年第8期；上山遺址陶器引自：浙江省文物考古研究所等《浦江上山》，文物出版社2016年

（三）陶器相似與區別因素的意義

由於彭頭山、上山文化無論地理位置還是文化傳統大體都屬於南方系統，所以根據湖南道縣玉蟾岩、廣西桂林大岩、甑皮岩所出距今萬年以前的陶器特點，以及中國各地距今萬年以後陶器的特點及其演變規律，可見彭頭山與上山遺址陶器特點的相似和區別最重要的意義就在於證明了二個遺址和它們所代表文化的最早年代，雖然比較接近，但彭頭山更早。

其中，二者的相似性說明，尤其是大量夾稻殼的夾碳陶說明二者不僅都屬於長江中下游及其以南地區的文化系統，還說明二者的年代差距不太大，比較接近。

但是，二者的區別則說明上山擁有更多的先進特點，如器物個體較小，

少見深腹器，器壁較薄上下等厚，流行平底，多見圈足器，口沿獨立明顯，器耳多見於口部、器表流行素面等。這些先進因素，也多見於更晚期的文化遺存，如皂市下層文化〔註8〕和跨湖橋文化〔註9〕。因此，它們充分說明上山文化的起始年代明顯晚於彭頭山文化。

三、橋頭遺址根本不比城背溪遺址早

湖北宜都城背溪遺址，年代屬彭頭山文化晚期，還出土了紅白二色彩陶器。

關於它與浙江義烏橋頭遺址的早晚關係，實際上在證明了上山遺址晚於彭頭山遺址之後，橋頭遺址就根本不可能早於城背溪以南區 T6、T7③層為代表的遺址早期。因為，橋頭遺址屬於上山文化中、晚期，最早也只可能與城背溪同時。

然而，有專家卻認為橋頭遺址不僅比城背溪早，而且還是新石器時代早期的遺址，並擁有世界上最早的彩陶文化。對此，只要簡單地對比城背溪與橋頭各自出土的陶器，即可看出誰早誰晚。

之所以要簡單對比，主要因為 2014 年橋頭遺址正式發掘以來尚未正式發表發掘簡報。

1. 陶質

城背溪遺址 T6、T7 陶器「陶質疏鬆，火候較低，胎內多屢碳、屢砂」（《城背溪》第 41 頁）；但橋頭以及同時期的永康湖西遺址，陶器不再流行屢碳了，胎壁只有少數略顯灰色（《上山文化：發現與記述》以下簡稱（上山）第 112 頁）。

2. 陶色

由圖 3 明顯可見，城背溪 T6、T7 陶器外表雜色斑駁的較多，如圖 3，7、11～13；但橋頭所出不僅顏色器物上下較為統一，而且還顯示外表的紅陶衣色澤比較鮮豔（圖 3，3～32）。

3. 紋飾

城背溪遺址 T6、T7 陶器器表「主要紋飾為繩紋」（《城背溪》第 41 頁）；但橋頭主要是素面（圖 3，20～46）。

〔註8〕湖南省文物考古研究所：《湖南臨澧縣胡家屋場新石器時代遺址》，北京：《考古學報》，1993 年，第 2 期。

〔註9〕浙江省文物考古研究所等：《跨湖橋》，北京：文物出版社，2004 年。

圖 3：湖北宜都城背溪 T6、T7 與浙江義烏橋頭遺址出土陶器比較圖

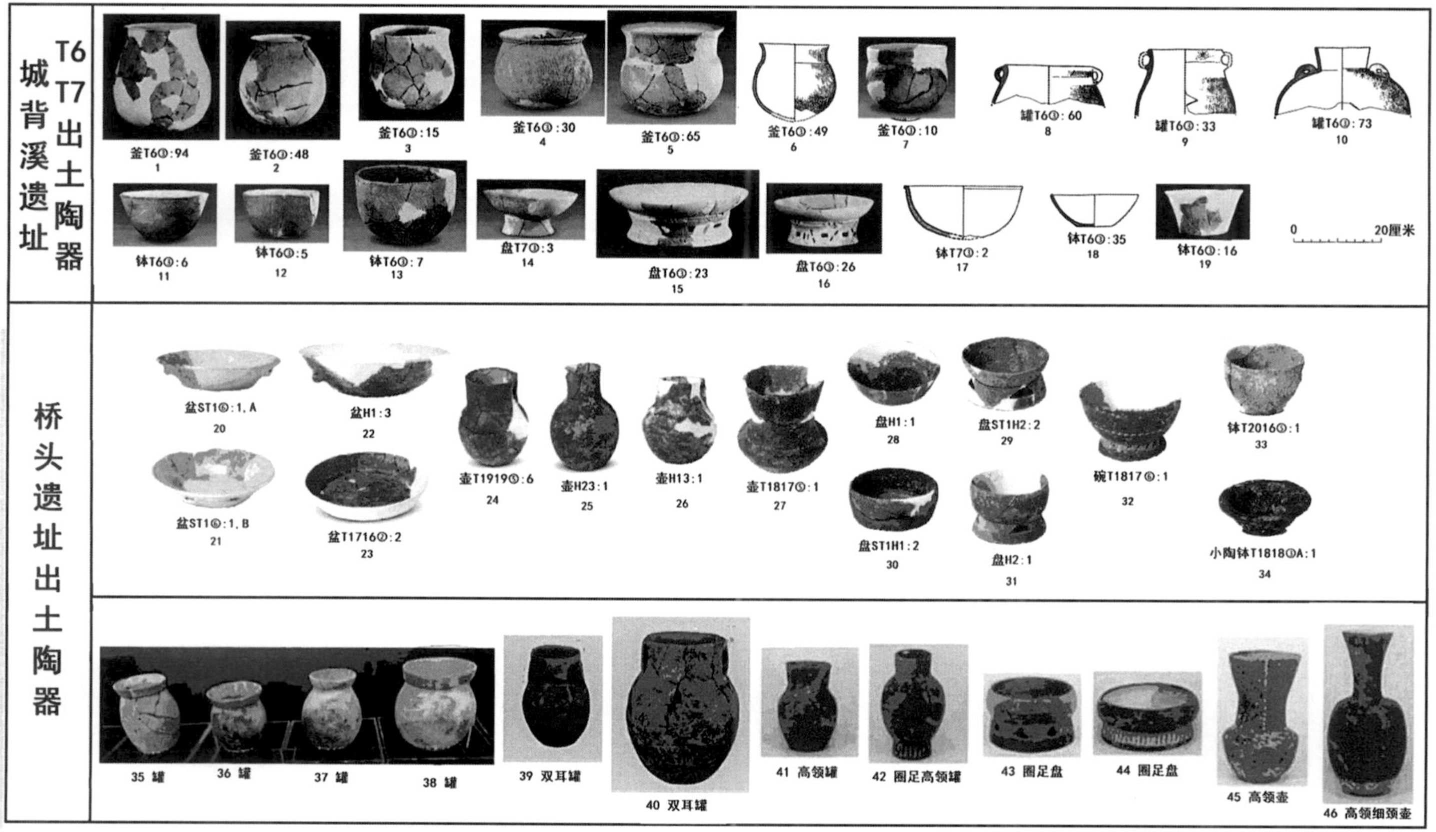

1～19 引自：湖北省文物考古研究所《宜都城背溪》；20～34 引自：浙江省文物考古研究所《上山文化：發現與記述》；

35～46 引自：不同的網頁

4. 製法

城背溪遺址 T6、T7 陶器「裏層顏色深、淺不同，多呈炭黑色，並有雙層或三層相疊現象，是用泥片貼築成型的痕跡。個別器物的頸、口部出現泥條盤築現象」(《城背溪》第 41 頁)；但橋頭的器物外形規整，還出現了細頸高領壺（圖 3，45、46），顯示泥條盤築法已經開始普及。

5. 器型

（1）外形規整度

城背溪「許多器物表面不平整，整個器形歪斜不正」(《城背溪》第 41 頁)；但橋頭的器物外形明顯規整，左右對稱。

（2）釜罐類口沿和器底

城背溪 T6、T7 陶器中的釜、罐類，口沿明顯以卷沿為主，個別的類似卷折沿（圖 3，4）；但橋頭的罐不僅以折沿為主，還顯示沿面已出現內凹（圖 3，35～38）。

此外，城背溪「大部分陶器為圓圜底，底部陶胎較厚」(《城背溪》第 41 頁)；但橋頭與同時的永康湖西遺址不僅都未見此類報導，而且還以平底器為主。

（3）圈足盤的盤形

城背溪的圈足盤所有盤的外形都是侈口斜弧形的鍋底狀（圖 3，14～16）；但橋頭則多見各地早期都不見的斂口圓弧形器壁深腹盤（圖 3，30、31、43、44）。

（4）新出現高領細頸壺

橋頭遺址出現了高領細頸壺（圖 3，45、46），它不僅說明製陶術的進步，泥條盤築法技術的掌握已十分嫻熟，還說明只有基於這種技術才有可能新出現不同的新的器型和器類。

顯然，簡單的比較不難發現，橋頭遺址的陶器無論從哪個方面都比湖北城背溪 T6、T7③層要晚。

值得注意的是，除了陶器的特點以外橋頭遺址的聚落形態也是一種時代較晚的形態。因為長江中下游的考古發現表明，橋頭遺址發現的圍溝屬於第二代圍溝。

之所以稱為圍溝，第一，因為它的規模相對濠溝而言還比較小；第二，開口高度與聚落居住面持平；第三，無長年積水。其中，湖南澧縣八十壋遺

址所見彭頭山文化的圍溝即為第一代圍溝，寬約 5 米，深不足 1 米，開口就位於居住區邊上，海拔高度也相等，無長年積水，也基本沒有防禦功能；湖南臨澧縣胡家屋場皂市下層文化圍溝屬第二代圍溝，防禦功能增加，寬 10 米有餘，深 1.2 米，但仍無長年積水。橋頭遺址的圍溝就屬於第二代圍溝，規模雖比第一代大，寬 10 至 15 米，深 1.5 至 2 米；但 T1721 溝底發現的灰坑（H87），說明它與八十壋圍溝底部有墓葬一樣都顯示沒有長年積水。

還值得注意的是，城背溪 T6③也發現了彩陶，T6③：104，為圈足，「圈足上下邊沿各塗一周紅彩（紅彩泥漿），呈寬帶形；圈足中部為白色」（《城背溪》第 58 頁）；T6③：110，「塗灰白陶衣」（《城背溪》第 58 頁）。毫無疑問，城背溪至少有紅白二種彩，並已開始配合使用。正因此，種種跡象表明義烏橋頭遺址既不是新石器時代早期的遺址，也不是擁有世界上最早「彩陶文化」的遺址。

四、上山文化的類型學基礎研究問題很多

自 2001 年浙江浦江縣上山遺址發掘並發現上山文化以來，浙江考古人不僅至今約 20 年來從未在科學刊物上正式發表過一篇專門論述上山文化年代問題的類型學論文；即使唯一在 2016 年《浦江上山》發掘報告第 272 頁第八章第二節第三小節「上山文化的領先位置」中有關於上山文化最早年代的簡要論述（以下簡稱「領先位置」）連圖帶字也不過約 3 千字，而且還問題很多。

第一，《報告》關於彭頭山文化特點的舉證全都無根無據

在《報告》第八章《總論》的「上山文化的領先位置」中，作者重點討論了上山文化早於彭頭山文化的年代問題。但是，所有關於彭頭山文化特點的文字舉證除一處具體提到了「城背溪」（第 33 行）的遺址名以外，其餘沒有一處注明了資料原本的出處與信息來源。

第二，自認為「彭頭山文化的年代跨越上山文化與跨湖橋文化」

在「領先位置」第 10 行，作者說：「彭頭山文化的年代跨越上山文化與跨湖橋文化」。

這個觀點完全是作者的一家之言，因為截至目前為止，考古學界沒有一個人公開撰文闡述了這類觀點與認識。與此同時，「領先位置」作者既沒有提供持有這種觀點的文章出處和學者名單，自己也從未單獨發表過持有這種觀點的專門的研究文章。作者在「領先位置」中之所以要這樣說，主要就是為

利用晚期皂市下層文化的資料來證明早期彭頭山文化出生很晚。

第三，自認為湘西北鄂西南彭頭山文化可以整體分為「四期」

在「領先位置」第 25 行，作者說：「在彭頭山文化第四期……」；在第 33 行，作者又提到了鄂西南的城背溪遺址，從而表明作者關於彭頭山文化的分布地域與時代分期都包括了湘西北與鄂西南，這個觀點也完全是「領先位置」作者的一家之言，因為截至目前為止，考古學界只有一個人將湘西北的彭頭山文化分為了四期，還沒有人同時將湘西北鄂西南都納入彭頭山文化的範圍並一起分為四期。「領先位置」的作者從來沒有對彭頭山文化做過專門的研究，寫過有關的文章。之所以要在沒有任何說明的前提下，將湘西北鄂西南都納入彭頭山文化的範圍並統一分期，原因一方面是要將同一地區和鄰近地區與彭頭山與皂市下層二個文化同時的遺存都合併成一個文化，另一方面就是可以借更多晚期遺存來證明彭頭山出生很晚，如第 33 行城背溪資料的運用即如此。

第四，自認為「彭頭山文化一期與跨湖橋文化存在銜接的關係」

在「領先位置」第 41 行，作者說：「彭頭山文化一期與跨湖橋文化存在銜接的關係」。這個觀點也完全是作者的一家之言。不僅考古學界沒有一個人公開撰文闡述了這類觀點與認識，而且也與作者自己彭頭山文化可分四期（第 25 行）的觀點相牴觸。因為作者的總體想法是「彭頭山文化的年代跨越上山文化與跨湖橋文化」（第 10 行），可是作者又說「跨湖橋文化的早期相當於彭頭山文化的晚期」（第 25、26 行），只有「彭頭山文化早期與上山文化中晚期有一定的聯繫」（第 38 行）。於是，上山與跨湖橋就成了二個時代並不相接的文化，因為按《報告》作者的說法，彭頭山文化二、三期的存在就表明，在上山與跨湖橋二個文化之間還存在一個人們尚未發現的巨大的歷史空白期和缺口，且時長至少相當於一個獨立的文化時期。於是，彭頭山文化神了，變成了不老翁，連跨浙江浦陽江流域三個文化時期。顯然，這種結論的邏輯很不合理。

第五，「領先位置」圖表 43 的器物圖將大量晚期文化的器物當作彭頭山文化早期的因素

為了證明上山文化的起始年代早於彭頭山文化，上山遺址的發掘者賦予了「領先位置」表 43 特別的作用，並將先後差距近 2 千年屬於皂市下層文化

晚期的器物，都當作了彭頭山文化早期的器物。在報告第 274 頁的表 43《上山、彭頭山和跨湖橋陶器對比簡表》中，作者不僅將年代相當彭頭山文化晚期的湖北宜都城背溪所出圈足碗（表 43，5）；將距今約 7 千年前後屬於皂市下層文化晚期的器物，即湖南臨澧胡家屋場所出圈足盤（表 43，3）、石門皂市下層所出折腹圜底缽（表 43，11）和紋飾陶片（表 43，6）、岳陽墳山堡所出紋飾陶片（表 43，12）等都歸屬於「彭頭山文化一期」，以致這些晚期的器物就佔了表 43「彭頭山文化（一期）」總共 12 件標本的 41.66% 以上。

之所以如此，一方面因為彭頭山與皂市下層二個文化都合併成一個文化了，另一方面就是有意延後和攪渾彭頭山文化早期的年代與文化內涵。然而，這樣做的結果適得其反，完全攪亂了作者自己的論證邏輯，一方面致使彭頭山文化一期的內涵全部包含了彭頭山與皂市下層二個文化，另一方面還導致整個彭頭山文化已沒有分四期的必要了，「跨湖橋文化的早期相當於彭頭山文化的晚期」（第 25、26 行）的說法也不攻自破了。

第六，自認為「彭頭山文化夾炭陶的比例較小」

在「領先位置」第 16 行，作者說：「彭頭山文化夾炭陶的比例較小」。

這個觀點也完全是《報告》作者的一家之言，因為截至目前為止，所有已經發掘並為學術界公認的彭頭山文化遺址，沒有一個在已發表的發掘簡報和報告中認為「夾炭陶的比例較小」。與此同時，《報告》作者也沒有提供擁有這一特點的遺址和代表。在這裡，作者實際上是在用皂市下層文化的特點來代替彭頭山文化的特點。

第七，自認為彭頭山文化的「缽形釜」是「跨湖橋文化的流行器種」

在「領先位置」第 24 行，作者說：彭頭山文化「有一種缽形釜，卻是跨湖橋文化的流行器種」。

這個觀點也完全是作者的一家之言，因為作者既沒有公布彭頭山文化「缽形釜」的器物圖，也沒有說明這種釜與跨湖橋哪一期的「缽形釜」相似。

第八，自認為「彭頭山文化第四期」的「繩紋陶釜的盤口折沿特徵，在跨湖橋文化中大量出現」

在「領先位置」第 25 行，作者說：「在彭頭山文化的第四期，繩紋陶釜的盤口折沿的特徵，在跨湖橋文化中大量出現」。

這個觀點也完全是「領先位置」作者的一家之言，因為國內沒有一個學

者認為擁有繩紋盤口釜就屬於湘西北鄂西南大「彭頭山文化第四期」，就是「跨湖橋文化早期相當彭頭山晚期」的證據。此外，這一說法也不支持《報告》作者自己的「彭頭山文化一期與跨湖橋文化存在銜接的關係」（第 41 行）的說法。

第九，自認為「截面呈方形的支座」、方格拍印紋、網格刻畫紋、戳點紋都證明「彭頭山文化早期與上山文化的中晚期有一定的聯繫」，「年代也可定在同一階段」

在「領先位置」第 29 行，作者說：「彭頭山文化方格拍印紋、網格刻畫紋、戳點紋均見於跨湖橋文化……反映了跨湖橋文化與彭頭山文化的相似性特徵」。

這個觀點也完全是「領先位置」作者的一家之言，一方面國內沒有一個學者有類似認識和論述；另一方面作者也沒有提供一張圖來說明各種紋飾的外形，尤其是「方格拍印紋」，更是不知其所云為何物；再一方面作者的認識邏輯也很偏頗，自以為凡是相似的因素就只有橫向關係並證明它們是「同一階段」，但實際上相似因素也可以證明它們之間有早晚關係。對此，作者並沒有說清楚如此取捨的理由和原因。

第十，自認為「城背溪遺址中的圈足盤、淺腹圓底缽、雙腹圈足器，與跨湖橋文化同類器接近」，於是就有助於「證明彭頭山文化早期與上山文化的中晚期有一定的聯繫」。

在「領先位置」第 36、37 行，作者說：「比較而言，城背溪遺址中的圈足盤、淺腹圓底缽、雙腹圈足器，與跨湖橋文化同類器更為接近」。在第 38 行，作者又說：「以上分析，證明彭頭山文化早期與上山文化的中晚期有一定的聯繫」。

這個觀點也完全是作者的一家之言，一方面國內沒有一個學者有類似認識和論述；另一方面作者還有明顯的認識邏輯錯誤。在「領先位置」中湖北城背溪遺址一方面屬於彭頭山文化晚期，另一方面作者卻將其用以證明「彭頭山文化早期與上山文化的中晚期有一定的聯繫」。真是匪夷所思。

顯然，《報告》「領先位置」的論證與具體的認識方法和結論既不規範、正統、實在、科學，也不專業，還導致有關的認識和結論錯上加錯，並充分說明上山文化的最早年代早於彭頭山文化的認識根本就不成立，還說明是「領先位置」作者為了某種不可告人的目的在作偽和撒謊。

五、碳十四測年數據不能作為考古學文化相對年代的依據

　　現代田野考古學之所以成為科學就因為它擁有考古地層學與器物類型學二大方法論基礎和支柱。因此，無論任何時候它們都是確定遺跡遺物以及考古學文化相對年代的主要依據。至於碳十四測年法，作為一種自然科學方法在考古領域中運用，它有一個不斷發展完善的過程，因而其測試結果只能作為考古學遺跡遺物以及考古學文化絕對年代認識的一種參考，絕對不能作為考古遺跡遺物和考古學文化相對年代認識的依據。

　　值得注意的是，最近 20 年來，中國考古學的碳十四測年法出現了二個問題。

　　第一，碳十四測年法開始為古文明定「座標」〔註10〕。

　　這是一個歷史性的變化，一方面它說明碳十四測年法越來越進步，也越來越受到考古研究人員的重視；另一方面它也說明傳統類型學在遺跡遺物和考古學文化年代與早晚關係研究中的地位明顯下降了。然而，這並不是一件好事，因為類型學的研究是考古學的基礎研究，只有基礎夯實了，才有考古學的科學性。否則，考古學的科學性將不復存在。今天，之所以會出現用碳十四測年數據取代類型學研究的趨勢，正是考古學基礎研究日趨輕浮、衰退的表現。上山文化之所以被認定為世界上最早的稻作和彩陶文化，最關鍵的問題就是忽視了最基本的類型學的研究而偏信了碳十四的年代數據；發掘者之所以近 20 年來一篇認真進行該文化有關類型學問題研究的論文都沒有，即使報告「領先位置」中僅有的簡要論述無論方法和結果也都矛盾和漏洞百出，其目的就是為了向碳十四數據靠攏，肆意提升發掘成果的歷史意義。

　　第二，碳十四數據有越測越早的趨勢。

　　在這方面，北京大學文博學院的碳十四實驗室表現得比較明顯。

　　例證一：湖南皂市下層文化與浙江跨湖橋文化。

　　就器物類型學的研究而言，這二個文化「有許多驚人相似之處」，更多的顯示可能同時，因為皂市下層文化對長江下游和淮河中下游地區都有明顯的影響。然而，恰好相反，北大的碳十四測年數據跨湖橋文化比皂市文化整整

〔註10〕李禾：《碳十四等測年法為古文明定「座標」》，北京：《科技日報》，2013 年 1月 5 日，第 3 版。

早了一千多年。其中，跨湖橋文化第一期最早距今 8200～7800 年〔註11〕，皂市下層文化最早距今 7200～6920 年〔註12〕。

例證二：湖南皂市下層文化與江蘇順山集文化。

就器物類型學的研究而言，這二個文化也有許多相似之處，充分顯示可能同時，因為皂市下層的文化因素同時出現在跨湖橋文化中，顯示對長江下游和淮河中下游地區都有明顯的影響。然而，恰好相反，北大的碳十四測年數據順山集文化比皂市下層文化也整整早了一千多年，即順山集文化距今約8500～8000 年〔註13〕。

例證三：湖南彭頭山文化與浙江上山文化。

就器物類型學的研究而言，有關研究者的論述和本文的比較顯示，彭頭山文化明顯時代偏早。然而，恰好相反，北大的碳十四測年數據上山文化又比彭頭山文化整整早了一千多年。其中，彭頭山文化距今約 8385～7210，而上山文化最早第一期上限超過距今 1 萬年，下線距今約 9500 年〔註14〕。

例證四：湖北宜都城背溪與浙江義烏橋頭遺址。

就器物類型學的研究而言，城背溪南區 T6、T7③層明顯早於浙江義烏橋頭遺址。但是，城背溪 T6③獸骨測年僅為 6800±80 年，達曼表校正為 7420±110 年；而橋頭遺址中期 T1③層測年為 7985±50、8090±45，校正距今9000 多年〔註15〕，整整早了 1500 多年。

為什麼會出現這種現象呢？根據專家的論述，這主要是由於科學技術的進步發展引起的，而且還顯示隨著這種進步有關年代數據也會越來越準確可靠。然而，對於這種進步的結果，數據的使用者迫切希望數據的測試者也應該負責地給出一個老舊數據的年代校正表，從而避免類似上山文化僅片面利用最新碳十四測年數據而忽略了老舊數據應校正的問題；還可以更好地避免輕基礎研究而只重測年數據的不良學風，以及借碳十四數據抬高出土遺跡遺物歷史價值的不良時風。

〔註11〕浙江省文物考古研究所等：《跨湖橋》，北京：文物出版社，2004 年。

〔註12〕湖南省文物考古研究所：《湖南臨澧縣胡家屋場新石器時代遺址》，北京：《考古學報》，1993 年，第 2 期。

〔註13〕南京博物院等《順山集》，北京：科學出版社，2016 年。

〔註14〕蔣樂平：《綜述》，《上山文化：發現與記述》，北京：文物出版社 2016 年。

〔註15〕林森等：《浙江義烏橋頭遺址發現距今 9000 年左右上山文化環壕——臺地聚落》，https://new.qq.com/omn/20190812/20190812A0R7TN00.html。

結束語

2020 年 9 月 28 日，習近平總書記在中共中央政治局學習會上指出：要高度重視考古工作，努力建設中國特色、中國風格、中國氣派的考古學。

2020 年 11 月 12 日～14 日，來自北京大學、中國社會科學院考古研究所等國內著名大學與科研機構的 40 多名專家學者參加了浙江浦江的會議。根據會議的報導，會上沒有一個反對者和不同聲音，基本認可了浙江上山文化是世界上最早的「稻作文化」和「彩陶文化」的認識。

這難道是在踐行「中國特色、中國風格、中國氣派的考古學」嗎？

顯然，上山文化是世界上最早的「稻作文化」和「彩陶文化」的結論完全是一種不正常的現象。一方面，標誌著嚴謹的類型學研究已開始退出歷史舞臺，而碳十四測年數據已開始引領考古遺存年代學研究的新潮；另一方面，專家也開始拋棄類型學的基礎研究而倒向了碳十四測年數據；再一方面，有意抬高發掘對象的歷史價值已成為考古人謀取名利的重要途徑。

值得注意的是，上述不正常現象還顯示中國考古學距離「中國特色、中國風格、中國氣派的考古學」已越來越遠。

值得人們深思和反省！

寫於 2020 年 12 月

「河洛古國」是真的嗎？

在專家們的支持下〔註1〕，河南鞏義雙槐樹仰韶文化遺址不僅成為了古國所在地，還因此入圍了2020年度國內十大考古新發現〔註2〕。

然而，雙槐樹既不是「河洛古國」所在地，也說明學術界衡量和認定「古國」的標準出了大問題。

一

2020年5月7日，鄭州市文物考古研究院公布了雙槐樹「古國時代」遺址階段性重大考古成果。與此同時，北京大學教授、夏商周斷代工程首席科學家李伯謙，中國社會科學院學部委員、中國考古學會理事長王巍等知名專家學者也參加了發布會，並點評確認其是仰韶文化中晚期巨型聚落遺址，建議命名為「河洛古國」。

為什麼要命名為「河洛古國」呢？主要有三點理由。

第一，面積大。

是仰韶文化時期從鄭州到洛陽這一廣大地區面積規模最大的「巨型」聚落遺址，達117萬平方米。

第二，特別有內涵。

遺址發現了仰韶文化中晚階段三重大型環壕、封閉式排狀布局的大型中心居址、採用版築法夯築而成的大型連片塊狀夯土遺跡、三處經過嚴格規劃

〔註1〕蘇洤：《發現河洛古國》，廣州：《南方周末》，2020年6月4日。
〔註2〕溫小娟：《鞏義「河洛古國」考古項目入選「2020年度國內十大考古新聞」》，鄭州：《河南日報》，2020年12月31日。

的大型公共墓地、三處夯土祭祀臺遺跡等（圖1），並出土了一大批仰韶文化時期豐富的文化遺物。尤為值得注意的是，河洛古國宏大的建築規模，嚴謹有序的布局，所表現的社會發展模式和承載的思想觀念，以及古國時代的王都氣象，北斗九星與「天下第一」的關聯等禮制和文明現象，都被後世夏商周王朝文明所承襲傳承，以致中華文明的主根脈愈加清晰。此外，遺址的中心居址區可以簡單理解為貴族居住的區域，在居址區的南部，兩道370多米長的圍牆與北部內壕合圍形成了一個18000多平方米的半月形結構，尤其是圍牆東端的造型，非常特殊，被專家視為中國最早甕城的雛形。

圖1：雙槐樹遺址功能布局示意圖

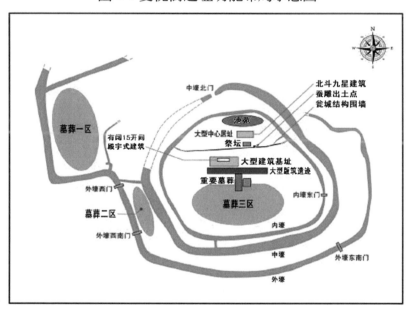

引自：《新華每日電訊》：《「河洛古國」掀起蓋頭，黃帝時代的都邑找到了？》，
　　　原圖無比例尺

第三，是區域性的中心。

這是一處經過精心選址和科學規劃的都邑性聚落遺址，周邊洛陽地區的蘇羊、土門和鄭州地區的青臺、汪溝、西山、點軍臺、大河村等仰韶文化遺址和城址（圖4，1）都對雙槐樹形成拱衛之勢〔註3〕。

正因此，雙槐樹遺址發掘的意義就在於，實證了距今5300年前後是中華

〔註3〕王丁等：《「河洛古國」掀起蓋頭，黃帝時代的都邑找到了？》，北京：《新華
　　　每日電訊》，2020年5月8日。

文明起源的黃金階段，河洛地區是當時最具代表性和影響力的文明中心。與此同時，以雙槐樹遺址為中心的仰韶文化中晚期文明，不僅是黃河文明之根，早期中華文明的胚胎；而且還是黃帝時代的都邑所在，凸顯了它在中華文明的中心地位和仰韶文化中晚期黃河流域的政治文明核心地位。

二

根據已有的考古發現，鞏義雙槐樹遺址根本不可能是「河洛古國」所在地。

（一）大遺址不是古國誕生的條件和標誌

史前完全是一個血緣社會，遍地都是血緣組織。中國史前聚落群聚形態的研究還表明，遺址就是包含有歷史遺跡遺物的地點和場所，而聚落則是血緣社會聚氏族而居的地點和場所〔註4〕。

從舊石器早期到新石器時代中期晚段距今約 8 千年，聚落遺址規模面積的發展變化主要有三個特點。

第一，雖然個別遺址也規模巨大，如安徽水陽江流域宣州陳山至今仍有數十萬平方米〔註5〕；但絕大多數都規模很小，一萬平方米以下。

第二，隨著食物主要來源方式由最初的狩獵採集變為廣譜經濟，人口也增加了，聚落遺址的面積規模也在不斷擴大。但是，由於整個社會還沒有出現地位和等級分化，所以即使是長輩母氏族所在，其規模大小與其他普通聚落成員之間也並沒有明顯區別，內蒙古赤峰林西距今約 8 千年的白音長汗興隆窪文化雙圍溝聚落遺址（圖 2，4）〔註6〕就是聚落群即部落內各成員獨立平等聚落面積接近的典型代表。

第三，由於地廣人稀社會矛盾比較平和，所以整個社會只有聚落、以聚落為單位組成的聚落群、以聚落群為單位組成的臨時性聚落群團等三種聚落組織，並分別對應民族學的氏族、部落、臨時性部落聯盟等組織形態〔註7〕。有關的研究還表明，當時聚落社會的組織原則、組織方式、組織形態都完全

〔註4〕裴安平：《中國史前聚落群聚形態研究》，北京：中華書局，2014 年。
〔註5〕房迎三：《中國的舊石器地點群》，鄭州：《華夏考古》，1993 年，第 3 期。
〔註6〕內蒙古自治區文物考古研究所：《白音長汗——新石器時代遺址發掘報告》，北京：科學出版社，2004 年。
〔註7〕裴安平：《中國史前聚落群聚形態研究》，北京：中華書局，2014 年，第 96～111 頁。

是自然的；以血緣為社會組織紐帶的現象就不僅是自然的，還是人類與生俱來的。

距今 8～5 千年，由於農業的興起，人與人之間因土地和水資源而誘發的社會矛盾開始激化；為了應對危機，文明起源了，基於實力的統一領導和管理的一體化高潮首先從聚落群開始，群內聚落遺址之間也由此出現了明顯的規模差異。

第一，聚落群的文明一體化導致內部各成員之間出現了明顯的等級地位分化和主從關係，出現了核心聚落；而且核心聚落的規模面積還歷史性地大幅超越了聚落群內的其他成員，河南新鄭唐戶裴里崗文化遺址（圖 2，1）〔註 8〕、浙江嵊州小黃山遺址〔註 9〕的核心聚落即如此。

第二，核心聚落之所以面積超群，主要有二個方面的原因。之一，在核心聚落的外圍先後出現了具有防禦功能的壕溝、濠溝，以及壕溝（濠溝）加城牆的雙重防禦體系，而且規模越來越大。湖南澧縣城頭山遺址就是這方面的典型〔註 10〕。距今 6.5 千年，湯家崗文化晚期，遺址總面積約 5 萬平方米，但實際居住面積 4 萬平方米以下（圖 2，5，I）。因為，遺址外圍出現了長年有積水的濠溝，口寬約 15 米，整體所佔面積約 1.1 萬平方米，近遺址總面積的 1/5。距今 6 千年，遺址變成了城址，整體約 8 萬平方米（圖 2，5，II）。其中，城濠寬約 15 米，牆體寬約 9 米，二者佔地面積共約 2 萬平方米，近遺址總面積的 1/4。之二，聚落居住區範圍內新出現了一些前所未有的大型公共設施，如浙江義烏橋頭壕溝聚落就在遺址中部發現了原始面積近 1600 平方米的「中心臺地」〔註 11〕；湖南澧縣城頭山在大溪文化城址東部也發現了當時的祭壇〔註 12〕。

〔註 8〕河南省文物管理局南水北調文物保護辦公室等：《河南新鄭市唐戶遺址裴李崗文化遺存發掘簡報》，北京：《考古》，2008 年，第 5 期；鄭州市文物考古研究院等：《河南新鄭市唐戶遺址裴李崗文化遺存 2007 年發掘簡報》，北京：《考古》2010 年，第 5 期。

〔註 9〕王海明：《專家論證嵊州小黃山遺址》，北京：《中國文物報》，2006 年 1 月 11 日；王海明：《嵊州小黃山遺址發掘取得重大收穫》，杭州：浙江文化信息網，2005 年 8 月 5 日；張恒等：《「小黃山」萬年古文明的見證》，浙江嵊州：嵊州新聞網，2011 年 4 月 25 日。

〔註 10〕湖南省文物考古研究所：《澧縣城頭山》，北京：文物出版社，2007 年。

〔註 11〕孫瀚龍：《我們在橋頭遠望——義烏橋頭遺址發掘記》，北京：中國考古網，2020 年 4 月 13 日。

〔註 12〕湖南省文物考古研究所：《澧縣城頭山》，北京：文物出版社，2007 年。

第三，無論是壕溝、濠溝遺址和城址，內部都只有一個聚落居住；因為一體化聚落群只有一級核心，即核心聚落；所以規模普遍較晚期小，距今5千年以前所有的城址連溝帶牆都不超過8萬平方米。

圖2：有關聚落遺址平面圖

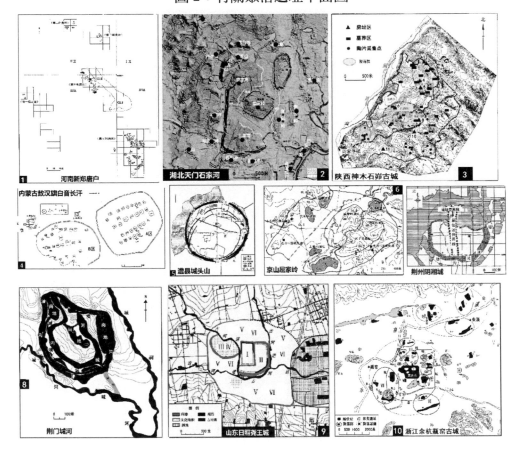

1 引自：鄭州市文物考古研究院等《河南新鄭市唐戶遺址裴李崗文化遺存 2007 年發掘簡報》；2 引自：湖北省文物考古研究所《大洪山南麓史前聚落調查——以石家河為中心》；3 引自：陝西省考古研究院《發現石峁古城》；4 引自：內蒙古自治區文物考古研究所《白音長汗——新石器時代遺址發掘報告》；5 引自：湖南省文物考古研究所《澧縣城頭山》；6 引自：湖北省文物考古研究所等《湖北京山屈家嶺遺址群 2007 年調查簡報》；7 引自：〔日本〕岡村秀典等《湖北陰湘城研究》；8 引自：湖北省文物考古研究所《三苗與南土》；9 引自：梁中合《日照堯王城遺址的新發現、新收穫與新認識》；10 引自：浙江省文物考古研究所《良渚遺址群》。圖中有關虛、實線圈為本文作者所加

　　距今 5～4.5 千年，隨著社會矛盾的進一步激化，以往的臨時性部落聯盟開始陞級為永久性統一領導和管理的一體化部落聯盟，從而導致遺址的規模面積又升級了。

　　第一，如果說距今 5 千年以前聚落遺址面積的不斷擴大主要是因為「物」的原因，即遺址內有關設施的不斷增加與擴容，如單一壕（濠）溝變成壕（濠）溝加城牆。但是，距今 5 千年以後，聚落遺址面積大幅增加的主要原因則變為「人」的原因，是人口的大量增加與一體化多聚落遺址的出現。其中，湖北天門石家河屈家嶺文化 120 萬平方米的城址就是一個聚落群共同佔有的代表（圖 2，2），山東日照 400 萬平方米的大汶口文化晚期堯王城遺址就是一個聚落群團集體佔有的代表（圖 2，9）〔註 13〕。

　　第二，由於部落聯盟的組織成員都是聚落群即部落，所以一體化聚落群團的核心就變成了核心聚落群，因此核心聚落群集中居住的遺址其規模面積就急劇擴大了。湖北京山屈家嶺一體化聚落群團核心聚落群所在就是屈家嶺文化時期面積 70 萬平方米的環濠遺址，內部共有三個聚落（圖 2，6）〔註 14〕；湖北天門石家河一體化聚落群團核心聚落群所在就是屈家嶺文化時期面積 120 萬平方米的城址，內部至少有 4 個聚落（圖 2，2）〔註 15〕。

　　第三，由於核心聚落群內有二級核心，即核心聚落與其他普通聚落，所以為了突出各自的地位與等級，又導致內外雙城結構城址的出現。其中，內城住的是核心聚落群的核心聚落，外城住的則是核心聚落群的其他成員。湖北天門石家河屈家嶺文化城址就是這方面的典型代表（圖 2，2），其中譚家嶺遺址所在就是內城，面積 26 萬平方米；另外，鄧家灣、三房灣、蓄樹嶺三聚落就位於外城中。

　　距今 4.5～4 千年，社會矛盾進入不可調和的歷史新階段，並同時催生了三種新型的超大型聚落組織。其中，以一體化聚落群團為核心的泛親血緣組織就是聚落集團；不同但又相互鄰近的聚落組織跨血緣、或又跨血緣又跨地域結盟的是早期國家；在不同血緣但又相互鄰近的聚落組織之間暴力建立了

〔註 13〕梁中合：《日照堯王城遺址的新發現、新收穫與新認識》，北京：《中國社會科學院古代文明研究中心通訊》，第 30 期，第 12～21 頁。
〔註 14〕湖北省文物考古研究所等：《湖北京山屈家嶺遺址群 2007 年調查簡報》，武漢：《江漢考古》，2008 年，第 2 期。
〔註 15〕湖北省文物考古研究所：《大洪山南麓史前聚落調查——以石家河為中心》，武漢：《江漢考古》，2009 年，第 1 期。

政治上壓迫經濟上剝削的統治關係的就是古國。由於這些聚落組織及其核心的規模都同時升級了，或是一體化的聚落群團。或是一體化的聚落集團，所以就出現了規模面積空前的聚落遺址。其中，浙江餘杭瓶窯（又稱「良渚古城」）380萬平方米的就是一個聚落群團集體駐守的城址（圖2，10）〔註16〕，陝西神木石峁400萬平方米的古城就是二個聚落群團一東一西組成聚落集團駐守的城址（圖2，3）〔註17〕。

顯然，中國史前聚落遺址規模面積的演變歷史表明，其一，推動聚落遺址規模面積不斷擴大的原動力是文明的起源與發展，是社會矛盾的不斷激化，是社會組織形態不斷變化的結果，雖然國家的出現也是這些變化的結果之一，但總體上與國家的起源無關，因而無論哪一級規模面積的聚落遺址都不是國家起源的標誌；其二，史前任何聚落遺址都屬於一定的血緣組織，沒有一個聚落遺址和城址是地緣化的；其三，雖然聚落遺址規模面積的演變趨勢是不斷擴大，但由於時代、分布地域與實力的不同，同樣性質的聚落組織之間、核心聚落之間的規模面積也是多樣化的不平衡的，因而也不可能確定一個統一的認識標準，或將某一個地區面積最大的遺址就認定是國家出現了的標誌。

（二）「特別有內涵」也不是古國誕生的條件和標誌

中國的考古早已表明，聚落遺址「特別有內涵」並不是古國誕生的必要條件和標誌。

第一，「特別有內涵」遺址誕生的歷史原因是先於古國出現的一體化永久性聚落群團的崛起。

聚落遺址「特別」有的「內涵」，實際主要包括二個方面，一方面是不可移動的公共設施，如城牆、壕溝、祭壇、大型夯土基址、觀象臺等，另一方面就是可移動的特殊工藝品和其他奢侈品。然而，所有這些在國家出現以前都已經出現了。距今8～5千年期間，由於文明的起源，社會的等級與地位分化，主從關係與核心聚落的出現，導致第一代不可移動的聚落公共設施如壕溝、城牆等就出現了。距今5千年以後，隨著一體化永久性聚落群團的崛起，人類社會不僅出現了歷史上第一代基於實力跨部落實行統一領導和管理的政治組織，與之配套還進一步推動了聚落遺址不可移動設施的建設。其中，最突

〔註16〕浙江省文物考古研究所：《良渚遺址群》，北京：文物出版社，2005年版。
〔註17〕陝西省考古研究院：《發現石峁古城》，北京：文物出版社，2016年版。

出的變化就是催生了中國最早的禮制、禮器、貴族和人權神授的觀念，從而促使第一代政治組織的核心遺址開始出現了大量可移動手工藝品和奢侈品而進入了「特別有內涵」的歷史新階段。例如，湖北天門石家河屈家嶺文化的城址（圖 2，2），遼寧凌源牛河梁紅山文化的女神廟〔註 18〕就是遺址不可移動公共設施「特別有內涵」的代表；而安徽含山凌家灘則是既有不可移動的大型公共設施又有可移動工藝品與奢侈品的典型代表，其中聚落壕溝與祭壇就是不可移動的公共設施，而 84M4、87M15 就有大量可移動的玉器〔註 19〕。

顯然，聚落遺址「特別有內涵」現象早在國家出現之前就已經出現了，並不是國家起源的條件與結果，更不是國家起源的標誌。與此同時，由於各種歷史條件的不同，也很難區分哪一級不可移動的遺跡和可移動的遺物就是國家和國家起源的標誌。

第二，距今 4.5 千年以後先後崛起了多種新型聚落組織。

史前聚落群聚形態的研究表明，由於社會矛盾的激化已進入不可調和的新階段，所以為了應對歷史的巨變，社會出現了合縱連橫的大融合趨勢，並同時崛起了聚落集團、早期國家、古國三種新型的社會組織。然而，所有這些新型聚落組織沒有一個可以用「內涵」來標注和認定，山西襄汾陶寺城址的衰亡就是這方面的代表性案例。

2009～2010 年，考古工作者對塔兒山南、北兩麓黃土原的區域調查〔註20〕表明，在塔兒山以北澇河以南的堯都區西王村三期文化時期有一個鬆散型聚落群團（圖 3，1）；在 4500 年以後的陶寺文化時期，這個聚落群團自然升級成為了一體化的聚落集團（圖 3，2）。然而，面對澇河聚落集團的崛起，只是一個聚落群團（圖 3，2）核心的陶寺古城倒下了。「陶寺晚期，城牆被扒毀，中期大墓和中型墓被搗毀，宮殿被破壞，觀象臺被平毀，灰坑中殘殺的人骨與建築垃圾、手工業垃圾和生活垃圾共存，帶有明顯的政治報復色彩。例如宮殿區 IT5026 揭露的陶寺晚期灰坑 HG8 里不僅出土大量石坯剝片，而且還出土了六層人頭骨總計 30 餘個，散亂人骨個體 40～50 人。人骨明顯被肢解，

〔註18〕遼寧省文物考古研究所《牛河梁：紅山文化遺址發掘報告（1983～2003 年度）》，北京：文物出版社，2012 年。
〔註19〕安徽省文物考古研究所：《凌家灘——田野考古發掘報告之一》，北京：文物出版社，2006 年。
〔註20〕何駑：《2010 年陶寺遺址群聚落形態考古新進展》，北京：《中國社會科學院古代文明研究中心通訊》第 21 期。

許多顱骨有鈍器劈啄痕，其中人工劈下的面具式面顱有6個之多」〔註21〕。

圖3：山西臨汾盆地西王村三期與龍山文化中晚期聚落遺址分布圖

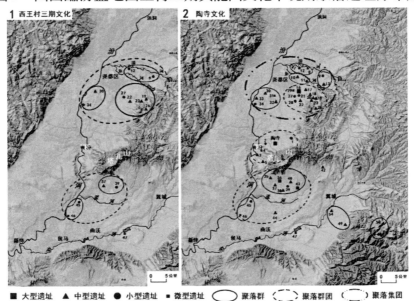

1、2皆引自：何駑《2010年陶寺遺址群聚落形態考古新進展》；圖中虛、實線圈均為
　　　本文作者所加

　　顯然，由於距離陶寺遺址最近，又因為陶寺侵佔了原本屬澇河集團的領地，還築城威脅了澇河集團的生存安全；於是，陶寺城址就成了澇河集團血族復仇的對象，也成了澇河古國的統治對象。

　　然而，值得深思的是，澇河集團至今也沒有發現一個遺址屬於「大遺址」，也沒有發現一個遺址「特別有內涵」。這說明「大遺址」、「內涵」、實力、古國的關係都是不對稱的，都沒有必然的因果關係。一方面，特別有內涵並不是古國誕生的條件和標誌；另一方面，根據「大遺址」、「內涵」也根本無法區別聚落集團、早期國家、古國等不同的聚落組織，或有關聚落組織的屬性；再一方面，各種聚落組織與「大遺址」和「內涵」的關係既是多樣的也是複雜的，不可能制定一個統一的認識不同聚落組織屬性的標準。

（三）公共設施、奢侈品不完全等於實力

　　文明探源的研究表明，中國考古界的現有研究基本上都將公共設施、奢

〔註21〕何駑：《從陶寺遺址考古收穫看中國早期國家特徵》，《中國古代文明與國家起源學術研討會論文集》，北京：科學出版社，2011年，第149頁。

侈品不加區別一概視為實力的表現，所以一見到「特別有內涵」有實力的「大遺址」就以為是國家。

實際上，大量的公共設施與奢侈品雖然一定程度上反映了實力，但不完全等於實力。就像現代的一些中東國家，由於石油出口，國家富裕，有關公共設施與高樓大廈林立，而且世界上所有的奢侈品都應有盡有，軟實力突出。然而，這些國家的硬實力卻相對較弱，無論是經濟力量、軍事力量和科技力量都較弱。與此相反，以色列卻是硬實力突出但卻不那麼外露的國家，誰有威脅就先下手打誰。

史前也一樣，千萬不能將距今 8 千年以後出現的壕（濠）溝、城牆，距今 5 千年以後出現的貴族與奢侈品都當作了實力的最高標誌。正如山西襄汾陶寺一樣，那裡的城址、大墓，以及出土的龍紋陶盤，足以說明其富裕程度超過了同時期的澇河集團；但是，陶寺最後的衰落和家破人亡卻表明它的真實實力遠不及一點公共設施與富裕跡象都沒有的澇河集團。顯然，史前硬實力最重要的標誌就是組織的規模與一體化的程度，因為藉此就可以用暴力征服不同血緣不同地域的其他聚落組織。否則，就不可能降服對手，並建立具有政治上壓迫經濟上剝削的統治關係的古國。

已有的發掘資料表明，河南鞏義雙槐樹遺址目前所見主要的還只是一些公共設施，如三重環壕、封閉式排狀布局的大型中心居址、採用版築法夯築而成的大型連片塊狀夯土遺跡、三處夯土祭祀臺遺跡等（圖 1）；至於顯示貴族「特別有內涵」的奢侈品則一件沒有；更重要的是也沒有任何發現顯示了這處遺址具有征服他人的硬實力，或被它所征服的對象與聚落遺址。

正因為如此，在沒有證據顯示並證明它具有非凡硬實力之前，雙槐樹遺址又憑什麼能夠擔當「河洛古國」的歷史重任呢？

（四）雙槐樹的真實屬性

根據已有的調查資料，鞏義雙槐樹遺址所在只是一個永久性一體化的聚落群團。

由圖 4（2）可見，該群團至少有 10 個聚落遺址，3 個聚落群。其中，雙槐樹所在就是核心聚落群所在的遺址。根據遺址平面圖（圖 1）可知，遺址內共有三處墓地，各自不僅獨立性明顯，而且多數都面積巨大，都在 1 萬平方米以上。由於史前血緣社會既有聚族而居的傳統，也有聚族而葬的傳統，所以這些相聚幾百米同時同規模獨立墓區的存在，很可能就是核心聚落群內不

同氏族的墓地。「墓葬三區」，不僅位於遺址中心部位，而且還有重要墓葬，並距離大型建築基址很近，所以應該就是聚落群內核心聚落與氏族的墓地；而位於中壕與外壕之間的「墓葬一區」、「墓葬二區」則應該是聚落群內其他普通成員和氏族的墓地。

類似雙槐樹這樣的多聚落遺址在國內已發現很多，僅湖北距今5000年以後的屈家嶺文化時期就不少於3例，即荊州陰湘城、京山屈家嶺、天門石家河等。發掘還表明，它們與雙槐樹完全是同一性質的遺址，雖然每個遺址具體的居住方式和營建方式各有特色，但他們都屬於核心聚落群集體居住的多聚落遺址。

荊州陰湘城就是城內聚落群由二個聚落，一東一西構成的典型（圖2，7）〔註22〕。

京山屈家嶺就是環壕內聚落群由三個聚落構成的典型（圖2，6）〔註23〕。

天門石家河是城內聚落群由四個聚落構成的典型。其中，核心就住在內城或小城裏，其他成員就住在外城或大城裏（圖2，2）〔註24〕。

顯然，上述遺址屬性的相似性表明，雙槐樹遺址與那些遺址都處於相似的歷史階段，其之所以會出現許多以前從未見過的遺跡的原因，也不是因為它成為了河洛古國，而是因為它成為了永久性部落聯盟即一體化聚落群團的核心。

值得注意的是，雙槐樹遺址的性質與規模雖然都升級了，成為了一體化聚落群團的核心，但它的實力仍然有限。

一方面，由圖4（1）可見，它所處地理位置完全是鄭洛之間的丘陵山地，這對於以農業為食物主要來源的人群而言，其經濟的自然發展條件肯定不如鄭州、洛陽等平原為主的地區。

另一方面，丘陵山地內的遺址數量較西部洛陽平原明顯稀少。其中，洛陽平原，638平方公里，有仰韶文化聚落遺址105處，平均約6平方公里一處；而鄭洛之間的丘陵山地，約1000平方公里，只有同期的聚落遺址77處，

〔註22〕〔日本〕岡村秀典等《湖北陰湘城研究（I）》，日本：《東方學報》，京都第六十九冊。
〔註23〕湖北省文物考古研究所等：《湖北京山屈家嶺遺址群2007年調查簡報》，武漢：《江漢考古》，2008年，第2期。
〔註24〕湖北省文物考古研究所：《大洪山南麓史前聚落調查——以石家河為中心》，武漢：《江漢考古》，2009年，第1期。

平均近 13 平方公里一處，分布密度還不及洛陽盆地的 1/2 倍。

圖4：鄭洛地區地形地貌與仰韶文化遺址分布示意圖

1 引自：網絡衛星地圖；2 引自：宋愛平《鄭州地區史前至商周時期的聚落形態分析》；張松林《鄭州市聚落考古的實踐與思考》；國家文物局主編《中國文物地圖集‧河南分冊》；陳星燦等《中國文明腹地的社會複雜化進程——伊洛河地區的聚落遺址形態研究》；中國社科院考古研究所二里頭工作隊《河南洛陽盆地 2001～2003 年考古調查簡報》。圖中虛線圈為本文作者所加

再一方面，與同期的洛陽盆地相比，雙槐樹所在組織規模都弱勢明顯。當時，洛陽盆地最大的聚落群團就是 D 群團（圖4，2，D），由 6 個聚落群 20 個聚落構成，總體規模面積 326.9 萬平方米，無論個體數量還是總體規模都遠遠超過雙槐樹所在聚落群團，整體實力也在雙槐樹聚落群團之上。

顯然，衡量雙槐樹遺址的實力絕不能因為個別遺址面積較大，有三道環壕，就可以稱王稱霸了，一定要實事求是地全面綜合地評價雙槐樹遺址的性

質及其實力。

三

　　為什麼中國考古學及其專家會無根無據地抬出一個「河洛古國」呢？表面上看是一般不同的認識問題，但實際上卻深刻地反映了今天學術界存在的嚴重問題，即嚴謹求實的學風已經不再，而在多彩考古發現的掩蓋下，相關研究日趨虛化、簡單化、歐美化。

　　究其原因是多方面的，其中純學術的原因主要是缺少血緣社會復原與研究的理念與思想，同時也缺少這方面具體的研究理論與方法。

　　為什麼要復原和研究血緣社會呢？有二個基本原因。其一，血緣社會是人類歷史的主要部分。在中國，史前一直是血緣社會，即使夏商周三代國體雖然地緣化了但政體依然還是血緣化的。所以，復原並研究血緣社會就是復原並研究人類歷史的主要部分。其二，這段歷史有文字記載的時間非常短暫，雖然有商周時期的甲骨文、金文，但識別都非常困難。正因此，血緣社會的復原與研究不僅是中國考古學的重點，也是中國考古學的難點。

　　自 20 世紀初現代田野考古學在中國誕生以來，歷代考古學家們為這段歷史的復原和研究作出了重大貢獻，如仰韶文化、龍山文化的發現，夏墟和殷墟的發掘。但是，新的時代遇到了新的問題，即自蘇秉琦先生 20 世紀 90 年代提出「重建中國史前史」的號召以來近 30 年，中國考古學的發展除了浮在表面上大量精彩的考古發現以外，就是毫無遮攔地引進了西方歐美「先進」的「區域聚落形態」等理論與方法。

　　歷史表明，20 世紀西方歐美的考古學經歷了二個特點非常鮮明的階段。二次大戰以前，學界流行馬克思主義，並出現了著名的馬克思主義考古學家，澳裔英籍戈登・柴爾德就是代表。但是，二次大戰以後，這類學風與學者至今根本不見。究其原因，關鍵就因為當時崛起了一大批社會主義國家，使西方國家非常緊張，於是就要與馬克思主義劃清界限，人類學、考古學就要與馬克思主義關於社會發展和國家起源理論劃清界限。從此，西方人類學、考古學就自覺不自覺地走上了一條架空或另築史前社會形態之路。為什麼同為美國人的戈登・威利關於秘魯維魯河谷史前聚落形態的研究，以及此後興起並流行於西方的「區域聚落形態」都竭力迴避氏族、部落、部落聯盟等人類早期血緣組織的名稱與概念，甚至不惜用現代地緣社會學的思想、概念和名

稱來研究史前社會，將古人從來沒有見過的「社區」和「社群」等組織形態都套在他們頭上，還用以描述歷史？顯然，這樣做的結果不僅全盤否定了馬克思主義與摩爾根有關研究的合理性，還以假亂真，徹底改變了歷史的原貌。

事實上，無論是中國還是外國，早期的人類社會都是血緣社會，有關社會組織都是血緣組織。因此，任何時候任何地方若離開了當時社會原有的組織都不可能真正地復原歷史，並揭示歷史的特點、演變過程與規律。

此外，已有的事實也證明，毫無遮攔地引進歐美流行的理論和方法是錯誤的，不僅沒有解決中國文明和國家的起源問題，還導致了用地緣社會的歷史觀念和思想來認識和定性血緣社會遺跡遺存的歷史意義，從而導致研究的簡單化傾向趨勢愈演愈烈。

專家們之所以會將從東到西縱貫鄭州與洛陽地區近 200 公里，從嵩山北麓到黃河之濱南北向近 40 公里，總面積近 8000 平方公里的範圍都劃歸「河洛古國」管〔註25〕？將鄭州地區的大河村、西山、點軍臺、汪溝、青臺，洛陽地區的土門、蘇羊等遺址都視為「對雙槐樹形成拱衛之勢」？就明顯是受歐美「區域聚落形態」影響並本土化的結果，一方面將一定地區內「大遺址」周邊所有比它面積小的遺址都視為它的統治對象，另一方面用面積的大小來定級並確定一定地區內各遺址之間的從屬關係，再一方面就是將一定地區內所有定級了的遺址都視同省、地、市、縣一樣的組織與政治結構。

顯然，正是基於上述國內外史前考古的嚴重問題，不難發現今天聚焦聚落群聚形態的認識與研究具有重大的理論與學術意義。

第一，有助於端正目前的學術思想與研究重點。

136 年以前恩格斯《家庭、私有制和國家的起源》的寫作與出版，實際就為後人以人類學、民族學資料為基礎，以人為本，復原歷史研究歷史樹立了榜樣。今天，在田野發掘資料大量出現的背景下，中國人不僅擁有了在人類學、民族學基礎上，而且還擁有了在考古學基礎上續寫《家庭、私有制和國家的起源》的資料和基礎。因此，中國考古人不能一方面將馬克思主義教條化，一方面又沉溺於向西方學習，並用現代地緣社會學的概念去溶蝕和架空血緣社會的真相，而是要繼續以人為本將復原和研究血緣社會的歷史作為學科的重點。因此，啟動和聚焦聚落群聚形態的認識與研究將有助於端正學科

〔註25〕王丁等：《「河洛古國」掀起蓋頭，黃帝時代的都邑找到了？》，北京：《新華每日電訊》，2020 年 5 月 8 日。

的研究方向與內容。

第二，有助於解決想走進歷史但又苦於無門的思想方法問題。

一般而言，在史前血緣社會，聚落就是聚氏族而居的地點和場所，而聚落群聚形態就是聚落之間以血緣為紐帶近距離相聚而形成的組織和遺存形態。

但是，長期以來聚落群聚形態的認識和研究卻一直是國內外聚落考古的空白，還普遍認為遺址或聚落的分布是無序的一盤散沙，因而就從思想上根本拒絕了血緣社會組織形態的認識與研究。

實際上，早在 1877 年的《古代社會》中，摩爾根就已經發現了這種以血緣為紐帶的聚落群聚現象，他說：部落內部各氏族「不論怎樣擴張他們的共同疆域，其領土總是相互毗鄰」；「一個部落一旦分化為幾個部落之後，這幾個部落各自獨佔一塊領土而其領土相互鄰接」，「如幾個村落共沿一條河流而彼此鄰近，其居民往往出自同源，而且他們或者處於同一部落政府之下，或者處於同一聯盟政府之下」。

顯然，史前不僅是血緣社會，而且自有人類以來就有屬於人類的血緣組織與群體，人類社會所有的存在、發展、變化也都是在相應的組織內部發生的。例如，史前農業與手工業的分工就沒有地緣化的「社會分工」，而只有大型血緣組織內部的「社會分工」。

正因此，聚落群聚形態的研究不僅有助於血緣社會血緣組織物化形態的認識，有助於不同歷史時期人類生產生活實體組織的認識，更為人類走進歷史，復原與研究血緣社會提供了不可或缺的歷史平臺。

第三，有助於糾正歐美學術界的有關錯誤思想與認識。

20 世紀 80 年代後期以來，在蘇秉琦先生的率領下，考古學中國學派開始崛起。之所以如此就是因為中國考古學有自己獨創的考古學研究的理論與方法，一是馬克思主義唯物史觀，二是器物類型學，三是考古學文化區系類型理論，四是文化因素分析法。可是，進入「重建中國史前史」的歷史新階段以後，尤其是引進國外的「區域聚落形態」作為中華文明探源的主要理論方法之後，「中國學派」的旗幟就因為缺少自己獨創的理論與方法而暗然失色。

因此，要重振「中國學派」並同步糾正歐美學術界的有關錯誤思想與認識，惟有聚落群聚形態的認識與研究才能擔此重任，別無選擇！

結束語

今天，中國考古學的發展已經處在一個歷史的轉折點上，要麼繼續融入以「區域聚落形態」為標誌的歐美體系，並用地緣社會學的思想和觀念繼續浮誇和炫耀史前社會遺跡遺物的歷史特點與成就，繼續製造更多的「河洛古國」；要麼以聚落群聚形態的研究為突破口，實事求是地重建中國史前史，重建中國的血緣社會史。

事實上，基於中國考古的已有發現與資料，聚落群聚形態的研究並不是一項特別困難的研究，關鍵在於現代考古人的追求與思想意識。

值得期待的是，新的時代正在呼喚中國特色中國風格中國氣派的考古學，也正在呼喚新的理論與方法。

希望考古學能吸取「河洛古國」的教訓，也希望關於聚落群聚形態的認識與研究能引起中國考古學界的應有重視。

寫於 2021 年 1 月

文明探源，源在何方

　　2001 年，「中華文明探源工程」（以下簡稱「探源工程」）正式啟動。在經歷了「預研究、第一階段、第二階段、第三階段」之後，人們並沒有看到真正的中華文明之源在哪裏，以及它的特點和過程；反而在有關理論、方法、實踐諸方面卻看到了一系列的重要問題和缺陷。

一

　　「探源工程」的第一個問題就是認為中華文明的形成是在一個相當遼闊的空間範圍內由若干考古學文化共同演進的結果；各文化的存在還暗示了在走向文明的進程上，各自的方式、機制、動因等也可能不盡相同。

　　在這裡，物化的考古學文化成了人類歷史有生命力的主體，成了人類歷史上活躍的社會組織；與此同時，考古學文化也像晚期的國家一樣成為歷史研究的載體、單位和平臺。

　　為此，人們不禁要問：考古學文化，在中國，為什麼對文明探源如此重要？

　　有兩個基本的原因。

　　第一，考古學文化的發現與研究是 20 世紀中國考古學的主要工作與成就。

　　自 20 世紀初田野考古學傳入中國以來，考古工作最重要也最讓人激動不已的成果，就是在不同的地區不同的時間段發現了大量燦爛輝煌的史前考古學文化。這些文化不僅充分證明了中國人祖先偉大的創造精神，還使人誤以為考古學文化史就是歷史、對考古學文化的研究就是對歷史的研究。

第二，考古學文化的區系類型與先秦歷史民族文化區域基本吻合。

由於自然地理與環境的作用，中國史前的考古學文化完全可以根據各地不同的特點劃分出不同的區系，而且這些區系還明顯與先秦時期各地發達的歷史民族分布區域基本吻合。其中，夏商周對應的就是陝豫晉鄰近地區，東夷與齊魯對應的就是山東及鄰省一部分地區，楚對應的就是湖北和鄰近地區，吳越對應的就是長江下游地區，百越對應的就是長江以南地區，燕趙對應的就是以長城地帶為重心的北方地區。正是這些對應關係，更促使考古工作者堅信研究考古學文化就是研究歷史。

然而，隨著學科的發展，將考古學文化當作人類組織，當作歷史研究的載體、單位和平臺的侷限性與問題逐漸顯露出來。

第一，考古學文化的本質是物質的，是在一定的時間與空間範圍內由一群有特色的遺跡、遺物構成的共同體。雖然這種物質的共同體也連帶地反映了某些人類的精神世界和宗教信仰，但這改變不了它的物質本性。

第二，考古學文化本身就是人創造的。歷史的創造者和主體是人，是人與人聯合構成的各種社會組織。雖然史前的人和組織都隱藏在了考古學文化的背後，但考古學並不因此就獲得了不研究人與組織的理由。考古學文化本身並不會創造歷史。研究歷史必須「由物及人」，以人為本，以人和人的社會組織為基本研究對象。對物態的考古學文化的研究不能取代對人類社會組織的研究。

第三，在史前人類的視野中，實際上並沒有「考古學文化」這個概念，也從來沒有在「考古學文化」的旗幟下一起從事過農業、手工業，一起從事過文明和國家的起源。考古學文化對古人來說完全是陌生的身外之物。雖然它也是一種客觀存在，但當時的人們相互之間除了血緣與婚姻關係以外，並不會因為都使用相似的陶器和石器而成為「親戚」或朋友。事實上，考古學文化對當時人們的實際生活並不存在任何影響，考古學文化純粹只是現代考古學對一定時空範圍內有一定共性的物質遺存的認識，是一種宏觀的人為的邏輯概括，既不能當作歷史的實體，也不應該成為歷史研究的載體和平臺。

第四，雖然史前晚期考古學文化的分布區域會與歷史時期某些民族和國家發達以後的所在地域基本吻合，但這只說明這個國家的興起就在這個文化的分布區內，並不意味著這個文化直接就是這個民族與國家的前身。事實上，中國的考古早已證明早期國家的規模與地域範圍都遠遠小於當地的文化，而

且一個文化分布區域內可能也不止一個古國。如長江中游的石家河文化時期，當地至少就同時並存以天門石家河、澧縣雞叫城為代表的多個文明古國〔註1〕。雖然石家河文化的分布範圍與後來的楚國在地域上有某些重合之處，但早期楚人的活動地域也很小，僅「闢在荊山」。

第五，試圖通過考古學文化研究歷史的模式已被證明是一種階段性的理論成果。中國的考古歷程表明，由於資料的特殊性與發現的侷限，以考古學文化為基礎研究歷史是學科發展早期的必經階段。老一代考古學家們就曾主張通過考古學文化來研究歷史。這不僅是先生們終身淡泊名利追求真理的成果，也是老一代考古學大師對當時所有考古發現與研究的總結、概括，也曾對中國考古學 20 世紀後期學科目標的整體轉移、文明探源工作的展開起到了極大的推動作用。但是，誰都不可能超越時代的侷限；尤其是隨著聚落考古的發展和區域性聚落調查資料的不斷積累，明顯反映當時社會組織、組織形態及其變化的聚落群聚形態不斷展現，也同步顯示考古學文化只是物質文化史的載體，是物質文化史的研究單位和平臺，而不是歷史研究的單位和平臺。這是歷史的進步，也是學術的進步。對老一代考古學家最好的紀念與告慰就是推動學科與研究不斷地創新，不斷地向前發展。

二

「探源工程」的第二個問題就是認為：公元前 2500 年前後，中原陶寺古城、長江下游良渚古城和長江中游石家河古城的出現為標誌，說明這些地區在當時可能已經進入了早期文明社會，建立了早期國家，並說明中華文明擁有五千年的歷史是有根據的。

在這裡，文明與國家被綁在一起了，是「兩塊牌子一套人馬」，是一個事物的兩個名稱。有了文明就有了國家，有了國家就有了文明，二者從頭到尾並駕齊驅。距今五千年，早期國家出現了，說明文明也有了。

為什麼「文明」與「國家」會被人緊緊地綁在一起呢？為什麼國家會成為文明起源的標誌呢？究其原因，明顯與學術界既有的國家起源理論有關。對此，中國考古學的發現早已表明，中國的文明與國家起源完全具有不同的意義和特點。

〔註 1〕裴安平：《中國史前聚落群聚形態研究》，北京：中華書局，2014 年，第 168 ～172 頁。

（一）文明與國家的概念和內涵不同

文明與國家完全是兩個不同的概念，雖有聯繫但以區別為主。

第一，文明不是具體的技術、文化與思想的進步，而是人類高品質的生存與生活狀態，是人類社會發展的高級階段，也是人類社會組織方式、生產方式、生活方式、人本身的解放不斷地進步與變革。文明的起源是獨立的起源，不因國家而起，也不因國家而終。

與文明不同，史前的古國實際則是跨血緣又跨地緣並在不同聚落組織之間建立了以政治上壓迫、經濟上剝削為特點的統治與被統治關係的一種社會組織，是社會文明化的一種結果。恩格斯曾說過：文明「是一種社會品質」（《馬克思恩格斯全集》第 1 卷）。這表明，文明與國家不僅互有區別，而且特點也不盡相同。一般而言，文明是一種社會發展的「品質」，而國家則是社會文明化發展到一定程度時出現的一種社會組織形態。

第二，文明的起源明顯早於國家的起源。

恩格斯還曾說過，「國家是文明社會的概括」（《馬克思恩格斯全集》第 1 卷）。這表明，文明在前，國家在後；只有文明先出現了，後起的國家才能予以「概括」。

根據已有的考古資料，中國的文明起源不僅早於國家起源，而且最早的時間記錄不晚於距今 8000 年。對此，興隆窪文化的玉器，河南新鄭唐戶、浙江嵊州小黃山遺址的聚落布局就是證明。

由於史前晚期以前人類社會是一個以血緣為紐帶的社會，所以新石器時代中期以前所有人與人、聚落與聚落之間的關係都是獨立與平等的，如內蒙古林西白音長汗〔註 2〕就是兩個圍溝聚落獨立平等地共存於同一個遺址的代表（圖 1，1），敖漢興隆溝〔註 3〕就是三個無圍溝聚落獨立平等地共存於同一個遺址的代表（圖 1，2）。

但是，新鄭唐戶〔註 4〕與嵊州小黃山〔註 5〕遺址的聚落布局卻表明，從新

〔註 2〕內蒙古自治區文物考古研究所：《白音長汗——新石器時代遺址發掘報告》，北京：科學出版社，2004 年，第 204 頁。

〔註 3〕邱國斌：《內蒙古敖漢旗新石器時代聚落形態研究》，呼和浩特：《內蒙古文物考古》，2010 年第 2 期。

〔註 4〕河南省文物管理局南水北調文物保護辦公室、鄭州市文物考古研究院：《河南新鄭市唐戶遺址裴李崗文化遺存發掘簡報》，北京：《考古》2008 年第 5 期。

〔註 5〕王海明：《專家論證嵊州小黃山遺址》，北京：《中國文物報》2006 年 1 月 11 日。

石器時代中晚之交開始，史前的社會組織形態發生了重大變化，人與人、聚落與聚落之間都出現了以往從未見過的主從關係，出現了核心與從屬的分化。其中，唐戶與小黃山的核心聚落都位於壕溝之內，而同一個聚落群的其他從屬聚落則全部位於壕溝之外（圖1，3）。

圖1：內蒙古林西白音長汗、敖漢興隆溝與河南新鄭唐戶遺址聚落位置平面圖

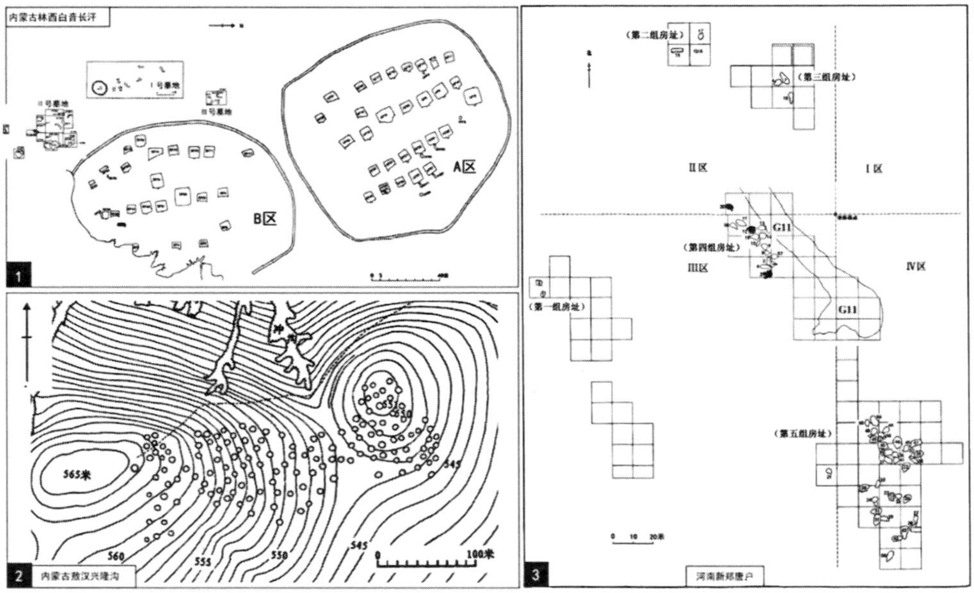

1 引自：內蒙考古所《赤峰林西白音長汗——新石器時代遺址發掘報告》；2 引自：邱國斌《內蒙古敖漢旗新石器時代聚落遺址》；3 引自：張松林《鄭州市聚落考古的實踐與思考》

值得注意的是，就在距今 6500～5000 年之間，中國的文明起源就出現了一個歷史性的高潮，主要表現為農業取代廣譜經濟，成為人類食物的主要來源，以分割田塊為代表的精耕細作與個體勞動取代了以往的廣種薄收與集體勞動〔註6〕（圖2，1、2），一夫一妻制婚姻與家庭廣為普及（圖2，7），父系社會取代了母系社會，人們的居住建築由以往的獨門獨棟變成了適合個體家庭居住的套房〔註7〕（圖2，3），聚落的整體布局由以往的分層向心結構變成

〔註 6〕湖南省文物考古研究所：《澧縣城頭山——新石器時代遺址發掘報告》，北京：文物出版社，2007 年。

〔註 7〕北京大學考古實習隊、南陽市文物考古研究所：《河南鄧州八里崗遺址發掘簡報》，北京：《文物》1998 年第 9 期。

了無中心的結構〔註8〕（圖2，5），出現了貴族〔註9〕（圖2，4），出現了城址〔註10〕（圖2，6），人與人、聚落與聚落、聚落組織與組織之間的貧富等級分化日趨強化。

圖2：各地文明起源的證據與發現

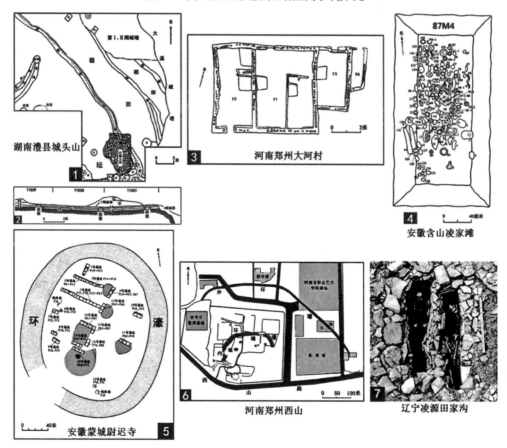

1、2引自：湖南省考古所等《澧縣城頭山》；3引自：鄭州市考古所《鄭州大河村》；4引自：安徽考古所《凌家灘——田野發掘報告之一》；5引自：張弛《〈蒙城尉遲寺（第二部）與尉遲寺遺址第二階段發掘工作評述〉》；6引自：張玉石《鄭州西山古城發掘記》；7引自：：王振紅《紅山墓群發掘男女並穴合葬墓》

〔註 8〕中國社會科學院考古研究所：《蒙城尉遲寺》，北京：科學出版社，2001年。
〔註 9〕安徽省文物考古研究所：《凌家灘——田野考古發掘報告之一》，北京：文物出版社，2006年。
〔註10〕湖南省文物考古研究所：《澧縣城頭山——新石器時代遺址發掘報告》，北京：文物出版社，2007年。

顯然，中國文明起源的影響不僅全面深刻地改變了人類社會的組織方式、生產方式、生活方式、人本身的歷史地位，而且還表明中國的文明起源是獨立的，不應該將「國家」和「文明」捆綁在一起，囫圇吞棗。

第三，沒有文明起源的地方就沒有國家，但文明起源了的地方不一定都有國家。

考古發現，中國史前到處都可以見到已經文明化了但卻還未進入國家的聚落組織與地區。

遼寧凌源、建平牛河梁紅山文化晚期的廟壇冢〔註11〕就是這方面的典型，文明了，但還沒有進入國家，且至今也沒有找到它的統治對象。

浙江餘杭良渚遺址群，那些大型的公共工程、大型的祭壇和玉禮器，早就說明已經文明了，但除了人為的推測以外，至今依然缺少其已經變成了國家、已經開始壓迫剝削他人的客觀證據。

河南新密新砦也是如此〔註12〕，它那現在還高達 17 米的雄偉城牆，工程量不僅超過了夏代河南偃師二里頭遺址「宮城」與城內所有夯土臺基工程量的總和，而且還表明它可以有效地控制大量的人口，動員和組織大量的人力物力，並完全符合「探源工程」關於早期國家的認定標準。可是，它卻沒有像陶寺、良渚和石家河那樣被「探源工程」列入早期國家的名單。這說明，它雖已進入文明社會，但卻還未成為「國家」。

類似的例據還有很多，並充分說明文明的起源不僅是獨立的，而且比國家的起源更早，影響的範圍更廣更大。

（二）史前古國與文明起源的歷史意義區別明顯

國家的起源的確很重要，它標誌著人類血緣社會的結束與地緣社會的出現，標誌著人類社會已出現統治與被統治關係。與此同時，中國的史前考古還發現，國家起源不僅是某些聚落組織為了自身利益而不斷征戰的結果，更是為了不勞而獲，而在史前末期冒出來的多種新型聚落組織中的一種。

從距今 5000 年開始，為了自身利益，聚落組織出現了以密集相聚、抱成一團為整合特點的一體化新高潮，湖北京山屈家嶺就是典型例子，在不到 1

〔註11〕 中國社會科學院考古研究所：《中國考古學》（新石器時代卷）》，北京：中國社會科學出版社，2010 年，第 353 頁。
〔註12〕 河南省文物考古研究所、新密市炎黃歷史文化研究會：《河南新密市古城寨龍山文化城址發掘簡報》，鄭州：《華夏考古》2002 年第 2 期。

平方公里的範圍內就聚集了 11 個聚落〔註 13〕。此後，距今 4500 年的湖北天門石家河城址就在附近不到 10 平方公里的範圍內聚集了 42 個聚落〔註 14〕，並宣告了一種以血緣為紐帶的超大型的新型聚落組織——聚落集團的誕生。

與此同時，為了利益，不同血緣、不同地域的聚落組織也開始了各式各樣的合縱連橫與一體化整合。

早期國家就是這種整合的產物。有兩種類型。第一種，就像先周時期的姜太公一族投靠姬姓一樣，只跨血緣。第二種，就像洛陽盆地的夏一樣，既跨血緣又跨地域，聯合起來，共同致富、共同發達〔註 15〕。

古國與早期國家的區別就在於，不僅要跨血緣、跨地域，還要在周邊各聚落組織之間建立統治關係，而不是結盟。

然而，已有的發現表明，中國早期的古國，雖然社會地緣化了，但除了將以往人類社會統一領導和管理的政治模式變為前所未見的統治與被統治關係，並給人類社會帶來了從未有過的不勞而獲的生存模式以，卻沒有給社會的發展帶來其他大的變化。夏商周時期，之所以貴族政治光彩耀人，而普通聚落的社會形態及生產生活用品則與史前基本一樣，甚至可以說沒有區別，就是對這方面問題的最好說明。

因此，在中國，改變了人類生存方式、組織方式、生產方式、人本身歷史地位的，是文明的起源而不是國家的起源；所以，既不能拔高了國家起源的意義，也不能將文明與國家起源混為一談。唯有如此，才能找到文明和國家起源的本土特色。

當然，文明起源所帶來的一切社會變化，都被國家攬入了懷中，以致「國家是文明社會的概括」。但這只是一段歷史的特殊現象，因為國家消亡以後，文明還在繼續。

三

「探源工程」的第三個問題就是將從歐美引進的「區域聚落形態」理論

〔註 13〕 湖北省文物考古研究所、京山縣博物館：《湖北京山屈家嶺遺址群 2007 年調查報告》，武漢：《江漢考古》2008 年第 2 期。

〔註 14〕 湖北省文物考古研究所：《大洪山南麓史前聚落調查——以石家河為中心》，武漢：《江漢考古》2009 年第 1 期。

〔註 15〕 裴安平：《中國史前聚落群聚形態研究》，北京：中華書局，2014 年，第 268～273 頁。

與方法視為研究文明和國家起源、形成和早期發展的有效途徑。

然而，隨著學科的發展，「區域聚落形態」的缺陷和不足已完全顯露。

（一）在「區域聚落形態」中，人類原本的社會組織與因自然原因形成的聚落群落完全混在一起了

在歐美的「區域聚落形態」中，人類原本的社會組織與因自然原因形成的聚落群落不僅被完全混在一起了，還將這種混在一起了的群體稱作「社區」，當作一種區域性的社會形態。

美國考古學家戈登・威利於 20 世紀 50 年代初在秘魯維魯河谷的工作就有這類缺陷，並因為所有的遺址都位於這處河谷之中，而被「區域聚落形態」化了；接著，還「將大約同期的房屋、墓葬、宮殿、城堡及灌溉系統拼復成一幅幅相互關聯的功能圖像，並從它們的歷時演變來追溯該河谷中幾千年的社會變化」〔註16〕。

但是，中國的考古表明，聚落遺址的自然群落與社會組織完全是兩種屬性不同的聚落群聚現象與形態，不能簡單地通過「區域聚落形態」就將它們都雜糅在一起。

圖3：陝西洛南盆地舊石器時代早期遺址分布圖

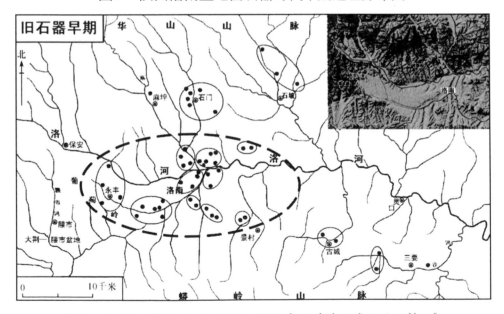

引自：王社江《洛南盆地1995～1999年野外地點發現的石製品》

〔註16〕陳淳：《考古學理論》，上海：復旦大學出版社，2004年，第179頁。

　　陝西洛南盆地地處秦嶺東部，為南洛河上游中生代斷陷沉積盆地。相對於周邊地區，地勢比較低平，而且氣候條件較好，四季分明，氣候溫和，雨量充足，夏無酷暑，冬無嚴寒，故而吸引了大量舊石器時代的遺址在此定居〔註17〕。值得注意的是，這些遺址並不是各自為政，而是在洛南周圍東西約20、南北約12公里的範圍內，相互近距離相聚為群；在群的基礎上，相互又近距離相聚為團（圖3）。也許人們會以為這裡的群只不過是人們的生活圈，有些並沒有住人，而是石器打製場、牲畜屠宰場。即使如此，那些住人的遺址在如此小的範圍內的集中相聚不也是一種群聚形態嗎？不也是當時社會組織的一種物證嗎？

圖4：安徽水陽江流域舊石器時代早期遺址分布圖
（其中6為官山，7為毛竹山）

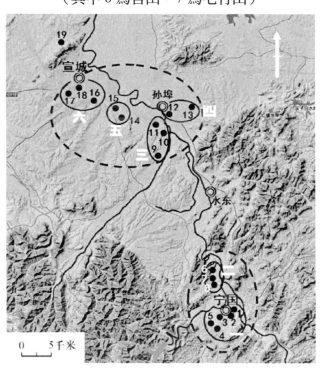

引自：房迎三《水陽江舊石器地點群埋藏學的初步研究》。圖中虛、實線圈為本文作者所加

　　安徽水陽江是長江南岸的一條支流，位於蘇皖浙三省交界處。20世紀80年代以後，在皖東南寧國至宣州長約70、最寬約20公里的江段兩岸，不僅發

〔註17〕王社江等：《洛南盆地1995～1999年野外地點發現的石製品》，北京：《人類學學報》2005年第2期。

現了 19 箇舊石器時代早期的遺址，而且還發現這些遺址明顯分屬於兩個相距約 22 公里的不同的群團（圖四）〔註 18〕。寧國群團位於上游，由 2 個遺址群 8 個遺址構成，其中二號遺址群內的 2 個遺址官山、毛竹山都屬於當地三大人類居住營地之一。宣城群團位於下游，由 4 個遺址群 10 個遺址構成，其中三號遺址群中的陳山遺址很可能就是這個群團的首領，因為它面積巨大且內涵豐富。

以上例據表明，史前遺址在任何地方的集中分布都有自然與社會兩個方面的原因。一方面是優越的自然條件的吸引，另一方面是各個不同的社會組織選擇並帶領眾人來此居住。千萬不能因為他們都相處在同一個地理單元的範圍內，就以為他們都是一家人，都是一個王的臣民；就可以不分青紅皂白地將它們都裝在「區域聚落形態」的口袋裏。

（二）在「區域聚落形態」中，區域越大越好，過小而不成區域

在國外，「區域」都與人的主觀意識有關，越大越好，「過小而不成區域」，即使是 5～50 平方公里的面積都「不能被看作或不宜被稱為區域聚落形態分析」〔註 19〕。

然而，中國的考古卻表明，任何聚落組織都具有區域性，或大或小。人是「區域」的主人，是人類的社會組織在選擇「區域」，只要適合人類居住並方便相互交往的地方就有人住，就有人類的社會組織存在。如山間小盆地就可能只能容納一個聚落群或一個聚落群團；而大型的地理單元，如河流的交匯處、山前平原，就可能會同時容納幾個聚落群團。

特別值得注意的是，史前晚期，距今 5000 年以後，由於社會矛盾激化，人類對各種資源的追求和對財富的覬覦，又導致各地環壕聚落、城址大量崛起。為了應對時代的挑戰，以往內部相互關係鬆散的大型聚落組織開始在利益的基礎上重組與整合，並改造成為一種全新的一體化、實體化的聚落組織。這種聚落組織形態的一個非常突出的特點就是，許多聚落在一個很小的區域範圍內超近距離地抱成一團。湖北京山屈家嶺就在不到 1 平方公里的範圍內

〔註 18〕房迎三：《水陽江舊石器地點群埋藏學的初步研究》，北京：《人類學學報》1992
年第 2 期；房迎三：《皖南水陽江舊石器地點群初步調查報告》，合肥：《文物
研究》（第 3 集），黃山書社，1988 年。

〔註 19〕〔美〕史蒂芬·科瓦勒斯基著，沈辛成譯，陳淳校：《區域聚落形態研究》，
南昌：《南方文物》2009 年第 4 期。

聚集了 11 個遺址與石器採集點〔註 20〕（圖 5，左）；天門石家河就曾在城址內外約 10 平方公里的範圍內最多聚集了 42 個聚落〔註 21〕（圖 5，右）。此外，浙江餘杭瓶窯（良渚）古城和陝西神木石峁古城，在 300 萬～400 萬平方米的城圈內，也分別聚集了 10～20 多個聚落〔註 22〕。

圖 5：湖北京山屈家嶺（左）與天門石家河（右）周邊地區的聚落遺址分布圖

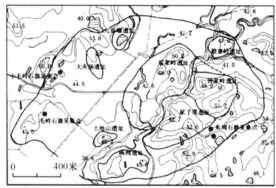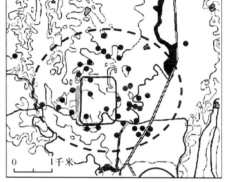

左引自：湖北考古所《湖北京山屈家嶺遺址群 2007 年調查報告》；右引自：湖北考古所《大洪山南麓史前聚落調查──以石家河為中心》。圖中虛線圈為本文作者所加

　　基於這些發現，人們不禁要問：難道上述聚落的群聚現象都因為地域範圍太小、達不到 5～50 平方公里的要求，因而不屬於「區域聚落形態」？難道這些現象也都不在「區域聚落形態」的研究範圍之內？

　　事實證明，史前晚期社會形態的研究不僅需要關注宏觀的大範圍的聚落形態及其變化，而且更需要關注 5～50 平方公里以內的小範圍的聚落形態及其變化。

　　史前社會是一個血緣社會，以血緣為紐帶的聚落組織一般都規模很小，尤其是與那些被人們地緣化了的「區域聚落形態」相比，更顯得微不足道。但是，要復原歷史，研究歷史，就必須從微觀做起，從每一個小型的聚落群做起。

〔註 20〕湖北省文物考古研究所、京山縣博物館：《湖北京山屈家嶺遺址群 2007 年調查報告》，武漢：《江漢考古》2008 年第 2 期。

〔註 21〕湖北省文物考古研究所：《大洪山南麓史前聚落調查──以石家河為中心》，武漢：《江漢考古》2009 年第 1 期。

〔註 22〕浙江省文物考古研究所：《良渚遺址群》，北京：文物出版社，2005 年，第 40、41 之間折頁；陝西省考古研究院等：《陝西神木縣石峁遺址》，北京：《考古》2013 年第 7 期。

（三）「區域聚落形態」是一個虛擬的歷史單位和組織

早在 1887 年，路易斯‧亨‧摩爾根就在《古代社會》〔註23〕中發現了美洲印第安人是一個以血緣為紐帶的部落社會；與此同時，他還發現了血緣社會中村落與村落、部落與部落之間擁有明顯的空間分布關係。

「每一個部落都自有其名稱，自有其不同的方言，自有其最高政府，自有其所佔據所保衛的領土」（《古代社會》第 101 頁）。

部落由此及彼演變的自然分裂過程，「或體現了從一個定居於優越地帶的母部落分離出去的自然過程。……每一批移民都具有軍事殖民的性質，其目的在於找尋和佔有一塊新地域；他們在起初是想儘量保持與母部落的關係。他們就以這種連續不斷的遷移運動來力求擴大他們的共同領土，然後又力求抵抗異族入侵他們的疆域。……不論怎樣擴張他們的共同疆域，其領土總是相互毗連，這是一個值得注意的事實」（《古代社會》第 106、107 頁）。

「在新墨西哥州、墨西哥和中美的村居印第安人中……每一個村落通常就是一個獨立的自治團體。如幾個村落共沿一條河流而彼此鄰近，其居民往往出自同源，而且他們或者處於同一部落政府之下，或者處於同一聯盟政府之下」（《古代社會》第 108 頁）。

「他們的領土包括他們實際居住的地域，還包括他們在漁獵時足跡所到的周圍地區那麼大的範圍，同時也得是他們有能力防禦其他部落侵入的範圍。如果他們的近鄰是操不同語系方言的部落，那麼在雙方領土之間，就有一片廣闊的邊區是中立地帶，不屬於任何一方；但如果彼此是操同一語系方言的部落，則這個間隔地帶比較狹小，也不是劃分得那麼清楚」（《古代社會》第 109 頁）。

然而，同為美國人的戈登‧威利不可能不知道摩爾根和他的《古代社會》，但戈登‧威利最終並沒有選擇《古代社會》，而是選擇了古人從來沒有見到過的「區域聚落形態」。此外，戈登‧威利還使用了一些現代社會學的概念，如「社區」「社群」，並將它們附加在「區域聚落形態」的身上。

實際上，「社區」與「社群」都是現代社會學的概念，也完全是歷史時期社會地緣化以後的產物，如楚國郢都城內的「下里巴人」、美國舊金山的「唐人街」。戈登‧威利之所以要使用這些概念肯定是有所考慮的，就是要

〔註23〕〔美〕摩爾根：《古代社會》，北京：商務印書館，1997 年。

迴避摩爾根與馬克思主義關於史前歷史的研究成果。也許，他當時真地不知道要如何才能證明有關的聚落之間存在一定的血緣關係，也許他是別無選擇才使用了「社區」「社群」的概念。但是，「社區」「社群」又如何能夠替代史前原生的組織呢？又如何才能得知哪些遺址就屬於同一個「社區」與「社群」呢？

實際上，關於聚落組織的證據，全世界各個地區的民族學資料都可用於參考，中國也不例外。其中，《古代社會》、《澳大利亞和大洋洲各族人民》〔註24〕、《永寧納西族的母系制》〔註25〕、《佤族村寨與佤族傳統文化》〔註26〕等專著中就有這方面的記載；而「區域聚落形態」則純屬一種人為的主觀發明和虛構，在全世界都找不到它的前身和來源。

對此，中國的史前考古早已表明，摩爾根的記述是符合歷史的，中國各地史前聚落近距離相聚的群聚形態實際就是史前社會組織的物化反映與見證，就是史前聚落之間血緣與婚姻關係的反映與見證。要文明探源，要復原歷史、研究歷史，就不能像戈登·威利那樣有意識地迴避摩爾根和馬克思主義，就必須正面地接觸和研究史前原始的社會組織。

四

「探源工程」的第四個問題就是嚴重地模糊並混淆了遺址與聚落的區別。

「探源工程」之所以只圍繞「都邑性遺址」和「中心性城邑」周圍進行了全覆蓋的區域聚落分布調查，而從未在一個遺址進行過聚落分布研究，除了西方的影響以外，還顯示本身有一個明顯的認識「盲區」，這就是模糊並混淆了遺址與聚落的區別。

在中國，史前考古發現的多聚落遺址比比皆是，各地區都有；而且時代越晚一個遺址中的聚落數量越多。然而，面對如此眾多的發現，中國考古學卻置若罔聞。鄭州西山遺址（圖2，6），中國多聚落遺址的典範，仰韶文化晚期，面積30萬平方米。遺址的中心是古城，連城牆帶牆外圍溝最大面積

〔註24〕〔蘇聯〕（C·A·）托卡列夫等：《澳大利亞和大洋洲各族人民》，北京：生活·讀書·新知三聯書店，1980年。

〔註25〕嚴汝嫻、宋兆麟：《永寧納西族的母系制》，昆明：雲南人民出版社，1983年。

〔註26〕韓學軍：《佤族村寨與佤族傳統文化》，成都：四川大學出版社，2007年。

為 3.5 萬平方米，古城的外面就是該聚落組織其他成員的聚落，最後環繞這些聚落的是整個遺址的外圍環壕〔註27〕。但是，受外國「區域聚落形態」的影響，人們只關注區域，只將西山當作一個「大遺址」；至於這個遺址內部的結構、作用與意義就疏於考查了，更沒有想到西山遺址居然是一個多聚落遺址。

遺址實際只是一種保存有人類各個歷史時期遺跡、遺物的場所和載體，因承載的遺存不同而有不同的類型。聚落就是遺址的一種類型，可謂居住類遺址。此外，遺址的堆積還有兩個特點。一個是縱向的，主要表現就是從下往上，或連續，或時斷時續地堆積著若干不同時代的遺存。另一個是橫向的，主要表現就是在同一個平面上可以容納多個同時期、同類的或不同類型的遺存，如多聚落遺址、多聚落城址，就都是這方面的典型代表。

聚落，一般而言就是人類聚族而居的場所。與遺址完全是不同屬性的概念。遺址是考古學的，聚落是社會學的，是人們為了理解考古學的發現而從其他學科引進的。

目前，把遺址和聚落混為一談已明顯影響了「探源工程」的質量。

第一，中國史前考古發現的多聚落遺址比比皆是，各地區都有；涵蓋的年代範圍從新石器時代中期一直到晚期，而且數量越來越多。

第二，遺址內聚落數量的變化是中國文明和國家起源的重要標誌。

距今 8000 年前後，多見 2～3 個聚落的遺址，內蒙古林西白音長汗遺址〔註28〕（圖 1，1）、敖漢旗興隆溝遺址〔註29〕（圖 1，2）就是代表。

距今 5000 年前後，多見 3～5 個聚落的遺址和城址，湖北京山屈家嶺遺址〔註30〕（圖 5，左）、天門石家河遺址〔註31〕（圖 5，右）就是代表。

距今 4500 年以後，出現了 5～20 個聚落的遺址和城址，河南新密新

〔註27〕 馬世之：《五帝時代的城址與中原早期文明》，鄭州：《中州學刊》2006 年第 3 期。

〔註28〕 內蒙古自治區文物考古研究所：《白音長汗——新石器時代遺址發掘報告（上）》，科學出版社，2004 年，第 40 頁。

〔註29〕 邱國斌：《內蒙古敖漢旗新石器時代聚落形態》，《內蒙古文物考古》2010 年第 2 期。

〔註30〕 湖北省文物考古研究所、京山縣博物館：《湖北京山屈家嶺遺址群 2007 年調查報告》，武漢：《江漢考古》2008 年第 2 期。

〔註31〕 湖北省文物考古研究所：《大洪山南麓史前聚落調查——以石家河為中心》，《江漢考古》2009 年第 1 期。

砦〔註32〕、浙江餘杭瓶窯（又稱「良渚」）古城、陝西神木石峁古城〔註33〕（圖6）就是代表。

圖 6：陝西神木石峁古城平面圖

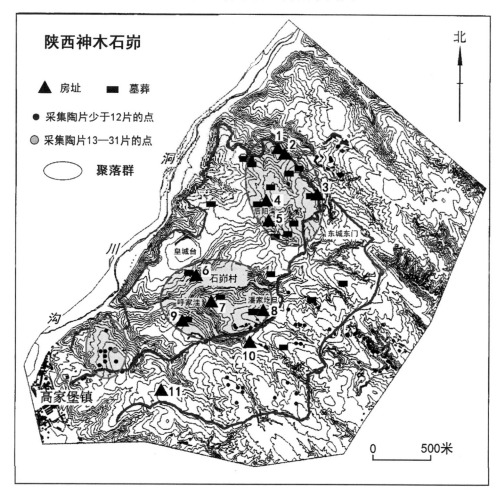

引自：陝西考古院等《發現石峁古城》。圖中實線圈為本文作者所加

商代晚期，出現了超過 100 個聚落或族邑的都城，河南安陽殷墟〔註34〕

〔註32〕中國社會科學院考古研究所河南新砦隊等：《河南新密市新砦遺址 2002 年發掘簡報》，北京：《考古》2009 年第 2 期。

〔註33〕浙江省文物考古研究所：《良渚遺址群》，北京：文物出版社，2005 年，第 40、41 之間折頁；陝西省考古研究院等：《陝西神木縣石峁遺址》，北京：《考古》2013 年第 7 期。

〔註34〕中國國家博物館、中國社會科學院考古研究所：《商邑翼翼四方之極──殷墟文物裏的晚商盛世》，合肥：安徽美術出版社，2013 年。

就是代表。

顯然，透過遺址內部聚落數量的增加，人們不僅可以明顯地看到有關聚落組織不斷擴大的身影，還可以看到中國文明、國家和城市起源的身影與特點。

第三，遺址內聚落的布局實際也是一種聚落組織結構的反映。

河南新鄭唐戶裴李崗文化遺址，30 萬平方米。由於發掘面積太小，目前只看到 4 個聚落，說明遺址上駐守的是一個聚落群〔註35〕。其中，聚落群的核心聚落就位於環壕以內，其他的聚落則環繞在環壕以外。

河南鄭州西山仰韶文化晚期遺址，30 萬平方米。遺址上駐守的也是一個聚落群。其中，核心聚落就位於城中；其他的聚落則環繞在城圈以外。很值得注意的是，遺址上還有一條屬於整個遺址的環壕，不僅將遺址中所有的聚落都圍在裏面，更顯示了這些聚落屬於同一個群體、同一個組織。

陝西神木石峁史前晚期城址（圖6），約 400 萬平方米。雖然目前的考古調查還不清楚城內究竟有多少遺址，但已經顯露出來的線索則表明這是一個大型的聚落集團組織所在的城址。一方面，城之所以分為東、西兩個部分，說明城是由兩個聚落群團聯合構築的，一個駐東城，一個駐西城。其中，西城目前已發現了 8 個房址區或居住區以及一些陶片採集區，按距離遠近明顯可分為三群，石峁村南北二群就相距超過 800 米，石峁群距離西南與人類活動有關的陶片採集區不少於 500 米，顯示各方都是獨立的聚落群，顯示在西城區駐守的就是一個以聚落群為單位、近距離相聚而構成的聚落群團。

顯然，遺址內部不僅有聚落數量多少的差別，還有主次與結構的不同，這些實際上都應該是文明探源的重要資料和線索，怎麼能夠隨隨便便就視而不見呢？

因此，以往跟在「區域聚落形態」的後面，只關心遺址不在意聚落，忽視遺址內聚落數量與布局的研究，忽視遺址內部的聚落組織與組織形態研究的思想與做法再也不能繼續下去了。

五

「探源工程」的第五個問題就是為文明和國家的起源提供了一些不切實

〔註35〕張松林：《鄭州市聚落考古的實踐與思考》，《中國聚落考古的理論與實踐》（第一輯），北京：科學出版社，2010 年，第 199 頁。

際的認識標準。

（一）第一套標準

第一套標準提出的時間較早，於 20 世紀後期開始流行，「探源工程」也繼承了這套標準，並將遺址的大小與內涵當作了文明與國家的主要識別標準，當作了「都邑性遺址」和「中心性城邑」的選擇標準。

應該承認，這套標準有一定程度的合理性。

第一，它與中國史前聚落遺址的面積越來越大的趨勢吻合。

第二，它與中國私有制出現以後，越有權、地位越高就越富的趨勢吻合。

第三，它的確在一定的範圍內是實力和地位的象徵。

第四，它與現代中國行政區劃地理中省、市、縣治所所在的城市規模之差吻合。

然而，考古考的是歷史，歷史是以人為本的歷史而不是以物為本的歷史。歷史的多樣性、不平衡性及複雜性比比皆是。為什麼夏商周建國的中原與關中地區，史前的城址就不如周邊地區的大？為什麼中原與關中地區史前最大的城址面積都不超過 100 萬平方米？為什麼有大城的地方卻沒有夏商周，而沒有大城的地方卻出來了夏商周？此外，中原與關中所有遺址、城址裏面的內涵沒有一個超過了良渚和石峁。這又是為什麼？

第一，關於遺址面積大小的問題。

實際上，由於發展的不平衡，還有許多聚落雖然都擁有相同的社會級別，但相互的規模面積與實力卻很懸殊。山西陶寺遺址就是一個最明顯的例子，它雖然是當時當地最大的遺址、最大的城址，但它的城牆最終卻被人扒了，宮殿被人搗毀了，祖墓被人掘了，觀象臺也被人破壞得慘不忍睹了，城裏的男人也被人成批地殺了，頭骨被扔到灰坑裏了。然而，由於臨汾盆地所有的遺址面積都比它小，因而至今學術界也沒有為它找到可疑的「兇手」。值得注意的是，陶寺之殤卻給人們留下了一個認識聚落和城址、認識文明與國家起源的重要啟示：遺址、城址不在於面積規模大小，有組織則靈；組織起來的小遺址的集體力量有可能大於大遺址；要在一個地區發現真正的王，必須先找到組織狀態最好、最有實力和戰鬥力的組織；「王」首先必須是一個聚落組織的「王」，然後才可能成為真正的地區之「王」。

第二，關於遺址內涵的問題。

遺址的內涵，在中國，實際上指的就是有形的遺跡和遺物，以及它們的

種類與品質。其中，城牆、大型夯土建築、大型祭壇、大型墓葬、青銅器、玉器、象牙器、文字等，就因為種類獨特、品質優良而被定為文明與國家起源的標誌。

但是，遺址內涵的意義既是絕對的又是相對的。

所謂絕對的，就是那些特殊的遺跡、遺物，它們確實是史前晚期的產物，它們確實可以用來證明有關遺址和城址具有重要的地位。但是，它們的作用又是相對的，在任何地方、任何時候誰也說不清這些物品的重要性的程度，以及重要性所覆蓋和起作用的空間範圍有多大。浙江餘杭瓶窯（良渚）古城即如此，人們除了抽象地知道它很重要以外，誰也不知道它究竟屬於什麼級別，是縣團級，還是地市級？也不知道它的權力和管轄的地域範圍究竟有多大。

因此，對於遺址面積的大小和物質內涵不能簡單地用形式邏輯來詮釋它們的社會意義和重要性，更不能簡單地用以作為文明和國家起源的標準。

（二）第二套標準

第二套標準提出的時間較晚，也就是最近 10 餘年，是有關專家為了彌補第一套標準的不足而提出來的，主要涉及宏大工程、社會成員明顯的等級分化、貴族手工業、戰爭和暴力四個方面的問題。然而，這些標準也難以成立。

第一，宏大工程早在距今 8000 年即已出現。

河南新鄭唐戶裴李崗文化遺址，距今約 8000 年，發現一條聚落環壕，已探明長度為 300 米，寬 10～20、深 2～4 米，工程量約 13500 立方米〔註36〕。由於這條壕溝還只是東面的局部，南、北、西三面的長度都不知道，所以估計總工程量可能接近 8 萬立方米。

顯然，唐戶的發現告訴人們，能有效地組織大量人力物力並表明控制了大量人口的工程，可能早在距今 8000 年以前就出現了。由於生產力是一個不斷發展的過程，一些早期工程雖然總體工作量不及史前晚期，但從動態發展的角度來看，其重要性並不亞於後來一些工程的意義。

第二，社會成員明確的等級分化早在距今 8000 年即已出現。

河南舞陽賈湖裴李崗文化遺址，2013 年遺址墓地再次發掘，發現少數人

〔註36〕河南省文物管理局南水北調文物保護辦公室等：《河南新鄭市唐戶遺址裴李崗文化遺存發掘簡報》，北京：《考古》2008 年第 5 期。

不僅擁有骨笛，還有數百顆綠松石和象牙雕版構成的奢侈品隨葬〔註37〕。與此同時，內蒙古興隆窪文化也有少數人隨葬了精美的玉器〔註38〕。稍後，湖南安鄉湯家崗遺址，距今 6500 年，墓地發掘表明只有高等級人士才擁有精美的大圈足白衣紅陶盤和白陶盤〔註39〕。雖然這些地點社會成員之間的隨葬品有差異，無論是數量還是種類、品質都不如史前晚期，但它們還是清楚地說明了社會成員之間「明顯」的等級分化早在距今 8000 年以前就已開始了，並一直在延續。

第三，為高等級人士服務的手工業早在距今 8000 年也已經出現。

河南舞陽賈湖裴李崗文化、內蒙古興隆窪文化、湖南安鄉湯家崗文化所發現的那些高等級的、一般聚落成員沒有的隨葬品，實際上就同步證明了為高等級人士服務的手工業早就出現了。

第四，戰爭和暴力並非文明的象徵和起源的標誌。

戰爭與暴力實際上是史前社會一個很常見的現象，但它們並不會直接導致文明與國家的起源。恩格斯的《家庭、私有制和國家的起源》〔註40〕就論及了美洲印第安人之間的部落戰爭，但戰爭並沒有給當地的易洛魁人帶來國家。這說明戰爭與暴力雖然都是部落社會通往國家的必經之路，但有戰爭和暴力不等於就有了國家。

事實上，已有的考古發現早就說明，要在考古資料的基礎上研究歷史，僅通過物質的表面現象並在此基礎上制定一些認識標準是遠遠不夠的，離真實的歷史還相差甚遠。

六、結語

2015 年「探源工程」已經收官結項。

然而，在還有如此之多重大問題引人質疑的前提下，人們確實需要捫心自問、好好思考一下：除了完成了一些重點遺址的鑽探、發掘及其周邊聚落

〔註37〕 本刊記者：《2013 年度河南省五大考古新發現》，鄭州：《華夏考古》2014 年第 2 期。

〔註38〕 楊虎等：《興隆窪文化玉器的發現及其意義》，北京：《中國文物報》1995 年 4 月 30 日。

〔註39〕 湖南省文物考古研究所：《安鄉湯家崗》，北京：科學出版社，2013 年。

〔註40〕 〔德〕恩格斯：《家庭、私有制和國家的起源》，《馬克思恩格斯選集》，北京：人民出版社，1974 年。

分布的調查工作以外，「中華文明探源工程」究竟給中國考古學與史前史的研究帶來了什麼？取得了那些經得起歷史檢驗的研究成果？在理論與方法方面又有那些值得稱道的建樹？尤其需要思考的是，是否探到了真的文明之源？源究竟在何方？

發表於 2019 年《紀念石家河遺址考古發掘 60 週年學術研討會論文集》

紀念蘇秉琦先生誕辰 110 週年
——質疑「文明探源工程」

考古作為大歷史學分支，妨礙學科發展最大的問題就是「見物不見人」。蘇先生對中國考古學最大的歷史貢獻就是「見物」又「見人」的思考與理論總結，並奠定了考古學中國學派的基礎。

今天對蘇先生最好的懷念與紀念就是不斷地思考、創新與進取。

20 世紀末以來，中國考古學最重要的時代特徵就是在絢麗多彩的考古發現的掩蓋下，考古學研究的學術泡沫滿天飛。

二大泡沫：夏商周斷代工程、文明探源工程。

其中，「文明探源工程」又有五小泡沫：神話國家、神話考古學文化、杜撰區域聚落形態、杜撰酋邦、神話社會分工。

一、質疑「國家」的神話

王巍先生說：「文明是在國家管理下創造出的物質財富、精神財富的總和」，「國家是文明社會的概括」〔註1〕。

但是，文明與國家完全是意義不同的概念，起源與發展也互不相同。

文明是人類社會高品質的發展狀態和發展階段，也是人類社會組織方式、生產方式、生活方式、人本身的解放不斷的進步與變革。不因國家而起，也不因國家而亡。國家只是人類地緣社會的一種組織方式與組織形式。以前沒

〔註1〕王巍：《對中華文明起源研究有關概念的理解》，河南開封：《史學月刊》，2008年，第1期。

有，以後也會因為世界「大同」而消亡。

人類歷史可見二個生存狀態存在重大區別的階段。

第一階段，原始自然社會，即主要是自然因素主宰和制約了人類社會發展的低級階段，從舊石器時代一直到新石器時代早期即是。

第二階段，文明社會，即主要是人類社會內在的力量主宰社會發展的階段，從新石器時代中期一直到今天。這是人類社會發展的高級階段，是人類主動追求主動改善生存狀態與生存質量的階段，即社會的文明化階段。

在國家出現以前，「文明」的陽光就已和諧地灑滿了人間，後來在國家出現的地方又出現了「人類命運共同體」，再後來國家雖然消亡了但文明還在延續。

考古表明，距今6500～5000年國家出現之前文明起源就給社會帶來了8大變化

變化1：自然的廣譜經濟轉變為人為的生產性農業經濟。

變化2：生產方式由集體勞動轉變為早期個體勞動。

變化3：一夫一妻制婚姻與家庭開始普及。

變化4：個體家庭成為了血緣社會獨立的最小組織與經濟單位。

變化5：母系社會變成了父系社會。

變化6：財富私有制進入了新階段，出現了貴族。

變化7：人開始由集體中的一員變成了集體中獨立的個人。

變化8：社會由分散開始走向整合與統一。

史前社會是一個血緣社會，所有的血緣組織都是獨立分散的小型社會組織。因此，人類社會文明化最重要的特點與標誌就是社會的一體化，即整合與統一。

八大變化的意義表明，文明的起源，社會的文明化，其目的都不是為了迎接國家的起源；文明是人類自身追求高品質生存狀態和質量的舉措與結果。

二、質疑「考古學文化」的神話

王巍、趙輝先生說：「中華文明的形成是在一個相當遼闊的空間內的若干考古學文化共同演進的結果」〔註2〕。

〔註2〕王巍、趙輝：《中華文明探源工程的主要收穫》，北京：《光明日報》，2010年2月23日，第12版。

在這裡，「考古學文化」被神話了。「考古學文化」變成了一種歷史的實體，一種人類的社會組織，各個「考古學文化」還帶領自己的屬民一起來搞文明起源！？

但是，考古學文化是一定的時間與空間範圍內，由一群有特色的遺跡遺物構成的共同體，考古學文化只是一種死的「物質文化」的共同體，只是物質文化史的載體和研究單位與平臺，而不是活的人類社會組織以及歷史的載體、研究單位和平臺。

在夏商周國家、民族、考古學文化「三位一體」現象出現之前，同一個考古學文化的地域範圍內分布了無數個血緣組織，古人只認血緣，只認組織，不認考古學文化。即使國家出現以後，古人也只認國家而不認由罈罈罐罐構成的考古學文化。

20 世紀 80 年代以後，廣東文化大舉北上，歐美文化大舉東來，但是所有這些物質的非物質的影響和交流都沒有共同「演進」出新的「文明」。

「考古學文化」最主要的學術意義有三個方面。一，主要是物質文化史的載體、單位和平臺；二，為人類歷史的研究提供了科學的時空座標；三，為人類歷史的研究提供了一定的資料和線索。

因此，考古學文化不是人類組織，考古學要透物見人就必須以人類的社會組織為歷史發展和演變的載體，為歷史研究的單位和平臺。

三、質疑「區域聚落形態」

王巍先生說：「出於為中心聚落中的顯貴們服務的需要……衛星聚落一般都位於中心聚落的周圍……理所當然地成為我們研究中國古代文明起源的重點」〔註3〕。

但是，在國家出現之前，整個史前社會都是血緣社會，到處都是小型的血緣組織，根本不存在地緣化的「區域聚落形態」，以及地緣化的「中心聚落」和「衛星聚落」。

「區域聚落形態」的理論主要有四個問題。

一是沒有區分自然和社會原因促成的聚落群聚形態，而是混為一談。

二是將地緣社會的「社區」、「社群」強加在古人頭上。史前是血緣社會，所有的社會組織都以血緣為紐帶。在古國出現之前，根本就不存在任何跨血

〔註3〕王巍：《聚落形態研究與中華文明探源》，北京：《文物》，2006 年，第 5 期。

緣跨地域並以「社區」「社群」為組織單位的「區域聚落形態」。

三是「區域」都是人為圈定的，越大越好，5～50 平方公里範圍內的所有聚落都不宜被看作「區域形態」〔註4〕。

四是認為區域內有「四級聚落等級」就有國家〔註5〕，哪個大哪個就是王。

正因此，區域聚落形態的根本問題就是用人為虛構的歷史模糊了、架空了史前社會的原始形態和真相。

「良渚古城址」的研究就是這方面的典型。

調查表明，良渚遺址群是一個史前獨立的近距離相聚在一起的大型聚落組織，既不是「區域聚落形態」，也不是地緣化的國家；所謂「宮城、內城和外城三重結構」、國野、城址區、郊區、王陵、貴族墓地、手工業作坊區的劃分與認識，都是地緣社會，即商周以後才陸續出現的歷史現象，全部被人為提前了二千多年〔註6〕。

四、質疑「酋邦」

「酋邦理論」的核心思想：一方面認為酋邦是人類部落社會與國家之間的過渡階段；另一方面認為人類社會經歷了遊群（band）、部落（tribe）、酋邦（chiefdom）、國家（state）四個連續發展的階段。

對此，嚴文明、李伯謙先生都認為中國史前有「酋邦」，其中「良渚文化」與「屈家嶺文化」就是代表〔註7〕。

但是，中國的考古表明「酋邦」理論有二個重大問題。

（一）中國就根本沒有「遊群」，也沒有獨立的「遊群」時代

距今約 200 萬年以前，河北陽原泥河灣盆地大田窪臺地舊石器時代早期遺址的群聚形態就表明它們是一種組織形態。

〔註4〕史蒂芬・科瓦勒斯基著、沈辛成譯、陳淳校：《區域聚落形態研究》，南昌：《南方考古》，2009 年，第 4 期。

〔註5〕劉莉：《中國新石器時代——邁向早期國家之路》，北京：文物出版社，2007年，第 146 頁。

〔註6〕裴安平：《質疑世界遺產「良渚古城遺址」認識的十大學術泡沫》，www.peianping.com/新文稿。

〔註7〕嚴文明：《農業發生與文明起源》，北京：科學出版社，2000 年，第 105 頁；李伯謙：《考古學視野的三皇五帝時代》，《新田文化與和諧思想論文集》，太原：山西人民出版社，2008 年，第 26 頁。

其中，同為一個遺址群的飛梁與東谷坨二遺址，不僅相距很近，約 200 米；而且各自厚達幾米的同時期文化堆積層，說明它們都不是孤獨的「遊群」，而是長期在同一個組織中的不同成員。

（二）中國就根本沒有「酋邦」，也沒有獨立的「酋邦」時代

距今 6～5 千年崛起的是血緣一體化的聚落群（部落）。

特點：以實力和利益為基礎，以聚落為組織單位，各成員之間主從關係明確，並集中統一領導和管理。

A 型聚落群：獨立的聚落遺址的一體化。各成員近距離相聚在核心的周邊，湖南澧縣城頭山城址所在就是代表。

B 型聚落群：同一個遺址不同聚落的一體化。各成員零距離相聚在核心的周邊，河南鄭州西山城址所在就是代表。

距今 5～4.5 千年崛起的是血緣一體化的聚落群團，即永久性的部落聯盟。

特點：以實力和利益為基礎，以聚落群為組織單位，各成員之間主從關係明確，並集中統一領導和管理。

A 型聚落群團：獨立的聚落群的一體化。各成員近距離相聚在核心的周邊，湖北京山屈家嶺大型環濠遺址所在就是代表。

湖北天門石家河屈家嶺文化城址時期的聚落群聚形態也是 A 型聚落群團的代表。

B 型聚落群團：同一個遺址不同聚落群的一體化。各成員零距離相聚在核心的周邊。山東日照堯王城城址所在就是代表。

距今 4.5～4 千年，同時崛起的是一體化的聚落集團、早期國家和古國。

聚落集團：超大型的血緣聚落組織。

特點：以實力和利益為基礎，以聚落群團為組織核心，從屬關係擴大到各遠親聚落群和聚落群團之間，各從屬組織近距離或超近距離相聚在核心的周邊。

A 型聚落集團：核心周邊既有聚落群團又有聚落群。湖南澧縣雞叫城城址所在就是代表。

B 型聚落集團：所有組織成員都是聚落群團。山東西北東阿教場鋪城址所在就是代表。

C 型聚落集團：所有組織成員都是早期同一組織一脈相承原地發展壯大的結果。湖北天門石家河文化時期的聚落組織就是代表，並以城址為核心，

在 8 平方公里範圍內聚集了 38 個聚落。

早期國家：一種跨血緣，或又跨血緣又跨地域結盟的聚落組織。

特點：以實力和利益為基礎，以聚落群團或集團為組織核心，從屬組織完全是不同血緣的聚落群團或集團，並近距離相聚在核心的周圍。

A 型早期國家：只跨血緣。湖北天門石家河文化時期的聚落形態就是代表，其中吳劉新場附近的聚落群團就是外來的組織。

B 型早期國家：又跨血緣又跨地域。山東青州壽光以邊線王城址為核心的聚落群聚形態就是代表，其中青州與壽光境內都是獨立的聚落集團。

古國：一種又跨血緣又跨地域，並在不同血緣組織之間建立了政治上壓迫經濟上剝削的統治與被統治關係的聚落組織。由於無論統治者還是被統治者都是血緣組織，所以古國又可稱為「血緣國家」。

A 型古國：單一血緣組織單打獨斗建立古國模式，並與商代建國模式類似。

山西臨汾盆地潝河聚落集團打敗陶寺古城及其聚落組織建立古國就是代表。

B 型古國：先跨血緣建立早期國家，然後再建立古國，建國之路類似西周。湖北天門石家河石家河文化時期的聚落形態就是代表。

C 型古國：先跨血緣又跨地域建立早期國家，然後再建立古國，建國之路類似夏。

河南洛陽盆地洛河以南三大聚落集團聯合打敗敵人輪流執政共同興旺發達的過程與結果就是代表。

顯然，中國史前血緣社會向國家地緣社會的過渡不是「酋邦」所能涵蓋的，而是更具體、細緻、更具有本土特色。

五、質疑「社會分工」的神話

袁行霈、嚴文明認為：「由於農業和手工業的發展，導致了所有制關係、交換關係和分配關係的發展，導致了社會的進步，促進了從村落到國家的演變的歷程」[註8]。

王巍先生也認為：「在交換和貿易比較發達地區，中心聚落還成為重要的貿

<hr>

[註 8] 袁行霈、嚴文明主編：《中華文明史（第一卷）》，北京：北京大學出版社，2006年，第 19 頁。

易中心，它們一般都位於交通便利的地方，如靠近河流和主要的道路」〔註9〕。

顯然，在專家們的認識裏，史前晚期農業與手工業的社會分工不僅發生了；還產生了巨大的歷史作用，一方面催生了地緣性的商品經濟和貿易中心，另一方面成了導致文明與國家起源的基本原因。

但是，商品經濟與農業手工業的社會分工是有條件的。

第一，社會地緣一體化。否則，就不可能在不同的人類血緣組織之間實現農業與手工業無限制的「社會分工」，有產品也無法流通。

第二，生產資料個人所有。否則，產品都是集體的，有產品也不可能變成可隨意銷售與自由競爭的商品。

湖北天門肖家屋脊遺址手工業分工又分級現象說明，史前晚期，社會沒有地緣一體化，各血緣組織自產自用；所有的農業與手工業「社會分工」只發生在大型一體化的血緣組織內部，並服從統一領導與管理，根本沒有市場經濟與自由競爭。

事實上，商代及以前，手工業與農業的社會分工全部都只發生在血緣組織內部，並隨這種組織規模的擴大而擴大。商代之所以會出現「世工世族」、「工商食官」就說明當時還沒有出現只為銷售自由競爭的商品經濟。

其中，殷墟就不是「貿易中心」，並說明中國的文明和國家起源與農業手工業的社會分工和商品經濟完全無緣。

希望

對蘇先生的紀念不是形式，而是不斷地創新與進步。同時也希望北大摒棄自以為是的學術官僚做派，兼容並蓄，不再成為啃老一族，而是接過「中國學派」的大旗，扛下去。

蘇公，您永遠活在我們心中！

本文為 2019 年 10 月北京大學：《紀念蘇秉琦先生誕辰 110 週年》會議發言稿

〔註9〕王巍：《聚落形態研究與中華文明探源》，北京：《文物》，2006 年，第 5 期。

質疑王巍先生關於中國文明
起源的時間與標準

2020 年初，王巍先生在《求是》第 2 期發表了《中華 5000 多年文明的考古實證》一文。由於該文關於中國文明起源時間與標準的觀點問題很多，簡單膚淺，還完全脫離了中國考古的實際，故此特予質疑。

一、質疑中國文明起源的時間

由文章的標題即可知道，王巍先生明顯認為中國的文明起源只有距今 5 千年，中國的文明史也只有 5 千年；而且「良渚古城」就是文明起源的考古實證。

但是，中國的考古早就表明：文明「是實踐的事情，是一種社會品質（恩格斯）」；是人類社會高品質的發展狀態和發展階段，也是人類社會組織方式、生產方式、生活方式、人本身解放不斷的進步與變革；既不因國家而起，也不因國家而亡。

大約距今 8 千年，中國的文明就起源了。其中，最重要的社會變化與標誌有三點。一是人與人之間，二是聚落與聚落之間，三是聚落群與群之間都出現了前所未有的地位等級分化。

人與人之間地位等級分化的最早標誌就是興隆窪文化的玉器（圖 1，1）。對此，1991 年 8 月，在《文明發端玉龍故鄉——談查海遺址》一文中，蘇秉琦先生就曾指出：「查海玉器已解決了三個問題，一是對玉材的認識，二是對玉的專業化加工，三是對玉的專用。社會分工導致社會分化，所以是文明起

步」。同年 12 月，在《關於重建中國史前史的思考》的論述中，蘇先生又進一步指出：「沒有社會分工生產不出玉器，沒有社會分化也不需要禮制性的玉器」。蘇先生的話一針見血，切中要害，最早且充分地肯定了興隆窪文化玉器作為文明起源標誌的社會和歷史意義。

圖 1：內蒙興隆窪遺址 M118 發掘及隨葬品器物圖（1）；河南新鄭唐戶裴李崗文化遺址聚落分布圖（2）

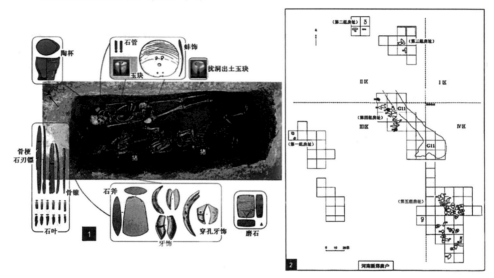

1 引自：中國社會科學院考古研究所等《玉器起源探索：興隆窪文化玉器研究及圖錄》；
2 引自：張松林《鄭州市聚落考古的實踐與思考》

關於聚落之間地位等級分化的標誌主要見於河南新鄭唐戶〔註1〕、浙江嵊州小黃山〔註2〕等多聚落遺址的發現。因為在這些遺址中人類血緣社會以往各成員獨立平等的組織方式發生了重大變化，出現了前所未有的一體化主從關係、出現了核心聚落與從屬聚落。其中，核心聚落就住在防禦功能明顯的環壕之內，其他從屬聚落就圍繞在壕溝以外（圖1，2）。

關於聚落群與群之間地位等級分化的標誌也主要見於河南新鄭唐戶，因為唐戶出現了有防禦功能的壕溝，從而顯示群體的實力與地位突出。

大約距今 5 千年，在國家出現之前，文明的陽光已灑滿人間，並給當時

〔註1〕河南省文物管理局南水北調文物保護辦公室等：《河南新鄭市唐戶遺址裴李崗文化遺存發掘簡報》，北京《考古》，2008 年，第 5 期。
〔註2〕王海明：《嵊州小黃山遺址發掘取得重大收穫》，杭州：浙江文化信息網，2005 年 8 月 5 日。

的人類社會帶來了8大變化〔註3〕。

圖2：史前不同時期城址形狀與所在遺址社會組織結構演變代表性地點平面圖

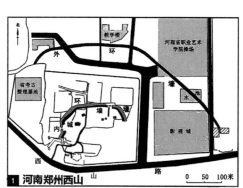

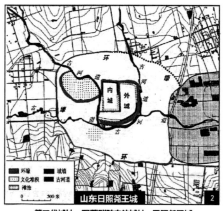

第一代城址：单聚落城址 郑州西山

仰韶文化晚期 聚落集体相聚的遗址 30万m²
核心单聚落位于城中 3.5万平方米
其它普通成员位于外环壕与城之间

第二代城址：聚落群驻守的城址 日照尧王城

大汶口文化晚期 聚落群团集体相聚的遗址 400万m²
核心聚落群 { 一级核心聚落位于内（小）城中
全部位于城内 { 二级核心聚落群其他成员位于外（大）城中
其它普通聚落群全部位于环壕与城之间

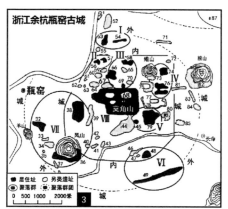

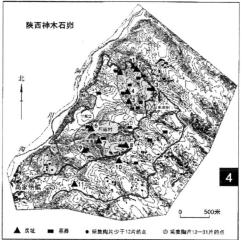

第三代城址：聚落群团集体驻守的城址 余杭瓶窑古城

良渚文化 聚落群团集体驻守的遗址于城址 内城290m²
核心聚落群位于莫角山上 30万m²
其它普通聚落群分别位于内外城中

第四代城址：聚落集团集体驻守的城址 神木石峁

龙山文化晚期 400万m² 东城190万m² 西城210万m²
西城聚落群团至少二大聚落群 { 后阳湾聚落群
石峁村聚落群

1引自：張玉石《鄭州西山古城發掘記》；2引自：；梁中合：《日照堯王城遺址的新
發現、新收穫與新認識》；3引自：浙江省文物考古研究所《良渚遺址群》；4引自：
陝西省考古研究院《發現石峁》。圖中虛、實線圈為本文作者所加

〔註3〕裴安平：《中國的家庭、私有制、文明、國家和城市起源》，上海：上海古籍
出版社，2019年版，第346～352頁。

自然的採集狩獵廣譜經濟轉變為人為的生產性農業經濟；

生產方式由集體勞動轉變為早期個體勞動；

一夫一妻制婚姻與家庭開始普及；

個體家庭成為了血緣社會獨立的最小組織與經濟單位；

母系社會變成了父系社會；

財富私有制進入了新階段，出現了貴族；

個人開始由集體中的一員變成了集體中獨立的個人；

社會由分散開始走向整合與統一。

值得注意的是，「良渚古城」及所在聚落組織並不能代表文明起源，因為有以下五個原因。

第一，距離文明起源的時間遙遠，至少超過 3.5 千年。

第二，內外城的結構在中國史前城址的演變史中屬於第二代城址（圖 2，2、3）。其中，第一代，距今 6～5 千年，都是只有一圈城牆的單城城址（圖 2，1）。

第三，古城規模巨大，城內居住者是一個距今 5 千年才出現的聚落群團，至少有 17 個聚落構成的 7～8 個聚落群（圖 2，3），在中國史前城址內部人員組織結構的演變史中屬於第三代城址。其中，第一代，距今 6～5 千年，單聚落；第二代，距今 5～4.5 千年，聚落群；第三代，距今 4.5～4.2 千年，聚落群團。

第四，成熟的禮器。之所以謂之「成熟」，一是琮璧鉞形狀固定，不僅種類成套，而且造型流行立體；二是等級分明，琮的等級最高；三是器型與圖案相輔相成，共同顯示了天人合一人權神授的理念；四是使用明顯的制度化。在中國禮器的演變史中，良渚明顯晚於距今 5 千年以前安徽含山凌家灘 87M4 所出〔註4〕，為扁平體造型之後興起的第二代禮器的代表。

第五，以古城為核心的良渚遺址群共有 4 大聚落群團（圖 3），很可能整體屬於大型的聚落集團，或跨血緣結盟的早期國家。與此同時，在良渚遺址群範圍內所發現的所有大墓、玉器、祭壇、城址、水壩等遺跡遺物也都只能證明當地有一個實力強勁的社會組織，而不能直接證明當地就有一個國家。因為所有國家的建立都是暴力的結果，而良渚遺址群及其周邊地區，至今也

〔註 4〕安徽省文物考古研究所：《凌家灘——田野考古發掘報告之一》，北京：文物出版社，2006 年。

沒有發現任何與暴力建國有關的遺跡遺物和跡象。

圖 3：浙江餘杭良渚遺址群遺址分布平面圖

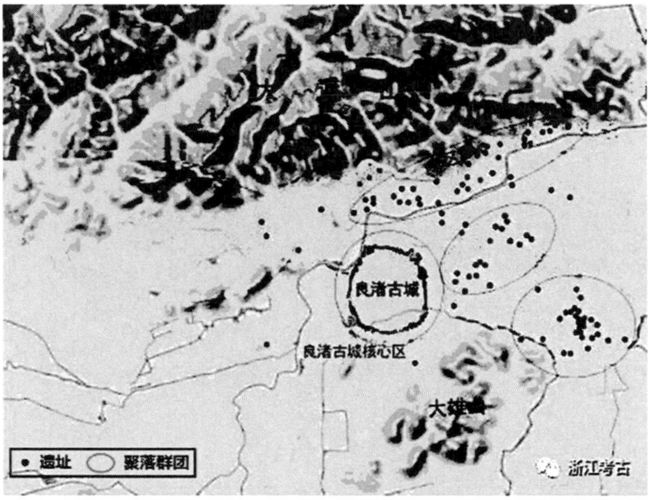

引自：浙江省文物考古研究所《2016年浙江重要考古發現選介》

顯然，「良渚古城」及所在聚落組織本身就是社會文明化一體化不斷發展的產物和結果，既不是文明起源的代表，也不是國家起源的代表；因而絕不能削足適履為了抬高良渚的歷史意義而大幅縮短中國文明起源的最早時間，並證明中國只有五千年文明史。

二、質疑文明起源的生產力標準

王巍先生關於文明起源的第一個標準就是「生產力獲得發展，出現社會分工」，而「生產力獲得發展」的主要標誌就是「在農業顯著發展的基礎上，出現農業和手工業的分離，並且部分手工業生產專門化（如琢玉、髹漆、製作高等級陶器、冶金等）」。換言之，主要是二大標誌，一是「農業顯著發展」，二是「社會分工」。

根據中國考古發現，以上觀點有三個問題。

第一，良渚文化不能證明當時各地的農業都有「顯著發展」。

為了證明中國的農業當時各地都有「顯著發展」，作者以良渚文化為例，並認為「大面積的水田」、「牛的腳印」、「石柄石頭犁鏵」的出現就是證據。然而，這樣的證據只是一定地區的表面現象，而非跨區域宏觀的本質特徵。

一般而言，由於各地地理環境和自然條件的不同，要說明當時很多地區的農業都同時出現了「顯著發展」，不能僅以太湖周邊土壤稀鬆含水量高最早

適合犁耕的個案為證，必須找到它們的共有特點，並以此說明「顯著發展」共有的時代原因。

圖4：各地距今6～4.5千年期間所見「排房」與「套房」平面圖

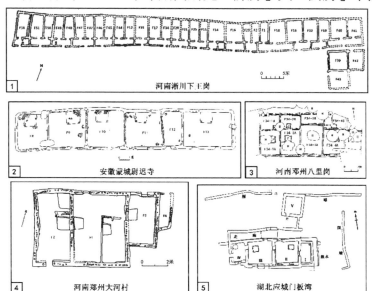

1引自：河南省文物研究所等：《淅川下王崗》；2引自：中國社會科學院考古研究所：《蒙城尉遲寺》；3引自：北京大學考古實習隊等《河南鄧州八里崗遺址發掘簡報》；4引自：鄭州市文物考古研究所編著《鄭州大河村》；5引自：國家文物局主編《1999中國重要考古發現》

　　事實上，中國的考古早就證明「大面積的水田」、「牛的腳印」、「石柄石頭犁鏵」只是生產技術不斷進步的產物，而不是「農業顯著發展」的本質特徵，因為任何技術實際效能與作用的發揮都必須以一定的生產關係和生產方式為基礎。否則，再先進的生產工具在毫無生產積極性的勞動者面前也都是歷史的玩物。中國史前晚期，各地農業之所以會出現「顯著發展」，並成為文明和國家起源的基礎，關鍵的原因並不是技術的進步和改良，而是社會生產方式由以往的集體勞動變成了個體勞動，個體家庭也順勢成為了血緣社會最小的組織與經濟單位，河南鄧州八里崗〔註5〕、淅川下王崗〔註6〕和鄭州大河

〔註 5〕北京大學考古實習隊等：《河南鄧州八里崗遺址發掘簡報》，北京：《文物》，1998年，第9期。
〔註 6〕河南省文物研究所等：《淅川下王崗》，北京：文物出版社，1989年，第166～183頁。

村〔註7〕、安徽蒙城尉遲寺〔註8〕、湖北應城門板灣〔註9〕等遺址距今6千年以來只適合個體家庭居住的「套房」和套房連起來的「排房」就是證明（圖4）。

第二，史前「農業顯著發展」不是一次而是前後二次。

20世紀90年代以來，中國的文物普查結果就早已證明近萬年以來中國的史前農業經歷了前後二次「顯著發展」，以致養活的聚落和人口數量成倍成倍往上翻。

僅以湖南湘西北澧陽平原為例就非常清楚〔註10〕。

第一次，距今6千年前後，在約600平方公里的平原範圍內共發現大溪文化時期的聚落遺址46個，不僅數量是前期距今9～8千年的彭頭山文化的3.8倍，距今8～7千年的皂市下層文化的2.7倍；而且個體規模平均面積也擴大了，分別是彭頭山文化的2倍，皂市下層文化的1.2倍。如果按一定的面積承載相似的人口計算，那遺址數量與面積的變化就表明，大溪文化時期的農業不僅「顯著發展」了，成為了人類食物的主要來源，而且養活的人口大約還是彭頭山文化的8倍。

第二次，距今4.5千年前後，在同樣的平原面積範圍內，澧陽平原共發現石家河文化時期的聚落遺址163處，數量分別是大溪文化與屈家嶺文化的3.5倍以上，顯示養活的人口至少是它們的3.5倍以上。

類似的現象也同樣見於河南、山西、內蒙等地的區域調查〔註11〕。

值得注意的是，第一次「農業顯著發展」最突出的歷史意義就在於改變了自舊石器時代以來就一直存在的集體勞動集體消費生產方式，以致在生產資料集體所有制基礎上的個體勞動成為了新的社會生產方式，並為當時的文明起源奠定了物質基礎。第二次農業「顯著發展」最突出的歷史意義就在於「剩餘勞動」大量增加，從而在人均農業土地面積大幅萎縮社會矛盾空前激

〔註7〕鄭州市文物考古研究所編著：《鄭州大河村》，北京：科學出版社，2001年。

〔註8〕中國社會科學院考古研究所：《蒙城尉遲寺》，北京：科學出版社，2001年。

〔註9〕國家文物局主編：《1999中國重要考古發現》，北京：文物出版社，2001年。

〔註10〕裴安平：《中國史前聚落群聚形態研究》，北京：中華書局，2014年，第117～118，159～162頁。

〔註11〕趙青春：《鄭洛地區新石器時代聚落的演變》，北京：北京大學出版社，2001年；何駑：《2010年陶寺遺址群聚落形態考古新進展》，北京：《中國社會科學院古代文明研究中心通訊》，2011年，第21期；赤峰中美聯合考古研究項目：《內蒙古東部（赤峰）區域考古調查階段性報告》，北京：科學出版社，2003年。

烈的歷史背景下，導致國家出現了，導致社會最早出現了依靠剝削不勞而獲的新型生存模式。

顯然，不承認史前中國的農業曾經歷了前後二次「顯著發展」及其具有的不同的歷史意義，或只承認其中一次，不僅都與歷史不符，也是對歷史的誤解。

第三，夏商周及以前中國就根本不存在地緣化的「社會分工」。

中國的考古表明，手工業的分工有二種類型。一種是血緣社會的分工，其特點是分工只發生在一定的血緣組織內部；另一種是地緣社會的分工，其特點是在一定的地域範圍內，沒有任何血緣和民族的藩籬，只要有能力的獨立人都可以自由參與生產、分工和競爭。

由於史前一直是血緣社會，又由於夏商周國體雖然已經地緣化了但政體還是血緣化的，統治民族的基層組織還是血緣化的；所以，商周及以前中國就根本不存在地緣社會特點的「社會分工」。殷墟之所以存在「世工世族」、「工商食官」現象，就是這方面的最好證明。

此外，考古還證明，即使是血緣社會內部的「社會分工」也主要不是生產力發展的直接結果。

距今 8 千年，血緣組織內部的「社會分工」首先就從當時人類生產生活的實體組織聚落群即部落內部開始了。因為文明已經起源，人與人之間出現了前所未有的地位等級分化，所以就出現了少數有權有地位的人專用的玉器，就出現了專門生產這種玉器的「社會分工」。

距今 5 千年前後，由於血緣社會出現了以統一領導和管理為特點的永久性一體化的聚落群團即永久性部落聯盟，「社會分工」的規模以此為基礎明顯擴大了。但這種分工最主要的時代特點並不是農業與手工業的分工，而依然是沿襲了前期的特點，主要是為了滿足貴族和貴族政治的需要。

商周時期，社會分工的規模又進一步擴大了，但依然不是地緣社會的分工，也不是以農業和手工業分工為特點的城鄉分工，而仍然是血緣組織內部的分工。雖然為平民服務的手工業規模也擴大了，如安陽殷墟薛家莊南地〔註12〕、大司空村東南地〔註13〕的骨器作坊；但主要為貴族和貴族政治服務的宗

〔註12〕孟憲武：《殷商制骨》，河南安陽：《殷都學刊》，2006 年，第 3 期。
〔註13〕中國社會科學院考古研究所編：《殷墟發掘報告》，北京：文物出版社，1987
　　　　年，第 79 頁。

旨並沒有改變，而且「世工世族」與「工商食官」的現象還說明當時並沒有商品經濟，沒有市場，生產者個人也沒有生產資料的個人所有制或生產資料的完全使用權，也沒有獨立生產和自由競爭。

顯然，中國血緣社會的「社會分工」充滿了自身特點，它雖然反映了社會生產力水平的不斷提高，但分工的原因並不是因為社會生產力發展了，也不是農業和手工業「分離」的結果；至於「部分手工業生產專門化（如琢玉、髹漆、製作高等級陶器、冶金等）」，更是距今 5 千年以後貴族與貴族政治需要的產物。

正因此，夏商周及以前的「社會分工」根本不是中國文明起源的動力和標準，而恰好相反是文明起源的結果，是聚落血緣組織不斷大型化一體化導致貴族與貴族政治興起的結果。

三、質疑文明起源的階級分化標準

王巍先生關於文明起源的第二個標準就是「社會出現明顯的階級分化，出現王權」。

事實表明，所謂階級就是由獨立的個人按地位和財富分成的社會群體或集團，這些群體或集團還分別對社會生產資料和財富擁有不同的控制權。中國的考古表明，史前與夏商周時期並沒有出現階級，因為血緣社會根本不具備產生階級的基礎與條件。

一方面，血緣社會的生產資料全部都是集體所有制，所以就不會出現以生產資料個人所有為基礎的社會的獨立個人。此外，在生產資料使用權完全個人所有之前，也沒有一個可以構成階級的社會獨立的人員。

另一方面，在血緣社會，所有血緣組織不僅是一個血緣群體，也是一個共同生產生活的利益群體，所有的人不僅都是親戚而且都是戰士，每一個成員，從貴族到平民，都在為組織的利益而浴血奮戰，並共同享受由此而獲得的利益。所以聚落組織內部只有等級，而無階級。即使夏商周時期，也是如此。殷墟的後崗墓地（圖5），那些除了一具骨架以外空無一物的小墓〔註14〕之所以還會與那些「中字形」、「甲字形」的大墓簇擁在一起，就因為他們是血緣利益一體化組織的成員，生死與共。因此，他們之間的關係就根本不存

〔註14〕中國社會科學院考古研究所編著：《殷墟的發現與研究》，北京：科學出版社，2001 年，第 131 頁。

在階級的壓迫和剝削，也不能用階級壓迫和剝削來理解和表達。誠如恩格斯所言：「氏族制度的偉大，但同時也是它的侷限性，就在於這裡沒有統治與奴役的餘地」〔註15〕。

圖5：殷墟後崗墓地墓葬分布示意圖

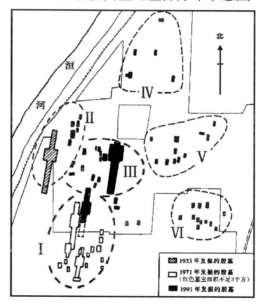

引自：中國社科院考古所《中國考古學·夏商卷》

再一方面，當時的利益之爭也不是以個人為單位，而是以集體為單位，以血緣族體為單位，即使古國的出現也是血緣族體之間利益爭奪的結果。夏商周時期，國家統治與權力的覆蓋範圍雖然已經突破了血緣組織的界限，已經地緣民族化了。但是，基層的社會組織、國家的統治模式與政體都還是血緣化的，西周的「分封制」就是代表。

不過，社會基層血緣組織政治與經濟發面的獨立性也嚴重地影響並侷限了國家統一領導和管理權利的落實，影響並侷限了國家實力的增強。於是，從西周早期開始，國家在統治民族內部開始了歷史性的變革，並通過「鄉里制」〔註16〕和「井田制」正式開始拆除了基層社會組織的血緣藩籬。

西周之所以要實行「鄉里」制，要用地緣化的「鄉里」替代血緣化的組

〔註15〕恩格斯：《家庭私有制和國家的起源》，《馬克思恩格斯選集》第四卷，北京：人民出版社，1974年，第154頁。

〔註16〕朱玲玲：《坊里的起源及其演變初探》，鄭州：《鄭州大學學報（哲學社會科學版）》，1986年，第2期。

織，最根本的關鍵是要剝奪以往基層血緣組織獨自為政的權利與合法性，進而強化國家，也同步強化統治民族內部核心血緣族體對其他血緣族體的統治與管理。

相對「鄉里」制而言，「井田制」實際就是一種經濟制度，一種與「鄉里」製配套的經濟制度。一方面，它變原血緣組織的生產資料集體國家二級所有為國家一級獨有，並將原來屬於血緣集體的土地又重新以國家的名義分配給原來的居民。這樣不僅徹底剝奪了血緣組織的土地所有權，還使「鄉里」一級行政組織成為了國有生產資料的具體管理部門與單位。另一方面個體勞動者或家庭原本耕作集體土地而應該上繳給集體的那部分「勞役地租」也全部都轉交給了國家。這樣既減少了國家與勞動者之間稅收的中間環節，又剝奪了原來血緣組織的經濟基礎，斷絕了過去血緣組織生生不息的根基。

正因此，西周的變革意義重大，並為春秋戰國基於地緣社會階級的出現掃清了道路，創造了社會條件，奠定了歷史基礎。

值得注意的是，中國王權的出現既不與「階級」同時，也不與「階級」掛鉤。實際上，早在距今 5 千年左右，隨著史前第一代政治組織即一體化永久性聚落群團（部落聯盟）的誕生，人類社會就可能出現了統一領導和管理的「王」。

正因此，「階級」與「王權」的出現都不應該是中國文明和國家起源的標準。

四、質疑文明起源出現了都邑性城市的標準

王巍先生關於文明起源的第三個標準就是「人口顯著增加和集中，出現都邑性城市，並成為政治、經濟、文化中心」。由於沒有說清楚人口的增加和集中是出於血緣的還是地緣的原因，又由於在中國「都邑性的城市」都是地緣社會的產物，所以王巍先生這一文明起源的標準實際就是社會地緣化的標準，因而就是完全不符合中國歷史發展與過程實際的標準。

距今6～5千年，由於聚落血緣組織的文明一體化只涉及聚落群即部落一級，而部落內部就只有一級核心成員，即核心聚落；所以當時全國各地崛起的史前最早的一批城址都是單聚落城址，都是只有一個聚落駐守的「軍事中心」，規模也很小，不超過 8 萬平方米，湖南澧縣城頭山〔註17〕、湖北石首走

〔註17〕湖南考古研究所：《澧縣城頭山》，北京：文物出版社，2007 年。

馬嶺和屯子山〔註18〕、天門龍嘴〔註19〕、河南鄭州西山〔註20〕（圖2，1）皆
如此。

　　距今5～4.5千年，由於社會出現了新型的文明一體化永久性聚落群團即
部落聯盟，又由於這種聯盟的組織單位是聚落群即部落，所以一方面聯盟就
成為了中國歷史上第一種跨部落實行統一領導和管理的政治組織；另一方面
內部也出現了二級核心，即核心聚落群與核心聚落，其中核心聚落所在就是
中國最早的「政治中心」；再一方面，就出現了一個聚落群駐守的城址，以及
明顯能區分一、二級核心的內外雙城城址，湖北天門石家河屈家嶺文化城址
〔註21〕、山東日照堯王城大汶口文化城址（圖2，2）〔註22〕就都是這方面的
典型。

　　距今4.5～4千年，由於社會又出現了新型的文明一體化永久性的聚落集
團，又由於這種集團的組織核心是聚落群團，所以新的時代就出現了二種新
型的城址。一種是整個聚落群團都住在城中，另一種是整個聚落集團都住在
城中的城址。其中，浙江餘杭「良渚古城」就是第一種新型城址的代表，因為
城中至少有7～8個聚落群（圖2，3）；陝西神木石峁就是第二種新型城址的
代表，因為整個城址是由同一個聚落集團的二大聚落群團共同構築的，僅西
城區的群團內就至少發現三個聚落群。其中，石峁村附近就明顯分為南北二
大聚落群，有9個房址居住區，相互之間最近距離800餘米（圖2，4）。

　　顯然，在血緣社會，一方面根本就沒有地緣化的「都邑性城址」，只有屬
於特定血緣組織的非都邑性「軍事中心」或「政治中心」城址；另一方面所有
城址的出現與擴大都不是因為自然的或無緣無故的「人口的顯著增加和集
中」，而主要是史前晚期在社會矛盾日趨激烈的前提下，聚落血緣組織文明一
體化規模不斷擴大的結果；再一方面，所有的城，包括商周的所有都城，沒

〔註18〕荊州市文物考古研究所等：《湖北公安、石首三座古城勘察報告》，北京：北
　　　　京大學《古代文明》，第4卷。
〔註19〕湖北省文物考古研究所：《湖北省天門市龍嘴遺址2005年發掘簡報》，武漢：
　　　　《江漢考古》，2008年，第4期。
〔註20〕國家文物局考古領隊培訓班：《鄭州西山仰韶時代城址發掘》，北京：《文物》，
　　　　1999年，第7期。
〔註21〕湖北省文物考古研究所：《三苗與南土——湖北省文物考古研究所「十二五」
　　　　期間重要考古收穫》，武漢：江漢考古編輯部，2006年，第31頁。
〔註22〕梁中合：《日照堯王城遺址的新發現、新收穫與新認識》，北京：《中國社會科
　　　　學院古代文明研究中心通訊》，第30期。

有一個是突破了民族與血緣界限的經濟中心、手工製作中心，也沒有一個有
「市」。

春秋戰國時期，中國確實出現了「都邑性城市」，如山東臨淄齊故城，不
僅是「都」還有「市」，而且規模巨大，總面積約 20 平方公里〔註23〕，是中
國史前最大的神木石峁城面積的 5 倍。

為什麼城的規模面積會出現如此飛速擴大的變化？

就宏觀的原因而言，最主要的是社會的地緣化，不僅國體政體都地緣化
了，經濟也地緣化了，商品經濟出現了高潮，個人擁有了生產資料的全部使
用權，包括自由買賣土地。因此，城市開始成為了一種政治經濟都獨立的個
人自由往來組合的地緣社會的組織方式和場所。

就具體的原因而言，臨淄城（圖6）的變化主要有三個方面的原因。

圖 6：東周臨淄城平面輪廓示意圖

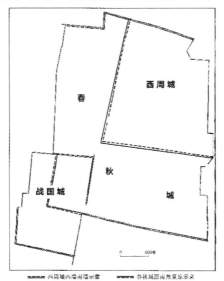

引自：山東省文物考古研究所《臨淄齊故城》

一方面，城由原來單一民族的城變成了多民族共存的城；另一方面，城
由原來單一民族「授封」血緣族體的城變成了統治階級的城；再一方面，城
在原來的基礎上變成了以手工業為主的經濟中心。

其中，大城東北約 5 平方公里的西周城就是姜太公周初授封於臨淄所築
之城，就是統治民族「授封」血緣族體所駐之城；而春秋時期營建的包括西

〔註23〕山東省文物考古研究所：《臨淄齊故城》，北京：文物出版社，2013 年。

周城在內的大城，總面積約 14 平方公里，就明顯是一個多民族共存的城；「田氏代齊」之後戰國中期營建的位於大城西南面積約 3 平方公里的小城，既不屬於原有的統治民族，也不屬於某一民族的核心血緣族體，從而初步具有了屬於統治階級「宮城」的基本特徵。就這樣，隨著社會不斷文明化地緣化，城址的規模也越來越大。

此外，中國「都邑性城市」的出現與規模的擴大還顯示了三個重要的特點。

第一，血緣社會與地緣社會城址不斷擴大的具體原因各不相同，「人口顯著增加和集中」的原因也各不相同。

第二，地緣化「都邑性城市」的出現是歷史長期發展的結果，是社會發展不斷從血緣到地緣的結果，也是地緣社會為經濟發展奠定了社會基礎的結果，更是社會不斷文明化一體化的結果。

第三，地緣化「都邑性城市」出現的最早時間是春秋戰國，而此前所有的城址都屬於單一民族或有關血緣族體，而且都沒有「市」。

因此，對文明起源的研究千萬不能混淆了血緣與地緣社會的區別，也千萬不能隨意用地緣社會的歷史現象去理解和認識血緣社會的發展與特點。

五、質疑文明起源的國家標準

王巍先生關於文明起源的第四個標準就是「出現王所管轄的區域性政體和凌駕於全社會之上、具有暴力職能的公共權力——國家」。

在這裡，文明與國家的起源被捆綁一起了，各自都是對方起源的標準，都是對方起源的基礎和條件。然而，中國文明起源的時間不僅大為早於國家起源，而且覆蓋面也比國家的起源更為寬廣，從東部的海邊一直到甘青地區，到處都是可見文明了卻不見國家的地方，如安徽含山凌家灘、遼河流域的牛河梁遺址群、河南靈寶鑄鼎原等王巍先生文章中提到的文明已經起源了的地方。尤其值得注意的是，地處中原的河南新密古城寨古城遺址〔註24〕，它那17.65 萬平方米的城址面積，至今最高還達 16 米最寬達 40 米周長 1500 米的版築夯土城牆，工程量不僅超過了夏代河南偃師二里頭遺址「宮城」與城內所有夯土臺基工程量的總和，還表明它具有巨大的人力物力動員和組織能力。

〔註24〕河南省文物考古研究所等：《河南新密市古城寨龍山文化城址發掘簡報》，鄭州：《華夏考古》，2002 年，第 2 期。

可是，它卻從來沒有像良渚那樣被學界列入古國的名錄。這說明，它雖已進入文明，但卻還未成為「國家」；還說明雖然最早的文明是國家起源的基礎，但文明與國家起源都是獨立的。

此外，國家本質上只是人類地緣社會的一種組織形式，其最終還會因文明的「人類命運共同體」以及世界的「大同」而消亡。

因此，將文明與國家綁在一起將二者的起源混為一談完全不是一種科學的認識和結論。

此外，中國的考古還表明王巍先生三個「國家」的標誌內含與外延都過於含糊和寬泛了。

第一，「王」就無法識別。因為王早就出現了，自有人類第一代政治組織聚落群團以來，社會就有了專職統一領導和管理的「王」，如安徽含山凌家灘87M4；而且史前晚期有「王」的組織也不止一種，如聚落集團有「王」，「早期國家」也有王。因此，不知國家之「王」就有哪些特徵。

第二，「區域性」也無法識別。就像「河洛古國」的定位一樣，不僅外延太大，而且完全是人為圈定的。只要遺址面積大，特別有內涵，就可以大搖大擺地將周邊縱橫幾百公里都劃歸它管。所以，這一標準也完全是虛的。

第三，關於「凌駕於全社會之上」的說法，一方面其涉及的地域範圍無邊無際；另一方面也明顯與歷史事實不符，因為「凌駕於全社會之上」的權利的出現是社會完全地緣化，並沒有任何血緣與民族界限和禁忌的產物，是統治階級才擁有的權力；再一方面，「凌駕」的基礎是暴力。但是，史前完全是一個血緣社會，「王」與同族人生死與共利益均霑，「王」雖然可以統一領導和管理族人，但絕不會通過「暴力」凌駕於族人之上，河南安陽殷墟後崗領導與被領導、大墓與小墓和諧共存的族墓地就是這方面最好的證明（圖5）。由於暴力的對象只針對被統治者，所以血緣社會就根本沒有「凌駕於全社會之上」並「具有暴力職能的公共權力」。

值得注意的是，中國最早的國家就誕生在史前晚期，而史前晚期還是一個血緣社會；所以血緣社會的血緣組織就成了國家起源的社會基礎。為什麼蘇秉琦先生會將中國最早的國家稱為「古國」，關鍵就在於它與夏商周時期的民族國家不同，是在血緣社會血緣組織的基礎上出現的國家，具有十分突出的時代特徵。

第一，古國最重要的本質就是用暴力改變了聚落血緣組織之間的關係，

以往主要是獨立平等，而古國內部則出現了以政治上壓迫經濟上剝削為特點的統治與被統治關係。為什麼侯外廬先生會將被統治者稱為「氏族奴」〔註25〕，就出於這種原因。

第二，由於古國涉及的都是地域相互鄰近的不同血緣的聚落組織，無論統治者還是被統治者都以血緣組織為單位，而不是夏商周時期的地緣化民族，所以地域範圍都很小，既不是無邊無際的「區域性」，也不是無邊無際的「全社會之上」，而一般不超過 2 千平方公里。湖北天門石家河文化古國，西部致相距 20 公里的京山屈家嶺衰落了，東部致距 22 公里的天門笑城衰落了，於是按半徑 22 公里算，古國的最大面積約 1500 平方公里。此外，洛陽盆地，河南龍山文化古國，充其量也僅整個盆地的面積，約 1000 平方公里〔註26〕；山西臨汾盆地龍山文化打敗陶寺而在澇河以南至塔兒山北麓建立的古國，也不超過 1000 平方公里〔註27〕。

正因此，中國史前國家起源的時代與地方特點都十分鮮明，必須在考古新發現的基礎上重新定義早期「國家」（古國）的特點及其起源的標準。

六、質疑文明起源標準的理論基礎

透過王巍先生的全文及關於中國文明起源時間與標準的觀點，可以很容易地看到作者觀察問題的二方面理論基礎與利用方法，一方面是馬克思主義傳統觀點學說的簡單「抄襲」與「貼標籤」，一方面是現代歐美流行的「區域聚落形態」理論的本土化和創新。

與馬克思主義傳統學說有緣的觀點主要有四個方面，一是將文明與國家起源捆綁在一起，二是以為文明起源是生產力發展和社會分工的結果，三是文明起源與階級的出現同時，四是出現了「凌駕於全社會之上、具有暴力職能的公共權力」。

需要說明的是，這裡並不是要說馬克思主義的傳統學說都錯了，而是要說我們今天的考古和學者不能再將馬克思主義教條化了，不能每當遇到問題就簡單地抄襲，或將馬克思主義的一些論述「對號入座」。

〔註25〕侯外廬：《中國古代社會史論》，石家莊：河北教育出版社，2003 年，第 43 頁。
〔註26〕裴安平：《中國史前聚落群聚形態研究》，北京：中華書局，2014 年，第 268～273 頁。
〔註27〕裴安平：《中國史前聚落群聚形態研究》，北京：中華書局 2014 年版，第 374～389 頁。

馬克思主義，特別是恩格斯《家庭、私有制和國家的起源》的寫作與出版，不僅年代早，1884 年，也就是 136 年以前；而且當時無論歷史資料還是民族學的資料都很少，尤其是關於中國的考古資料就完全等於零，因而對有關問題的研究和認識就不免階段性區域性成果的意義。

今天，對馬克思主義的發展已經具有了十分迫切而明顯的現實意義。

第一，自 20 世紀 50 年代以來，中國的考古事業得到了極大的發展，大量的史前和古代遺址被發掘出來；不僅充分顯示了中國歷史鮮明的自身特點，還為人們解放思想，深入研究奠定了堅實的基礎。因此，將馬克思主義教條化就極大地禁錮和侷限了人們對這些新鮮資料科學和深入的認識。

第二，20 世紀 90 年代以後，之所以歐美「區域聚落形態」和「酋邦」等不良理論〔註 28〕會受到國內學術界的歡迎，關鍵就在於中國的學術界完全缺失了甄別和抵禦的武器；而之所以缺失甄別和抵禦的武器，關鍵就在於沒有發展馬克思主義，沒有自己的「批判的武器」，也沒有自己的「武器的批判」〔註 29〕。因此，在馬克思主義沒有覆蓋到的領域和有關論述比較薄弱的地方，就給歐美有關不良理論的引進和傳播敞開了大門，留下了缺口和餘地。

第三，人們長期以來已經習慣了「大樹底下好乘涼」的學習與工作模式，只要將馬克思主義教條化就可以將其變成護身符和藏身洞，就可以不作為不思進取。正因此，馬克思主義的教條化嚴重地影響了考古學追求真理的學科目標與發展。

第四，20 世紀 90 年代以後，中國考古學發展外秀中乾金玉其表敗絮其中的現象日趨嚴重。一方面大量精彩紛呈的新發現不斷出現，並與地方政府的旅遊和政績相結合，以致考古學興旺發達蒸蒸日上的興奮和錯覺彌漫在整個學科的上空；另一方面對考古發現的研究卻日趨泡沫化，無遮無攔地隨意誇大抬高發現意義的不實之詞充斥了學術和社會輿論界。這是非常危險的現象與信號，因為它從內部腐蝕了整個學科嚴謹求實的核心理念與學風。

正因此，自覺地還原歷史，研究歷史，發展馬克思主義就應該是中國考古人和學者義不容辭的歷史責任和義務。

〔註 28〕裴安平：《「區域聚落形態」可以休矣》，南京：《東南文化》，2015 年，第 1 期；裴安平：《中國考古與酋邦》，《湖南省文物考古研究所建所三十週年紀念文集》，北京：科學出版社，2016 年。

〔註 29〕馬克思：《〈黑格爾法哲學批判〉導言》，《馬克思恩格斯選集》第一卷，北京：人民出版社，1974 年，第 9 頁。

在王巍先生的文章中還可以看到與現代歐美流行的「區域聚落形態」學說有關並創新本土化的二個問題，一是文明導致出現了「都邑性城市」，二是出現了「區域性政體」。

二次世界大戰以前，國際學術界竟然出現了以澳裔英籍戈登·柴爾德（Childe，Vere Gordon）為代表的馬克思主義考古學家。但是，二次大戰以後，這類學者至今卻一個不見。究其原因，關鍵就因為一大批社會主義國家的出現使歐美決心要與馬克思主義劃清界限，人類學、考古學就要與馬克思主義關於社會發展和國家起源理論劃清界限。於是，歐美學術界就自覺不自覺地走上了一條架空或另築史前社會形態之路。為什麼 20 世紀 50 年代初興起並逐步流行於歐美的「區域聚落形態」理論會竭力迴避氏族、部落、部落聯盟等人類早期組織的名稱與概念，甚至不惜用現代地緣社會學的思想、概念和名稱來研究史前社會，將古人從來沒有見過的「社區」和「社群」等組織形態都套在他們頭上，還用以描述歷史？顯然，這樣做的結果不僅全盤否定了馬克思主義有關研究的合理性，還偷樑換柱以假亂真，徹底改變了歷史的原貌。

令人匪夷所思的是，中國的考古學家不僅全盤接受了歐美的「區域聚落形態」，還將其視為中華文明探源的主要理論與方法〔註30〕。然而，事實證明「區域聚落形態」失靈了，用它根本沒有探到中華文明之源。

結束語

136 年以前恩格斯《家庭、私有制和國家的起源》的寫作與出版，從某種意義上說，為後人以人類學、民族學資料為基礎復原歷史研究歷史樹立了榜樣。今天，在田野發掘資料大量出現的背景下，中國人不僅擁有了在人類學、民族學基礎上，而且還擁有了在考古學基礎上續寫《家庭、私有制和國家的起源》，並「重建中國史前史」的不可推卸的歷史責任和義務。中國考古人必須在思想上理論上有所創新有所作為，絕不能讓考古學中國學派這面大旗倒下了還無動於衷。

但願此文能喚起中國考古人的警醒！

寫於 2020 年 11 月

〔註30〕王巍：《聚落形態研究與中華文明探源》，北京：《文物》，2006 年，第 5 期。

中原成為中國古代政治中心的原因

　　1987 年，嚴文明先生最早提出了中國史前考古學文化存在以「中原」為中心的「多元一體」的「玫瑰花瓣形結構」；2000 年，趙輝先生又再次論證了這一結構的存在，並進一步認為造成這種現象的主要原因，一是中原具有地理位置的中心性，二是當地考古學文化優勢的發展狀態及其吸引力〔註1〕。

　　2020 年 9 月 30 號，中國社科院考古研究所「中國考古」網站登載了王巍先生「展現中國特色、中國風格、中國氣派的哲學社會科學」的《中原地區文明起源的考古呈現》一文。在文中，王巍先生也認為「2001 年到 2016 年實施的中華文明探源工程，秉持『多層次、多角度、全方位』理念，探討各地區文明起源和形成過程，以及以中原地區為核心的中華文明多元一體格局的形成過程，進而探討導致這一過程的原因、機制及特質。其中，中原地區的文明化進程是中華文明探源工程的最重要課題」。

　　然而，上述專家的認識與觀點明顯都與已有的考古發現不符。

一、史前中原不是中國考古學文化與中華文明的「中心」

（一）史前中原不是中國考古學文化的「中心」

考古發現，類似的「中心」就根本不存在，主要有四個方面的原因。

1. 考古學文化沒有生命力，不會創造「中心」

考古學文化純粹是物質文化的共同體，是當代人類研究史前或古代文化

〔註1〕嚴文明：《中國史前文化的統一性和多樣性》，北京：《文物》，1987 年，第 3 期；
　　　　趙輝：《以中原為中心的歷史趨勢的形成》，北京：《文物》，2000 年，第 1 期。

形成的一種認識概念。所有的考古學文化都是在一定時間和空間範圍內，由一群有特色的遺跡遺物構成的共同體，都是沒有生命力的罈罈罐罐和房址灰坑等的共同體。除了在人類活動的帶動下出現了文化因素異地交流和傳播現象以外，人們不會因為使用了同樣的陶器而成為親朋好友，所有的考古學文化也都不知道如何才能將罈罈罐罐打造和發展成為人們的「中心」。

2. 血緣社會特點使然

人類社會的任何「中心」從來都是跟著人走的，都是人的活動使然。但是，史前的人類社會就是血緣社會，到處都是獨立平等的血緣組織；就像美洲印第安人一樣，「絕大多數的美洲印第安人，都沒有超過聯合為部落的階段」〔註2〕。此外，所有的血緣組織都是獨立的各自為政的組織。因此，社會根本不會形成「玫瑰花瓣形結構」，也不需要這樣的結構。

3. 史前社會沒有地緣性的核心

一般而言，史前是血緣社會，血緣社會只有血緣組織的核心。即使史前晚期出現的古國，統治者與被統治者也都是血緣組織。因此，當時根本就不可能出現地緣化的「玫瑰花瓣形結構」和「以中原地區為核心的中華文明多元一體格局」。

4. 各地的考古學文化都有自己的亮點

這裡有一個令人深思的現象，就在嚴文明先生1987年的文章發表以後10年，中國考古居然還是沒有發現中國的文明存在以「中原」為中心的「多元一體」的「玫瑰花瓣形結構」。為此，1997年蘇秉琦先生就在考古學文化區系類型理論的基礎上正式提出了中國文明「滿天星斗」的起源理論與學說〔註3〕。這說明「滿天星斗」說更符合中國的實際，也說明中國各地的考古學文化都是獨立平等的，中國文明的起源也是「多元」的，各地都有自己平等獨立的特點和貢獻。

（二）史前中原不是中華文明的「中心」

考古發現，史前社會主要有二種「中心」。第一種就是社會的「發展中心」，就是有關生產、生活與文化某一方面或多方面發展狀態比較先進。這種

〔註2〕恩格斯：《家庭、私有制和國家的起源》，《馬克思恩格斯選集》第四卷，北京：人民出版社，1974年，第89頁。

〔註3〕蘇秉琦：《中國文明起源新探》，北京：商務印書館，1997年版，第85～106頁。

中心一般都是地域性的，沒有暴力的支持都不會自動轉變為「政治中心」。第二種就是「政治中心」，就是文明的「中心」；而且所有的「政治中心」都只存在於一定的血緣組織中，並在實力或實力與暴力的基礎上，擁有對同血緣不同部落或相鄰不同血緣組織實施統一領導和管理的權利。

但是，中原既不是「發展中心」，也不是「政治中心」。

1. 中原不是史前社會的「發展中心」

一般而言，「發展中心」有五個主要的特點。

第一，出現的時間早，自有人類以來就有了；而且從舊石器早期開始，石器的製造技術就存在從「中心」向外推廣與傳播的歷史現象。

第二，這類中心都是區域性的多元的，都超出了血緣組織的範圍；而且各地都有自己的強項，如中原豫西仰韶文化廟底溝類型的彩陶，不僅紋飾精美數量多，而且還影響廣泛；此外，黃河下游地區龍山文化的蛋殼黑陶，長江中下游地區的玉器也製作精美影響廣泛。

第三，所有的「發展中心」與其他地區的關係都是獨立平等的，相互只有某些因素的交流和影響，而沒有「核心」、「中心」與「衛星」的總體結構和地位等級區別，也沒有統一領導和管理其他地區的權利。

第四，沒有暴力的支持，所有的「發展中心」即使有實力也不會變成「政治中心」。

第五，沒有持續不變的「中心」，而是不同時代不同地域和環境會造就出不同的「中心」。

如將上述特點與專家們的「以中原地區為核心的中華文明多元一體格局」和「玫瑰花瓣形結構」相比，明顯可知除了都共有的地域性以外，雙方沒有一個特點相符。因此，這就意味著中原地區充其量只是一定的時間段內各地都獨立平等的多元的「發展中心」之一。

2. 中原不是史前文明的「政治中心」

有三個方面的理由。

第一，沒有證據。

史前是血緣社會，距今 8 千年文明就起源了〔註4〕，而且都是以血緣組織為單位為載體；所以，大量的考古學證據證明，中國的文明起源正如蘇秉

〔註4〕蘇秉琦：《文明發端玉龍故鄉——談查海遺址》，《蘇秉琦文集》，北京：文物出版社，2009 年，第 168 頁。

琦先生所言是多元的「滿天星斗」，各地各自都有自己獨特的亮點和貢獻。與此相反，迄今為止卻沒有任何證據能證明中國的文明起源是以社會的地緣化為基礎，是以中原為「中心」為「核心」；也沒有任何證據能夠證明史前中原確實發揮了文明起源「中心」和「核心」的歷史作用。

第二，與「政治中心」的發展歷史不符。

一般而言，「政治中心」都是史前文明起源的產物。史前所有的「政治中心」都只存在於一定的血緣組織內。即使是古國，由於統治者和被統治者都是血緣組織，所以「政治中心」也只見於統治者的血源組織之中。

圖1：不同時期「政治中心」聚落群聚平面圖

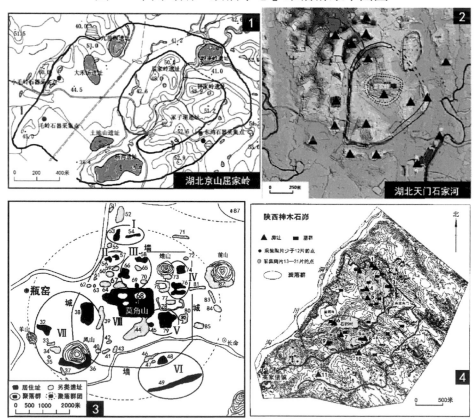

1. 湖北屈家嶺屈家嶺文化環濠遺址；2. 湖北天門屈家嶺文化時期城址；3. 浙江餘杭瓶窯良渚文化古城；4. 陝西神木石峁龍山文化古城（1引自：湖北省文物考古研究所《湖北京山屈家嶺遺址群2007年調查報告》；2引自：國家地理中文網；3引自：浙江省文物考古研究所《良渚遺址群》；4引自：陝西省考古研究院《發現石峁》。圖中虛、實線圈為本文作者所加）

距今 5 千年左右，由於人地關係的緊張社會矛盾的激化，人類歷史上第一次以部落為組織單位的跨部落的第一代政治組織———一體化聚落群團誕生了〔註5〕，隨之核心聚落群和核心聚落就成了人類歷史上最早的第一代政治中心。湖北京山屈家嶺、天門石家河屈家嶺文化時期的環濠遺址和城址就是代表（圖1，1、2）。其中，「政治中心」就住在環濠和城址內。

距今 4.5～4 千年，隨著社會矛盾的繼續擴大，社會新出現了聚落集團、早期國家、古國等大型聚落組織。由於這些組織都以一體化的聚落群團為核心，所以它們的「政治中心」都從早期的聚落群變成了聚落群團，浙江餘杭瓶窯良渚文化時期古城、陝西神木石峁古城西城就是代表（圖1，3、4）。

然而，專家們所言「以中原地區為核心的中華文明多元一體格局」概念完全是模糊的，既沒有說明這個「核心」是「發展中心」還是「政治中心」，也沒有說明是什麼年代的「核心」和「中心」。

第三，史前中原一直是社會發展比較落後的地區。

距今 6500 年，當湖南澧縣城頭山人為壘築田埂且面積較大的稻田〔註6〕代表中國最早出現了分田到戶勞動者獨立耕作的生產方式的時候，陝西臨潼姜寨向心結構的聚落〔註7〕卻標誌那裡還在流行集體勞動集體消費的生產方式，最小的經濟與生活單位還是以大家族為主。

距今 6000 年，當湖南澧縣城頭山誕生中國史前最早第一座城址的時候〔註8〕，中原至少晚了 500 年才見到第一座〔註9〕。

距今 5000～4500 年，當長江中游屈家嶺文化時期崛起 15 座又多又大的城址的時候〔註10〕，中原卻只有鄭州西山一座中國史前規模最小的城址〔註11〕。

〔註 5〕裴安平：《中國的家庭、私有制、文明、國家和城市起源》，上海：上海古籍出版社，2019 年，第 365～378 頁。

〔註 6〕湖南文物考古研究所：《澧縣城頭山》，北京：文物出版社，2007 年。

〔註 7〕半坡博物館等：《姜寨——新石器時代遺址發掘報告》，北京：文物出版社，1988 年。

〔註 8〕湖南文物考古研究所：《澧縣城頭山》，北京：文物出版社，2007 年。

〔註 9〕國家文物局考古領隊培訓班：《鄭州西山仰韶時代城址發掘》，北京：《文物》，1999 年，第 7 期。

〔註 10〕裴安平：《聚落群聚形態視野下的長江中游史前城址的分類研究》，北京：《考古》，2011 年，第 4 期；龍文泱等：《華容七星墩遺址發現湖南規模最大新石器時代城址》，長沙：《湖南日報》，2019 年 1 月 12 日。

〔註 11〕國家文物局考古領隊培訓班：《鄭州西山仰韶時代城址發掘》，北京：《文物》，1999 年，第 7 期。

當長江中游、黃河下游都出現了大小配套的雙城城址（圖1，2）的時候，中原卻還在流行小規模的單城城址。

與此同時，長江中游的屈家嶺文化不僅由南向北攻佔了河南半壁江山，還長期移民定居；山東的大汶口文化也趁勢由東向西，一直攻入了洛陽地區〔註12〕。中原幾乎全境淪陷（圖2）。

圖2：河南境內屈家嶺與大汶口文化遺址分布圖

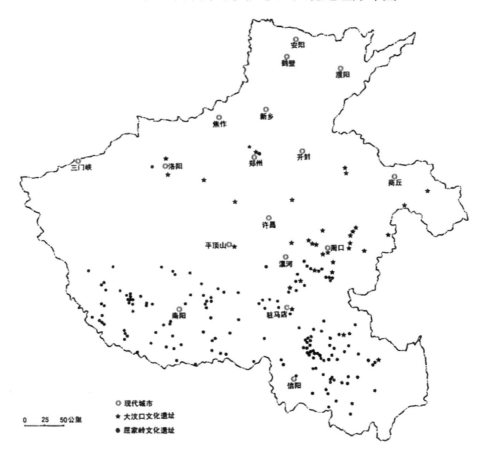

引自：孫廣清《河南境內的大汶口文化和屈家嶺文化》

距今4500～4000年，當山西襄汾陶寺出現中原最大城址的時候，長江下游的浙江良渚與陝西神木石峁的古城規模卻遠遠超過了陶寺。當陶寺的貴族還在無序地使用高檔奢侈品隨葬的時候，長江中下地區的奢侈品已經升級成

〔註12〕孫廣清：《河南境內的大汶口文化和屈家嶺文化》，鄭州：《中原文物》，2000年，第2期。

為了制度化規範化的「禮器」，而且工藝與製作水平也遙遙領先全國各地（圖3）。

圖3：湖北天門石家河、浙江餘杭莫角山與山西襄汾陶寺遺址出土器物比較圖

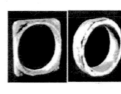

陶寺器物引自：中國社會科學院山西工作隊等《山西襄汾縣陶寺遺址發掘簡報》，《1978～1980年山西襄汾陶寺遺址墓地發掘簡報》；石家河器物引自：湖北省文物考古研究所：《三苗與南土──湖北省文物考古研究所「十二五」期間重要考古收穫》；莫角山器物引自：浙江省文物考古研究所《反山》

顯然，距今6500～4000年，中原地區的社會與文化發展一直處於比較落後的狀態。這種狀態也同時表明，中原地區不可能是中國史前文明發展的中心地區，更不可能還存在一個以發展狀態比較落後的中原為中心的「多元一體」結構。

二、夏時期中原開始成為「政治中心」的原因

雖然史前中原地區的發展狀況一點都不先進，但這並不妨礙它成為以後的「政治中心」。

夏時期中原之所以開始成為中國歷史的「中心」地區，關鍵的原因並不在於經濟與文化諸方面的發展狀況，而在於那裡最早成為中國範圍內的第二代政治中心；而之所以會成為第二代「政治中心」，又因為那裡崛起了中國歷史上第一個實體民族與民族國家。

一般而言，民族有自然民族、實體民族二種類型。

　　自然民族是人的自然屬性。一方面是不同自然環境促成的結果，以致不同地區的人在外形、膚色、語言、飲食、生活習慣方面都有很大的共性或區別。另一方面，就是地域鄰近，長期相互交流，以致同一地區的人都不知不覺地在使用同一種考古學文化。不過，在史前，人的自然屬性與有關文化的相似性並沒有任何社會的政治的意義，因為人們只認血緣不認其他。因此，史前的自然民族雖然客觀存在，但獨立分散，猶如一盤散沙。

　　實體民族就是在自然民族基礎上形成的並具有集中統一領導和管理特徵的民族。元代蒙古族、清朝女真族的歷史就是自然民族轉變為實體民族的代表。鐵木真之所以尊為「成吉思汗」意為「擁有海洋四方的大酋長」，就說明在他之前的蒙古族基本上就是一種自然民族，鐵木真統一蒙古族各部落之後就轉變成了實體民族。清朝女真族也經歷了同樣的歷史過程，努爾哈赤之前的女真族就是各血緣組織獨立分散各自為政的自然民族，而努爾哈赤通過戰爭統一女真族之後則轉變為實體民族。

　　文獻與考古共同表明，中國歷史上第一個實體民族就是夏民族，第一個以實體民族為主體建立的早期方國就是夏。

　　文獻與考古還共同表明，隨著早期方國的出現還出現了國家的地域範圍與考古學文化的分布範圍基本重合的歷史現象，從而說明民族、考古學文化、國家三位一體現象就是歷史上第一個由實體民族建立的國家的重要證據。正因此，夏文化即二里頭文化就是夏鼐先生曾說過的夏時期夏民族人民使用的文化，夏文化的主要分布區就是夏民族與夏國的主體範圍〔註13〕。

　　與史前晚期由小型血緣組織征伐產生的古國不同，夏民族的國家有三個非常突出的特點。一是國家的主體是實體民族；二是國家主體的地域範圍歷史性的第一次與考古學文化的分布範圍基本重合，從而突破了史前晚期古國地域狹窄且明顯小於考古學文化分布範圍的一般規律；三是在國家和民族的主體範圍以外，還用各種方法構建了由各地自然民族或地方組織組成的臣服從屬圈，「征三苗」就是夏「天下有不順者，黃帝從而征之」（《史記・五帝本紀》），令其臣服的證據。

　　值得注意的是，人類歷史與社會發展為什麼會導致單一實體民族國家與第二代政治中心的出現呢？

〔註13〕夏鼐：《談談探討夏文化的幾個問題——在〈登封告成遺址發掘現場會〉閉幕式上的講話》，鄭州：《河南文博通訊》，1978 年，第 1 期。

考古表明，史前晚期隨著社會矛盾的日趨激化與衝突規模的不斷升級，文明起源了，人類的社會組織從此一方面不斷地大型化整體化一體化；另一方面隨著組織規模的擴大，人類的社會組織也不斷由血緣走向地緣（表1）；再一方面，社會的組織領導模式也由長輩說了算的血緣輩分管理，發展為跨部落或又跨血緣又跨地域統一領導和管理的政治模式。類似夏一樣的單一民族國家的出現，就是社會衝突與組織規模都不斷擴大升級的反映與標誌，也是統一領導和管理的政治模式從血緣部落到地緣民族的反映和標誌。

表1：先秦以前中國一體化社會組織演變示意表 （距今單位：千年）

組織類型 ＼ 時代	社會性質 組織性質		距今 8～6	距今 6～5	距今 5～4.5	距今 4.5～4	夏商周	春秋戰國	政治中心
以環壕（濠）遺址為標誌的聚落群（部落）	史前血緣社會	血緣組織	●						
以單聚落城址為標誌的聚落群（部落）				●					
聚落群團（永久性部落聯盟）					●				
聚落集團		血緣國家				●			第一代
早期國家						●			
古國（史前）						●			
早期方國（夏商周）	過渡階段	單一民族國家				●	●		第二代
晚期方國（春秋戰國）	地緣社會	多民族階級國家						●	第三代

有關論述請見：裴安平《中國史前聚落群聚形態研究》，中華書 2014 年版；裴安平《中國的家庭、私有制、文明、國家和城市起源》，上海古籍出版社 2019 年版

距今 8～5 千年，以浙江嵊州小黃山〔註14〕、河南新鄭唐戶（圖4，1）

〔註14〕王海明：《專家論證嵊州小黃山遺址》，北京：《中國文物報》，2006 年 1 月 11 日；張恒等《「小黃山」萬年古文明的見證》，浙江嵊州：嵊州新聞網，2011 年 4 月 25 日。

〔註15〕、湖南澧縣城頭山（圖4,3、4）等出現了從屬關係的多聚落遺址和中國最早的城址為代表，就是中國的聚落群即部落最早開始一體化並不斷升級強化的標誌（表1）。但是，這類組織的基礎還是以往傳統直系血緣的部落，所以還不是政治組織，也沒有政治中心。

距今5～4.5千年，以湖北京山屈家嶺（圖1,1）、天門市石家河（圖1,2）、山東日照堯王城400萬平方米的多聚落城址（圖4,2）〔註16〕為代表，在實力與利益的基礎上，史前社會組織一體化的規模和性質都升級了，出現了歷史上第一代由多個有血緣關係的部落構成的初具統一領導和管理特徵的政治組織，即跨部落一體化永久性的聚落群團與部落聯盟。隨之，產生了歷史上第一代政治中心。

距今4.5～4千年，在社會矛盾不斷激化的前提下，聚落組織一方面規模越來越大，一方面就是出現了空前的從血緣走向地緣的合縱連橫，並分別導致聚落集團、早期國家、古國等新型聚落組織登上歷史舞臺。其中，在6平方公里範圍內聚集了40個聚落的湖北天門石家河就是傳統血緣組織大型化並出現聚落集團的標誌（圖4,5）〔註17〕；浙江餘杭良渚遺址群四個地位和血緣不同的聚落群團構建的跨血緣聯盟就是早期國家的代表（圖4,6）〔註18〕；河南洛陽盆地洛河以南三大聚落組織就是跨血緣跨地域聯盟組建早期國家，而後擊敗洛河北岸建立古國的代表（圖5）。不過，由於這些新型組織的基礎都是小型的血緣組織，所以他們都只擁有第一代政治中心。

距今4千年以後，以洛陽盆地古國為核心，周邊各獨立分散的血緣組織就像鐵木真、努爾哈赤統一蒙古族、女真族一樣全部都被整體化一體化了，並標誌人類歷史上第二代以單一民族為基礎的政治中心出現了。

正因此，夏民族與夏國的崛起不僅徹底改變了人類社會的組織單位與組織模式，從小型的血緣組織擴大到大型的地緣化實體民族，從地域狹隘的古

〔註15〕河南省文物管理局南水北調文物保護辦公室等：《河南新鄭市唐戶遺址裴李崗文化遺存發掘簡報》，北京：《考古》，2008年，第5期；張松林等：《新鄭唐戶遺址發現裴李崗文化大面積居址》，北京：《中國文物報》，2007年7月13日，第5版。

〔註16〕梁中合：《日照堯王城遺址的新發現、新收穫與新認識》，北京：《中國社會科學院古代文明研究中心通訊》，第30期。

〔註17〕湖北省文物考古研究所：《三苗與南土——湖北省文物考古研究所「十二五」期間重要考古收穫》，武漢：江漢考古編輯部2016年版。

〔註18〕浙江省文物考古研究所：《良渚遺址群》，北京：文物出版社，2005年。

國擴展到地域遼闊的早期方國；而且還表明這一切無一不是社會文明化與組織形態不斷進步的繼續與結果，也是人類社會組織一體化規模不斷擴大，不斷由血緣社會過渡到地緣社會的標誌。

圖4：史前不同時期聚落群聚形態代表性遺址與地點平面圖

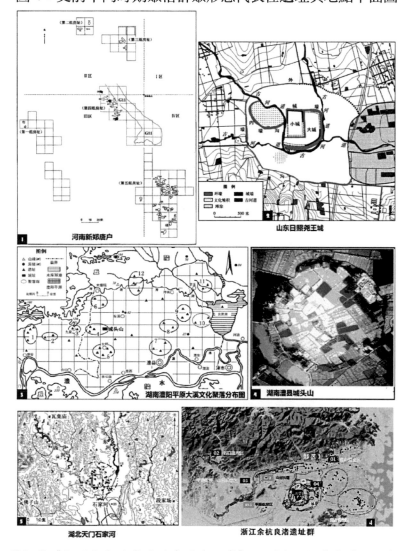

1 引自：張松林《鄭州市聚落考古的實踐與思考》；2 引自：梁中合《日照堯王城遺址的新發現、新收穫與新認識》；3 引自：裴安平《中國史前聚落群聚形態研究》；4 引自：湖南省文物考古研究所《澧縣城頭山》；5 引自：湖北省文物考古研究所《大洪山南麓史前聚落調查——以石家河為中心》；6 引自：浙江省文物考古研究所《良渚遺址群》。圖中 3、5 的虛、實線圈為本文作者所加

三、夏民族崛起的原因

令人深思的是，中國歷史上第一個民族國家為什麼沒有誕生在史前一直引領文明與國家起源新潮的長江中游地區？為什麼會誕生在中原地區？而在中原地區又為什麼會誕生在以洛陽為核心的豫西地區？就已有的資料而言，主要有六個方面的原因。

第一，優越的自然環境導致中原地區社會矛盾相對平和。

中原地區最大的環境優勢就是平原與平坦的盆地面積大於山地丘陵面積，河南這二種土地的面積就占全省總面積的 55.7%，而在長江中游湖北山地丘陵則占全省面積的 80%。一般而言，地勢平坦的平原與盆地面積越大越多，人地關係就相對寬鬆，這不僅有利於史前農業的發展，而且也有利於人與人之間關係的平和相處。正因此，史前城址的數量與規模的發現就表明，中原地區一直就像「颱風眼」風平浪靜一樣，是一個社會矛盾與衝突不太激烈，且發生的時間較晚的地區。

與此相反，周邊地區社會矛盾與衝突的發展狀況則與中原完全不同。

長江中游，由於適合農耕平坦的土地較少，所以當地就成了中國史前社會矛盾最激烈的地區。因此，那裡不僅擁有中國時代最早的城址〔註19〕、最早的內外城結構的雙城城址〔註20〕、最早面積超百萬平方米的大城址，還擁有距今 4500 以前中國各地數量最多的城址〔註21〕。

黃河下游地區，史前城址的發現也說明那裡的社會矛盾與激烈程度超過了中原。其中，距今 5000～4500 年期間，山東與安徽的黃淮之間就發現山東章丘焦家〔註22〕、日照丹土〔註23〕、日照堯王城〔註24〕、滕州西康留〔註25〕、

〔註19〕湖南文物考古研究所：《澧縣城頭山》，北京：文物出版社，2007 年。

〔註20〕湖北省文物考古研究所：《三苗與南土》，武漢：江漢考古編輯部，2016 年。

〔註21〕裴安平：《中國史前聚落群聚形態研究》，北京：中華書局，2014 年，第 115～172 頁。

〔註22〕李佳霖：《濟南章丘焦家新石器時代遺址：海岱地區年代最早的城址》，北京：《中國文化報》，2018 年 4 月 27 日。

〔註23〕山東省考古研究所：《五蓮丹土發現大汶口文化城址》，北京：《中國文物報》，2001 年 1 月 17 日，第 1 版。

〔註24〕梁中合：《日照堯王城遺址的新發現、新收穫與新認識》，北京：《中國社會科學院古代文明研究中心通訊》，第 30 期。

〔註25〕山東省文物考古研究所魯中南考古隊等：《山東滕州市西康留遺址勘探、發掘簡報》，北京：《考古》，1995 年，第 1 期。

安徽固鎮垓下〔註26〕與南城孜〔註27〕等 6 座古城；距今 4500～4000 年期間，則一共發現城址 17 座〔註28〕。

北方長城地帶，雖然石塊壘築城址較土築更為簡單易行，但大量的出現實際也是當地社會矛盾與激烈程度的表現。2006 年，經陝西省考古研究所的大規模調查，在陝西北部地區一次就發現了 20 餘處史前石城遺址〔註29〕，年代多集中在距今 5000～4500 年。這些石城遺址一般都分布在山峁上，依自然地勢而築，面積從幾萬平方米到三、四十萬平方米不等。

相對周邊地區的城址，中原不僅出現的時代較晚，至少較長江中游晚了 500 年；而且數量也未超過周邊地區。這說明，中原地區除了人地關係比較寬鬆以外，社會組織之間的矛盾與衝突也因為人地關係寬鬆而相對較弱。

第二，最遲從仰韶文化中期開始，整個豫西的文化面貌就比較統一，就流行廟底溝類型。這說明當地的人們早已有了相互交流和認可的傳統。

第三，仰韶文化與龍山文化的交替時期，洛陽盆地就出現了中原地區最早的古國〔註30〕；而且迄今為止，也沒有在中原地區發現任何實力超過洛陽盆地古國的史前聚落組織。

仰韶文化時期，洛河北岸的 D 聚落群團擁有整個盆地發展狀態最好的四項指標（圖 5，1）。

1. 遺址數量最多，20 個。

2. 遺址總面積最大，326.9 萬平方米。

3. 有二個盆地內最大的遺址，面積分別是 66.5、56.2 萬平方米（圖 5，1，56、7 號遺址）。

4. 有一個盆地內最大的聚落群，4 個遺址，整體 131 萬平方米（圖 5，1，56、55、52、43 號遺址）。

〔註26〕安徽省文物考古研究所：《安徽省固鎮垓下遺址發掘的主要收穫》，北京：《中國社會科學院古代文明研究中心通訊》，第 19 期。

〔註27〕單鵬博：《固鎮發現第二座史前城址》，合肥：《安徽日報》，2013 年 12 月 8 日，第 2 版。

〔註28〕裴安平：《中國史前聚落群聚形態研究》，北京：中華書局，2014 年，第 279～338 頁。

〔註29〕馮國責：《陝北發現 20 餘處史前石城遺址》，北京：《中國審計報》，2016 年 3 月 20 日。

〔註30〕裴安平：《聚落群聚形態視野下的三種文明起源模式研究》，《無限悠悠遠古情》，北京：科學出版社，2014 年。

　　然而，仰韶與龍山交替時期，洛河北岸的所有發展優勢全部消失了，而洛河以南的所有聚落組織全部興旺發達了（圖5，2）。

圖5：河南洛陽盆地仰韶與龍山文化時期的聚落遺址分布圖

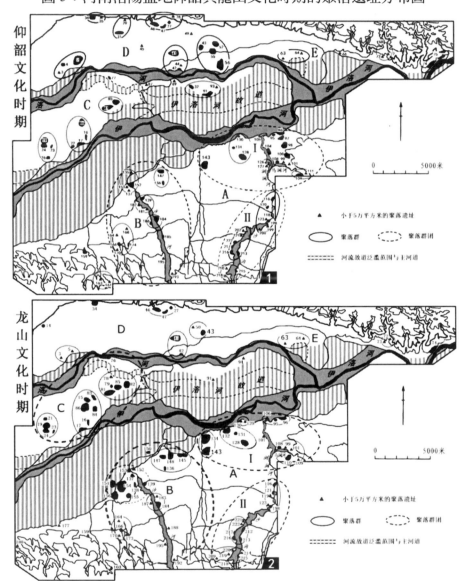

引自：中國社科院考古研究所二里頭工作隊《河南洛陽盆地2001～2003年考古調查簡報》。圖中虛、實線圈為本文作者所加

　　這說明，洛陽盆地發生了天翻地覆的變化，盆地內出現了有人興有人亡的現象；與此同時，也說明中原地區出現了最早的實力超群的，以政治上壓

迫經濟上剝削為特點的，各聚落組織之間擁有統治與被統治關係的古國。

由於以前人們並不關心史前聚落的組織與組織形態的變化，而一味追求「區域聚落形態」中的大遺址大城址，視大遺址大城址為文明與國家起源的象徵，視山西襄汾陶寺、陝西神木石峁為黃河流域文明與國家起源的象徵。所以，洛陽盆地的聚落形態特點與演變及其性質全部都被忽視並視而不見了。

實際上，盆地內洛河南北聚落與聚落組織的興旺盛衰不僅是當地古國出現的標誌，而且還為單一民族方國的出現準備了核心力量與社會基礎，準備了史前的鐵木真與努爾哈赤。

第四，豫西地區位於中原社會矛盾激烈衝突地域的外圍和邊緣。

與周邊相比，中原地區總體上已經屬於社會矛盾相對平和的地區；但是，就中原地區而言，豫西又是在這一地區內部社會矛盾與衝突最為平和的地區。

一方面，整個豫西從早到晚就沒有一座史前的古城。

另一方面，整個二里頭文化時期，即整個夏朝時期，整個豫西地區也沒有一座古城。

圖6：河南龍山文化時期城址分布位置圖

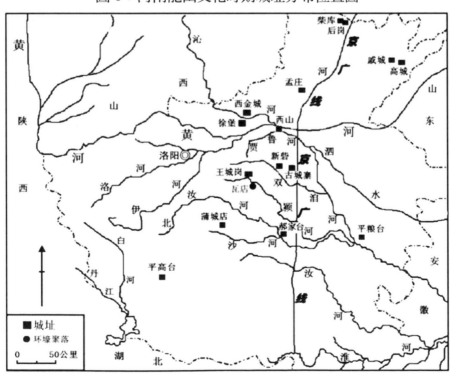

引自：裴安平《中國史前聚落群聚形態研究》

　　再一方面，根據史前古城的分布位置可知，當時中原社會矛盾最激烈的地區就位於現在河南淮河以北的京廣線兩側（圖6）。

　　然而，夏民族崛起的地域就位於這條古城分布帶的西側，而商民族崛起的地域就位於這條古城分布帶的東北側。

　　顯然，以上現象說明社會矛盾衝突激烈的外圍即社會矛盾相對平和的邊緣地區更利於實體民族的統一與崛起。

　　第五，外族入侵的教訓與啟示。

　　距今5000～4500年期間，中原地區曾遭遇了歷史上最慘痛的一幕（圖2）。

　　儘管當時各地都還沒有形成統一的實體民族，但是黃河下游的大汶口文化卻由東向西橫掃了河南中北部，洛陽、平頂山、駐馬店、漯河、周口、許昌、鄭州、商丘，無一不留下了大汶口人的身影、文化遺物和墓葬。與此同時，與大汶口人打了就跑不同，長江中游的屈家嶺文化不僅也大舉挺進了中原，還強行趕走了原住民，定居在了河南南部全境。河南南陽鄧州八里崗遺址所見類似石家河文化中期以前的遺存就表明，在「禹征三苗」之前，河南南部還有長江中游地區遺留下來的定居村落〔註31〕。

　　由於中原實體民族崛起的時間正好是發生在外族入侵之後，因此可以說外族的入侵實際也起到了一種強力的推動與催化劑作用，它使中原地區的人民意識到只有大規模的合縱連橫才能避免類似的事情再次發生。

　　值得深思的是，為什麼強悍的屈家嶺人最後會從定居了幾百年的河南南部全部退出？這實際就說明最遲於龍山文化時期，即洛陽古國誕生之後，豫西地區的實體民族就已在醞釀與形成之中。否則，它們就不會具有趕走屈家嶺人，並進一步南下「征三苗」的實力。

　　第六，長江中游衰落了。

　　長江中游不僅史前城址發展先進，而且還擁有史前晚期工藝造型最複雜的玉禮器（圖3），以及史前中國最早的青銅冶煉技術與器物〔註32〕。此外，也是史前唯一一個有能力大舉入侵並長期移民定居中原的自然民族群體〔註33〕。

〔註31〕 北京大學考古實習隊等：《河南鄧州八里崗遺址發掘簡報》，北京：《文物》，1998年，第9期。

〔註32〕 郭靜雲等：《中國冶煉技術本土起源：從長江中游冶煉遺存直接證據談起》，南昌：《南方文物》，2018年，第3期。

〔註33〕 孫廣清：《河南境內的大汶口文化和屈家嶺文化》，鄭州：《中原文物》，2000年，第2期。

　　然而，史前末期，長江中游的發展卻走到了盡頭。由於整體自然環境較差，社會矛盾過於激烈，各地血緣組織實力強悍長期水火不容，以致終究無法形成統一的實體民族。「三苗」的稱呼實際就是當時當地還處於分裂狀態沒有一體化實體化民族的佐證。

　　總之，中原的興起絕不是簡單的「多元一體」的歷史現象。之所以會出現地緣化的實體民族，出現以這種民族為主體的早期方國，完全是各種複雜歷史因素綜合作用的結果。

四、夏民族崛起的主要途徑

　　夏民族崛起的途徑主要涉及內外三個方面。

　　第一，主要涉及的是夏民族本身的形成，夏國主體的確立。

　　根據記載與考古發現，就像成吉思汗和努爾哈赤一樣，以洛陽地區為中心武力統一全境，很可能就是夏民族統一與夏國主體範圍確定的主要舉措。因為，沒有一個血緣組織會自願歸屬其他血緣組織的統一領導和管理。

　　史前晚期，位於黃河南北二岸的文化區別很大。豫西是河南龍山文化王灣類型，晉南是山西龍山文化或稱陶寺文化。但是，夏時期二岸卻都成了二里頭文化的主要分布範圍。

圖 7：豫西二里頭文化向晉南擴展態勢圖

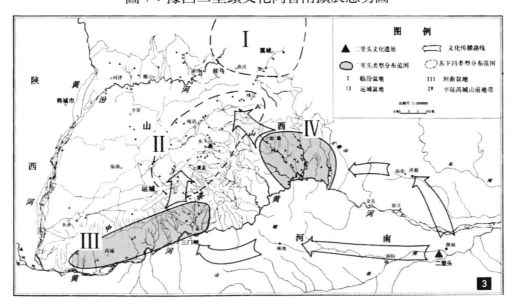

引自：佟偉華《二里頭文化向晉南的擴展》

對此，佟偉華先生《二里頭文化向晉南的擴展》〔註34〕一文的研究就很有意義，並說明作為夏文化代表的二里頭文化最早就發源於河南的中西部，而二里頭文化的向北擴展則實際經歷了前後二個階段。第一階段，夏人直接渡過黃河，並在沿岸的山西芮城盆地、垣曲盆地建立了自己的根據地和殖民地。於是，當地就生出了根在河南中西部的原汁原味的二里頭文化二里頭類型分布區（圖7，III、VIII）。第二階段，繼續北上運城盆地、臨汾盆地，並在降服了當地土著以後，與之融為一體。於是，當地就派生出了地方特色明顯的二里頭文化的地方類型，即夏縣東下馮類型（圖7，I、II）。

第二，主要涉及的是國內治水，發展經濟夯實基礎。

大禹治水（《尚書·大禹謨》）十餘年的歷史傳說不僅是中國歷史上第一個關於治水的傳說，而且還說明以往各自分散獨立的血緣組織都不可能治理大範圍流域性的水，只有勢力範圍廣大的地緣化實力強勁的民族國家才可能為治理流域性的水提供社會與政治基礎，才有能力治理具有流域性特點的水。

不過，夏禹治了哪裏的水，治水的規模有多大，至今並不清楚。然而，這並不重要，因為水是農業的命脈，治水是地緣化國家發展農業經濟的首要任務和必然選擇。大禹之所以要治水，而且耗時十年有餘，實際就表明當時夏國已將發展生產發展農業當作了國家治理的頭等大事。

第三，主要涉及的是外交。

為了消滅或擊潰敵對勢力，網羅追隨者，文獻與考古表明，夏在這些方面共有三大舉措。

1.「天下有不順者，黃帝從而征之」（《史記·五帝本紀》）。

2. 禹征三苗（《墨子·非攻（下）》）。所謂「三苗」實際就是長江中游自然民族的統稱。由於以往實力強勁的「三苗」曾北上入侵中原，殖民中原，定居中原，所以二地結怨頗深，三苗也就成了天下最大的「不順者」，成了夏對外戰爭的重點和首選之地。

3.「禹會諸侯於塗山」（《左傳·哀公七年》）。之所以要會諸侯，一是炫耀實力，二是籍此網羅追隨者，擴大自己的勢力範圍。

就這樣，武功與文道同時並舉，夏國延續了470餘年，為中國歷史牢牢地樹立了第一個實體民族和國家崛起的榜樣，也為中原成為中國古代政治中

〔註34〕佟偉華：《二里頭文化向晉南的擴展》，《二里頭遺址與二里頭文化研究》，北京：科學出版社，2006年版。

心奠定了堅實的基礎。

五、夏民族崛起的歷史意義

夏民族的崛起實際是一個歷史的轉折點，主要有三個方面的意義。

第一，標誌著中國歷史上第一個實體民族和實體民族國家的崛起。

事實上，自有人類以來，整個史前階段都是血緣社會，所有的社會組織都屬於血緣組織。史前晚期距今 4500 年以後，雖然出現了血緣組織之間跨血緣或又跨血緣又跨地域的早期國家，出現了血緣組織之間擁有了政治上壓迫經濟上剝削關係的古國，但他們都是以血緣組織為單位而建立的，具有明顯的從血緣社會過渡到地緣社會的特點，因而可視為「血緣國家」（表 1）〔註 35〕。

與早期國家、古國不同，夏屬於早期方國即以單一民族為主體的地方之國，其組織模式發生了巨大變化。其中，最核心的變化就是國家的組織主體不再是血緣組織，而是地緣一體化的單一實體民族，並由此導致國家所涉及的空間範圍不僅突破了血緣組織的界線，而且還得到了歷史性的極大拓展。

第二，標誌著中國歷史由血緣社會過渡到地緣社會進入了最後階段。

一般而言，中國歷史由血緣社會到地緣社會經歷了二大過渡階段。

其一，史前晚期，由於人地關係的緊張，聚落組織之間的矛盾不斷激化規模不斷擴大，從而導致人類社會的組織形態也不斷變化，不斷由分散走向集中，走向大型化整體化一體化，從血緣逐漸走向地緣。其中，距今 5 千年前後，跨部落的一體化聚落群團的出現就邁出了過渡的第一步。對此，恩格斯說「最初本是親屬部落的一些部落從分散狀態中又團結為永久的聯盟，這樣就朝民族〔Nation〕的形成跨出了第一步」〔註 36〕。距今 4.5 千年以後，新崛起的早期國家和古國，雖然大都具有又跨血緣又跨地域的意義，並朝社會的地緣化邁出了重要的一步，朝民族的形成又跨出了一大步；但由於所有的組建單位全部都是血緣組織，沒有質的變化，所以都屬於過渡的第一階段。

其二，從夏開始，由於國家的組織單位已升級成為了由無數血緣組織構成的地緣化的實體民族，從而顯示距離完全地緣化的社會與國家又更近了一大步，並標誌中國由血緣社會過渡到地緣社會已出現了質的變化，並進入了

〔註 35〕裴安平：《中國的家庭、私有制、文明、國家和城市起源》，上海：上海古籍出版社，2019 年，第 447～467 頁。

〔註 36〕恩格斯：《家庭、私有制和國家的起源》，《馬克思恩格斯選集》第四卷，北京：人民出版社，1974 年，第 89 頁。

最後階段。

不過，在國體即國家組織方式地緣化的外表下，國家政體即統治模式當時依然還是血緣化的，之所以西周仍要「封建親戚」即是明證；就說明夏商周時期所有單一民族國家，雖然是最接近地緣化的國家，但還不是真正的國體政體都同時地緣化的國家。

第三，標誌中國歷史以中原為中心的歷史序幕已經揭開。

自司馬遷以來，中國就流行中原中心的歷史觀，但戰國七雄的爭霸實際就說明秦漢以前中原的中心地位一直還處在形成之中。

此外，歷史還表明，促成中原成為中國政治中心最主要的原因就是單一民族與民族國家的崛起。

一般而言，地域的中心性只是一種自然因素，而純自然的因素絕不可能使中原成為歷史的政治中心，史前中國的歷史就證明了這一點。但歷史時期之後，中原之所有會逐漸成為歷史中心，關鍵的也不是它的地理位置的中心性，而是因為那裡成為了中國的政治中心；而之所以會成為政治中心，則因為那裡崛起了中國最早的第一批以夏為代表的單一實體民族和國家。這種國家一方面實力超群；一方面又在實力的支持下不斷地對外征伐和網羅追隨者，從而導致自然地理中心轉變成了地域性大社會的矛盾衝突中心和政治中心。

正因此，夏民族與夏國的崛起就意味著中國歷史以中原為中心的歷史序幕已經悄然揭開。

結束語

考古表明，混淆了「發展中心」與「政治中心」的區別，並以為地理位置的中心性和文化交流就會導致史前考古學文化「多元一體」結構的出現，導致中國文明以中原為核心現象的出現，實際都與歷史不符。

中原之所以會成為了中國古代歷史的一段發展中心，關鍵就在於那裡誕生了中國最早的第一個和第一批實力強勁的實體民族以及由實體民族組建的國家。於是，中原就成了區域性的矛盾中心和政治中心，問鼎中原爭霸中原逐鹿中原就成為了歷朝歷代的主要政治目標。

因此，試圖為中原古代有一段是「政治中心」尋找淵源，並由此來證明史前中原也是文明和「多元一體」中心的認識完全與歷史事實不符。

原稿寫於 2020 年 10 月，2022 年 2 月修改

論當代中國考古學的實用主義風潮
——以「中華文明探源工程」為例

　　實用主義最早於十九世紀七十年代在美國露頭，是一個哲學流派。它的理論核心就是有用的就是真理，無用的就是謬誤。馮友蘭先生在《三松堂自序》中對實用主義的核心理論也有過類似的總結，即「有用就是真理，所謂客觀的真理是沒有的」〔註1〕。

　　值得注意的是，今天的中國考古學不僅慧外莠中，在絢麗多彩的考古新發現層出不窮的同時，有關發現屬性與內涵的研究，特別是關於史前血緣社會的研究日趨簡單空泛，並成為了一個研究理論實用主義泛濫的領域，各種來源不同屬性不同的「有用」的理論和理論部分各得其所併行不悖。對此，「中華文明探源工程」（下文簡稱「探源」）就是典型。

一

　　為什麼中國考古學今天會成為實用主義泛濫的學科？為什麼實用主義會成為當代中國考古學的主流？主要有三個原因。

（一）「中華文明探源工程」需要的推動

　　從表面上看，「中華文明探源工程」與當代考古學實用主義泛濫之間沒有任何直接的關係。但事實證明就是這個「探源」工程直接推動了實用主義的普及、利用與合法化。

〔註1〕馮友蘭：《三松堂自序》，北京：生活·讀書·新知三聯書店，1984年，第213頁。

　　21 世紀一開始，國家就啟動了中華文明探源工程，全稱「中華文明起源與早期發展綜合研究」。然而，拿什麼去探源呢？又拿什麼去認識和理解文明之源呢？

　　根據「探源」課題的設計與總結，2001～2003 年是「預研究階段」。其中，公元前 2500～前 1600 年的中原地區是工作的時空範圍；「古史傳說和有關夏商時期的文獻研究」、「上古時期的禮制研究」、「考古學文化譜系研究年代測定」、「聚落形態所反映的社會結構」、「古環境研究」、「早期金屬冶鑄技術研究」、「文字與刻符研究」、「上古天象與曆法研究」、「中外古代文明起源的比較研究」等九個相關的子課題就是「預研究」的主要內容。最後，最主要的「預研究」成果就是摸索出了一條多學科結合研究文明起源的技術路線和實施方法，提出了一個較為可行的探源工程實施方案〔註2〕。

　　顯然，「探源」工程表面上完全不需要，也沒有涉及和討論任何理論問題，因為只需要「一條多學科結合研究文明起源的技術路線和實施方法」即可，即考古學與歷史學、自然科學相結合的研究方法即可。但實際上，最後的收穫卻清晰地表明「探源」工程什麼理論都用到了，而且是哪個好用就用哪個，哪個部分好用就用哪個部分。在關於考古學文化與中華文明起源關係的論述中，蘇秉琦先生關於考古學文化區系類型的理論和思想就影響明顯〔註3〕；在關於國家和文明關係的認定中，馬克思主義的某些觀點就影響明顯，國家就是文明社會的概括，國家的起源就是文明的起源。此外，在聚落形態的研究與國家的認定中，西方歐美流行的「區域聚落形態」理論的影響就更為明顯和突出。

　　毫無疑問，上述陰陽二方面的現象表明，「探源」工程不是不需要理論，而是不能直說要用什麼理論，因為要為實用主義開方便之門。

　　根據中國考古學的實際，西方歐美流行的「區域聚落形態」理論在中國先後就經歷了二個發展階段。從 20 世紀 80 年代開始到世紀末是第一階段。於此階段，隨著國家改革開放大門的開啟，國外社會科學的各種理論學說也紛紛傳入中國。但是，就總體而言，這一階段更多的還是個別學者的個體行為，並多停留在簡介與推薦的層面上。從 21 世紀開始是第二階段，由於「探源」工程

〔註2〕王巍、趙輝：《中華文明探源工程的主要收穫》，北京：《光明日報》，2010 年 2 月 23 日，第 12 版。

〔註3〕王巍、趙輝：《中華文明探源工程的主要收穫》，北京：《光明日報》，2010 年 2 月 23 日，第 12 版。

的實施,「區域聚落形態」理論在中國開始進入了生根、開花、結果的新時代;而且由於「探源」工程的利用不僅具有高級的示範作用,高級的合法、合理性與權威性,從而導致「區域聚落形態」理論在中國迅速普及並本土化。

值得深思的是,一個最需要理論,最需要從理論的層面才能探到國家與文明起源的本質與特點,探到人類社會是如何從母系社會發展為地緣社會,發展為國家社會的原因和過程的課題卻自己不搞理論?

為什麼?

這說明,「探源」工程本質上並不是一個科學嚴肅的學術課題,而是一個明知中國缺失探源理論而強行為之的「官樣」工程;所以,它不需要理論建設,只需要為實用主義敞開大門,為各種理論不分青紅皂白只要好用就大加利用敞開了大門。

就這樣,在「探源」工程的推動下,實用主義在中國考古學界到處泛濫,並已成為中國考古學新時代的新特點。

(二)現代社會名利需求的推動

隨著國家改革開放的推進,隨著新時期「一帶一路」的不斷延伸,也隨著全球人類命運共同體建設的需要,考古學的學科性質和目的發生了顛覆性的變化。以往的考古學只是社會科學中的一個冷僻分支,大歷史學的一個分支,考古學的目的也只是復原歷史研究歷史。但是,現代考古學與以往完全不同了,最明顯的變化就是增添了許多社會功能,其中包括宣傳、弘揚和保護優秀的歷史文化遺產,增強人民的民族自豪感,提升文化遺產的品質和地位,並為地方文化事業和旅遊提供服務。此外,考古發現還與地方政府的政績掛鉤了,與項目和經費掛鉤了,與考古工作者個人的名利掛鉤了。為此,考古人歡欣鼓舞,專業自豪感大漲,發現與研究的地位也隨之發生了顛覆性的變化,以前考古發現主要是為研究服務,為研究提供資料和證據;但今天,研究的地位下降了,研究開始為發現服務,為提升新發現的性質和歷史意義服務;一批從未見過的世界第一、中國第一、長江流域第一、黃河流域第一的發現很快就超越歷史在各地出現了〔註4〕。其中,「河洛古國」的誕生就是

〔註 4〕裴安平:《上山文化根本不是世界上最早的稻作和彩陶文化》,www.peianping.com/新文稿;裴安平:《質疑世界遺產「良渚古城遺址」認識的十大學術泡沫》,www.peianping.com/新文稿;陝西省考古研究院等:《發現石峁古城》,北京:文物出版社,2016 年。

這方面的典型〔註5〕。由於「探源」的先期研究不經意就造成了中原地區可能是中華文明起源「窪地」的現象，嚴重損害了中原作為中華文明中心的地位和重要性。於是，專家們很快就根據「區域聚落形態」的理論，以遺址規模大特別有內涵為由，讓文明起源的「窪地」翻身變成了文明起源的「高地」，變成了黃帝時代的都城〔註6〕，變成了中國文明起源的引領之地。然而，對周邊比雙槐樹面積大還更有內涵的「高地」遺址，如湖北天門石家河古城、浙江餘杭良渚古城、陝西神木石峁古城、山西襄汾陶寺等，專家們卻視而不見。這完全就是一種超級的實用主義，想要在哪裏製造一個古國製造一個引領之地就在那裡製造。

（三）學術壟斷

所謂「學術壟斷」，就是利用權力壓制、打擊和封殺不同的學術觀點和持不同觀點的人，從而左右學界形成學術觀點基本一致的假象。

在中國，考古學界之所以實用主義猖獗，與學術主流和學科帶頭人的學術壟斷言論與行為也有明顯關係。因為，伴隨著「探源」工程的實施學術界就一直有不同的聲音和觀點，但都遭到了有力的壓制、打擊和封殺。

本人於 2004 年就在國內外首次提出了以人為本先復原歷史再研究歷史的理念，同時也提出了通過「聚落群聚形態」研究史前血緣社會組織與組織形態，再以史前血緣組織為載體為平臺復原和研究史前社會形態與歷史的理論和方法〔註7〕。對此，國家社科基金給予了充分的支持。其中，《中國史前聚落群聚形態研究》，2010 年入選國家社科基金普通項目，2013 年項目成果入選國家哲學社會科學成果文庫〔註8〕，2017 年入選國家社科基金外譯項目並翻譯成英語出版〔註9〕；2017 年，本人基於史前聚落群聚形態而從事的《中國的家庭、私有制、文明、國家和城市起源》研究，也被列入國家社科基金後期資助項目〔註10〕；

〔註 5〕本書‧二：《「河洛古國」是真的嗎？》，第 79～87 頁。
〔註 6〕王丁等：《伊洛匯流黃河處　追溯中華文明主根脈──河南鞏義發現 5000 多年前「河洛古國」》，鄭州：《河南日報》，2020 年 5 月 8 日，第 4 版。
〔註 7〕裴安平：《澧陽平原史前聚落形態的特點與演變》，北京：《考古》，2004 年，第 11 期。
〔註 8〕裴安平：《中國史前聚落群聚形態研究》，北京：中華書局，2014 年。
〔註 9〕Anping Pei, *A Study Prehistoric Settlement Patterns in China*，上海交通大學出版社、Springer, 2019.
〔註 10〕裴安平：《中國的家庭、私有制、文明、國家和城市起源》，上海：上海古籍出版社，2019 年。

2019 年，還被列入國家社科基金外譯項目並翻譯成英語出版。但由於指導思想、研究理論與「探源」工程完全相左，我的這些學術理論和成果完全被考古學「冷凍」並「封殺」了，至今無人問津，既沒有一篇簡介，也沒有任何書評。

此外，從 1985～2007 年的 20 多年間，本人在《考古》、《文物》、《中國文物報》先後發表各類文章數十篇；但 2007 年以後至今近 15 年內，一篇都沒有發表，所有投稿都被退回來了。與此同時，北京大學考古文博學院、中國社科院考古研究所召開的所有與中國史前考古理論和文明探源有關的學術會議，由於我喜歡「放炮」，也從來沒有人邀請我參會。

2015 年 12 月，本人在湖北天門「紀念石家河遺址考古發掘 60 年學術研討會」上作了題為「文明探源，源在何方」的發言，觸犯了「探源」工程的大忌。事後，在編輯出版研討會論文集的過程中，湖北省文物考古研究所的編委多次接到北京有關人員的電話，要求他們撤銷我的論文。最後，在湖北同行的堅持下，我的論文成了論文集的最後一章〔註11〕。

2016 年 8 月，作者應邀出席了陝西神木石峁「早期石城和文明化進程」的國際學術研討會。由於提交的論文依然還是《文明探源，源在何方》，從而引起了會議組織者的不滿，所以會議期間被歷史性地即從業 40 年以來第一次在考古會上被同行發配到會議科技組去發言，成了科技組唯一的考古人。為此，作者也曾向會議組織者提出過希望回到考古組發言的請求，但沒有答應。會議最後的總結大會上，各組都有負責人介紹了各位專家學者的觀點，而作者之言則無人提及。

顯然，這是一種非常可怕的現象，也說明一些學者和學術帶頭人越來越像政客了，為了維護自己的地位與面子，甚至不惜利用掌握的權力壓制和排斥不同意見與觀點。與此同時，也說明現在多麼需要淨化學術氛圍和空氣，淨化人的心靈，真正做到百家爭鳴百花齊放，才能避免學術壟斷與實用主義泛濫。

二

根據「探源」工程的實施與成果，可以得知當代中國考古學理論的實用主義有三個主要的組成部分，第一部分就是馬克思主義有關社會發展的學說，第二部分就是蘇秉琦先生的有關理論和思想，第三部分就是西方歐美目前流

〔註11〕湖北省文物考古研究所：《紀念石家河遺址考古發掘 60 年學術研討會論文集》，北京：科學出版社，2019 年。

行的理論和方法。其中，第一部分、第二部分是「表」，並主要證明第三部分相關利用與研究成果符合馬克思主義歷史唯物主義，也符合中國的國情，從而達到掩護和支持第三部分大量在中國推廣和利用之實。由此可見，第三部分才是中國史前聚落考古最需要最實用的理論，捨此將根本探不到中國文明與國家之源。

（一）關於馬克思主義有關理論的實用主義問題

需要說明的是，這裡並不是要說馬克思主義的傳統學說都錯了，而是要說我們今天的考古和學者不能在實用主義目的的驅使下將馬克思主義教條化和對號入座式的貼標簽。馬克思主義，特別是恩格斯《家庭、私有制和國家的起源》的寫作與出版，不僅年代早，1884 年，也就是近 140 年以前；而且當時無論歷史資料還是民族學的資料都很少，尤其是關於中國的考古資料就完全等於零，因而對有關問題的研究和認識就不免階段性地域性成果的意義，就給今天的繼續發展留下了餘地。

自 20 世紀 50 年代以來，中國的考古事業得到了極大的發展，大量史前和古代遺址被發掘出來，不僅充分顯示了中國歷史鮮明的自身特點，還為人們解放思想，深入研究奠定了堅實的基礎。因此，還原歷史研究歷史，自覺地繼承並發展馬克思主義就成為了中國考古人和學者義不容辭的歷史責任和義務。

然而，由於「探源」工程必須在一定時間範圍內探到文明和國家之源，又由於「探源」工程的主要成果都是在西方歐美「區域聚落形態」理論指導下完成的，所以在中國就特別需要建立這些成果與馬克思主義和歷史唯物主義的聯繫，並用這種聯繫來作為外衣和護身符，以此掩護並證明其成果所具有的合理性與科學性。為此，「探源」一方面對馬克思主義採取了實用主義，有取有捨；另一方面就是對有中國特色的考古發現視而不見熟視無睹。

第一，選擇了簡單實用的「文明」概念。

關於「文明」的定義，馬克思主義的確有二種不同的表達。

1844 年，在《英國現狀・十八世紀》一文中，恩格斯指出：文明「是實踐的事情，是一種社會品質」〔註12〕；1884 年，恩格斯在《家庭、私有制和

〔註12〕恩格斯：《英國現狀・十八世紀》，《馬克思恩格斯全集》第 1 卷，北京：人民出版社，1956 年，第 666 頁。

國家的起源》一書中又指出:「國家就是文明社會的概括」〔註13〕。對此,「探源」工程選擇了後一種說法和表達,因為從考古的角度來看,證明文明「是一種社會品質」將要涉及人類生產生活和社會組織各個方面,將要比證明「國家就是文明社會的概括」涉及的問題和證據多多了,因而也難多了。

然而,令人欣慰的是中國的考古學早就為文明「是實踐的事情,是一種社會品質」提供了大量的證據。

大約距今8～6.5千年,中國考古發現當時的人類社會就出現了3個前所未有的變化〔註14〕。

第一,人與人之間出現了等級地位分化,出現了衡量等級地位的奢侈品。

第二,聚落與聚落之間也出現了等級地位分化,出現了核心聚落和從屬聚落。

第三,出現了真正具有防禦功能的壕溝。在河南新鄭唐戶和浙江嵊州小黃山,核心聚落就住在壕溝裏,從屬聚落就住在外面

大約距今6.5～5千年,中國的考古又發現當時的人類社會出現了8個前所未有的變化〔註15〕。

農業成為了人類食物的主要來源;

生產方式由集體勞動轉變為土地耕作權私有的早期個體勞動;

一夫一妻制婚姻與家庭廣為普及,個體家庭成為了血緣社會最小的獨立的組織與經濟單位;

母系社會變成了父系社會;

財富私有制進入了新階段,出現了貴族;

個人開始由集體中的個人變成了集體中的獨立個人;

社會由分散開始走向一體化的整合與統一;

中國史前第一代城址正式崛起,湖南澧縣城頭山即是。

然而,為了盡快完成「探源」的任務,盡快讓「國家就是文明社會的概括」成為中國的歷史,工程對上述考古新發現一律視而不見,至今也不見一

〔註13〕恩格斯:《家庭、私有制和國家的起源》,《馬克思恩格斯選集》第4卷,北京:人民出版社,2012年,第176頁。

〔註14〕裴安平:《中國的家庭、私有制、文明、國家和城市起源》,上海:上海古籍出版社,2019年,第345～346頁。

〔註15〕裴安平:《中國的家庭、私有制、文明、國家和城市起源》,上海:上海古籍出版社,2019年,第346～352頁。

篇這方面的綜合研究文章。實際上，文明與國家不是同一種歷史現象，而且文明起源的時間明顯早於國家，國家是文明起源社會文明化的結果。否則，國家就不可能「概括」出生早的文明，而且也沒有可供「國家」概括的「文明」。

第二，無理證明「文明」是生產力發展、社會分工的產物。

為了證明中國用「區域聚落形態」理論探到的「文明」起源的合理性，就必須證明中國的「文明」起源符合馬克思主義，符合歷史唯物主義的社會發展規律。於是，「探源」工程就簡單地附和了馬克思主義，也以為中國的「文明」是社會生產力發展與社會分工的結果。

2020 年初，「探源」專家在《中華 5000 多年文明的考古實證》一文中認為文明起源就是「生產力獲得發展，出現社會分工」的結果，而「生產力獲得發展」的主要標誌就是「在農業顯著發展的基礎上，出現農業和手工業的分離，並且部分手工業生產專門化（如琢玉、髹漆、製作高等級陶器、冶金等）」。

然而，中國考古發現表明，「探源」的論述一方面完全是對馬克思主義的簡單附和，另一方面則無視了中國的考古發現，缺少深入和實事求是的論證。

1. 史前「農業顯著發展」與「文明」起源的時間並不匹配

20 世紀 90 年代以來，中國的文物普查結果早已證明，近萬年以來中國的史前農業經歷了前後二次「顯著發展」。第一次，距今 6 千年前後；第二次，距今 4.5 千年前後，各地都出現了在同樣適合農業的土地面積範圍內，聚落遺址數量與規模都大幅增長的現象，以致實際養活的聚落和人口數量成倍成倍往上翻。與此同時，每一次農業大發展也都與距今 5 千年「文明」起源的時間相差較大，或早或晚。

令人百思不得其解的是，難道史前農業前後二次「顯著發展」的考古事實很難發現嗎？顯然，不是的。關鍵在於只要承認了就失去了「文明」起源與農業「顯著發展」相互匹配的聯繫，也就同步失去了與馬克思主義關於生產力作用的聯繫，失去了與歷史唯物主義的聯繫。為此，一個真實的「顯著發展」都不能承認，只能泛泛地用實用主義一帶而過。

在文章中，「探源」專家還舉了良渚文化的例子，如出現了「大面積的水田」、「牛的腳印」、「石柄石頭犁鏵」等，來證明當時農業已出現了「顯著發展」。但是，他既沒有說明為什麼良渚文化一地之發展就能夠代表全國，為什麼江南的水田農業就能夠代表黃河地區的旱地農業？顯然，這種舉證不僅與

科學合理差距較大，而且也是一種實用主義的論證方法。只要有用的就儘量利用，至於合理與不合理，合多少理，都另當別論。

2. 史前從未出現過地緣社會的農業與手工業分工〔註16〕

由於史前一直是血緣社會，又由於夏商周時期國體雖然已經地緣化了但政體還是血緣化的，各民族包括統治民族的基層組織還是血緣化的；所以，商周及以前中國就根本不存在地緣社會特點的「社會分工」。殷墟之所以存在「世工世族」、「工商食官」現象，就是這方面的最好證明。一方面，它說明，即使是血緣社會血緣組織內部的「社會分工」也主要不是生產力發展的直接結果，也不是商品生產與商品經濟的結果，而是史前晚期聚落組織不斷大型化一體化，並導致需求與範圍擴大的結果；另一方面，它又說明」琢玉、髹漆、製作高等級陶器、冶金等」都是「貴族」享用的特殊製品，都是「官營手工業」的組成部分，也從來不會參與以謀利為目地緣化大眾化的區域性社會分工〔註17〕。

第三，無理證明「文明」導致「社會出現明顯的階級分化，出現王權」。

為了證明用「區域聚落形態」理論探到的「文明」已經起源，「探源」專家還毫無根據地擺出了中國「文明」導致「社會出現明顯的階級分化，出現王權」的證據〔註18〕。然而，這又是故意拉近中國「文明」與馬克思主義，與歷史唯物主義的聯繫，並利用它們來證明中國的「文明」是合情合理科學的實用主義的結果。

事實表明，所謂階級就是地緣社會由社會獨立的個人按地位和財富分成的群體或集團，這種群體或集團還分別對社會生產資料和財富擁有不同的控制權。中國的考古表明，史前與夏商周時期並沒有出現階級，因為血緣社會根本不具備階級產生的基礎與條件。

一方面，血緣社會的生產資料全部都是集體所有，所以就不會出現以生產資料個人所有，或生產資料使用權完全個人所有為基礎的社會的獨立個人。

另一方面，在血緣社會，所有血緣組織不僅是一個血緣群體，也是一個共同生產生活的利益實體，所有的人不僅都是親戚而且都是戰士，每一個成

〔註16〕裴安平：《中國的家庭、私有制、文明、國家和城市起源》，上海：上海古籍出版社，2019年，第240～298頁。

〔註17〕裴安平：《中國的家庭、私有制、文明、國家和城市起源》，上海：上海古籍出版社，2019年，第238～298頁。

〔註18〕王巍：《中華5000多年文明的考古實證》，北京：《求是》，2020年，第2期。

員，從貴族到平民，都在為所在組織的利益而浴血奮戰，並共同享受由此而獲得的利益。正因此，血緣組織內部只有等級，而無階級。夏商周時期即是如此。在殷墟後崗墓地，那些除了一具骨架以外空無一物的小墓之所以還會與那些「中字形」、「甲字形」的大墓簇擁在一起〔註19〕，就因為他們是同一個血緣組織的成員，生死與共。因此，他們之間的關係就根本不存在階級的壓迫和剝削，也不能用階級壓迫和剝削來理解和表達。誠如恩格斯所言：「氏族制度的偉大，但同時也是它的侷限性，就在於這裡沒有統治與奴役的餘地」〔註20〕。

值得注意的是，中國考古還表明階級的出現與「王權」的出現也並不同時，也不是互為出現的基礎和條件。一方面「王權」的出現先於「階級」，夏商周即如此，就只有「王權」而無階級；另一方面，「王權」的出現完全是社會一體化的結果，是血緣社會出現具有統一領導和管理特徵的「高於部落」的「政治組織」的產物；而「階級」的出現則完全不同，是社會地緣化的產物。

正因此，「階級」與「王權」的出現既不是中國文明起源的標準和條件，也不是文明起源順便帶來的特殊社會現象。

（二）關於蘇秉琦先生有關理論和思想的實用主義問題

蘇秉琦先生是我國最偉大的傑出的考古學家，他的一生都在思考和尋找如何利用遺跡遺物，「見物又見人」，復原歷史研究歷史；即使是關於考古學文化區系類型的研究理論，也不僅僅只是為了建立考古學文化親疏關係的系統，而是拉進了考古學文化與歷史的距離，並在深入思考和尋找史前人類歷史的載體和平臺。與此同時，他對於馬克思主義的論述，總是繼承和發展並行，從來不把馬克思主義當教條，也不對號入座或抄襲。1991 年，他提出了「重建中國史前史」的倡議，並指出「考古學的最終任務是復原古代歷史的本來面目」，「其主要內容是講生產方式、婚姻、家庭形態、社會組織結構，側重於闡述原始社會發展的一般規律」〔註21〕。與此同時，他還先後提出了中國文明起源的最早時間，中國歷史發展「滿天星斗」、「古文化、古城、古國」、

〔註19〕中國社會科學院考古研究所編著：《殷墟的發現與研究》，北京：科學出版社 2001 年，第 131 頁。
〔註20〕恩格斯：《家庭私有制和國家的起源》，《馬克思恩格斯選集》第四卷，北京：人民出版社，1974 年，
〔註21〕蘇秉琦：《關於重建中國史前史的思考》，北京：《考古》，1991 年，第 12 期。

「古國、方國、帝國」等宏觀研究的思想與理論，不僅用中國考古實際發展了馬克思主義，而且還極大地推動了「重建中國史前史」的探索與研究。

然而，《中華文明探源工程》雖然就是在蘇先生「重建中國史前史」倡議基礎上提出來的，但工程的實施與收穫卻表明，「探源」不僅距離蘇秉琦思想遙遠，而且還對蘇秉琦思想採取了實用主義的態度。一方面，能用的用之；另一方面，不好用的先改後用；再一方面，不能用的全部拋棄。

1. 能用的用之

2010年，在《中華文明探源工程的主要收穫》一文中，「探源」專家關於考古學文化與文明起源關係的論述，即「中華文明的形或是在一個相當遼闊的空間內的若干考古學文化共同演進的結果」，「各文化的區域特色還暗示了在走向文明的進程中各自的方式、機制、動因等也可能不盡相同」。顯然，這裡的論述就與蘇秉琦先生關於考古學文化區系類型理論以及文明起源「滿天星斗」的思想比較契合，所以就利用了。

2. 不好用的先改後用

1997年，蘇秉琦先生正式就中國的文明起源提出了「滿天星斗」的理論與學說〔註22〕，其基本的要義就是，中國文明的起源是「多元」的，各地都對中國文明的起源有自己平等、獨立和獨特的貢獻。應該說，蘇先生的「滿天星斗」說得到了考古工作者、歷史方面學者的廣泛認同和贊許。

然而，卻有一些學者在強調文明起源「多元」的時候，還特別重視「一體」的問題，因而就將「多元」改造成為了「多元一體」〔註23〕，並認為從自然地理位置的中心性，中原文化的吸引力，以及中國史前各地文化的向心性結構等方面，都顯示了中國文明起源具有「多元一體」的特徵。為了將以往個人的學術觀點變成「探源」的國家觀點，「多元一體」還成為了中華文明起源的重要特點，並經歷了「萬年奠基、八千年起步、六千年加速、五千年進入、四千年過渡、三千年鞏固、兩千年轉型」等七個階段，同時還對促進周圍地區文明的發展以及中華文明統一性的形成發揮了重要作用〔註24〕。

〔註22〕蘇秉琦：《中國文明起源新探》，北京：商務印書館，1997年，第85～106頁。

〔註23〕嚴文明：《中國史前文化的統一性和多樣性》，北京：《文物》，1987年，第3期；趙輝：《以中原為中心的歷史趨勢的形成》，北京：《文物》，2000年，第1期。

〔註24〕孫自法：《中華文明萬年奠基八千年起步形成多元一體格局》，北京：中國考古網，2013年8月27日。

　　然而，歷史與考古共同表明，史前是血緣社會，所有的血緣組織都是獨立平等的組織，根本不可能平白無故地冒出「一體」的需求和願望，即使有相似的自然地理條件與經濟形式也不會促使人們擁有「一體」的需求和願望，那種以為距今一萬年就開始為「一體」奠基的觀點實在是證據難尋。

　　顯然，對蘇先生「滿天星斗」觀的改造表面上是發展了蘇秉琦思想，實際上與蘇秉琦先生對問題認識的出發點完全不一樣，蘇先生強調的是「多元」，改造者強調的是「一體」，並利用「探源」工程提升了自己認識的地位。

3. 不能用的全拋棄

（1）拋棄了蘇先生要全方位復原歷史的思想

　　蘇先生的「重建中國史前史」實際「主要內容是講生產方式、婚姻、家庭形態、社會組織結構，側重於闡述原始社會發展的一般規律」；但「探源」工程根本不提不談史前社會生產方式、婚姻、家庭形態、社會組織結構等全方位的復原問題，而完全是直奔國家和文明起源的最早時間而去。尤其令人不解的是，就在史前社會生產方式、婚姻、家庭形態、社會組織結構的復原問題都沒有任何重大突破，誰也不知道起源的社會背景與特點的歷史與學術前提下，「探源」工程卻居然找到了中國文明與國家最早起源於「距今 5000 年」的答案！？

（2）拋棄了蘇先生的「文明」觀

　　關於文明與文明起源的探索，蘇秉琦先生完全沒有墨守成規，而是充分體現了尊重考古發現實事求是的科學精神。其中，最重要的是，蘇先生不僅沒有將國家與文明起源混為一談，而且透過有關的考古發現還認為中國最早的「文明起步超過萬年」〔註25〕。1991 年 8 月，在《文明發端玉龍故鄉——談查海遺址》〔註26〕一文中，他說：「查海遺址出土的十多件玉器，都是真玉，說明對玉的認識鑒別已有相當高的水平，玉的加工是高級加工，使用超越了作為工具和裝飾品，而賦予社會意義，除一件玉錛以外，玦、匕都是特殊用品，成套，而且集中出土。……查海玉器已解決了三個問題，一是對玉材的認識，二是對玉的專業化加工，三是對玉的專用。社會分工導致社會分化，

〔註25〕蘇秉琦：《中國文明起源新探》，北京：生活‧讀書‧新知三聯書店，2019 年，第 119 頁。

〔註26〕蘇秉琦：《文明發端玉龍故鄉——談查海遺址》，《蘇秉琦文集》，北京：文物出版社，2009 年，第 168 頁。

所以是文明起步」。同年 12 月，在《關於重建中國史前史的思考》的論述中，他又進一步指出：「阜新查海的玉器距今 8000 年左右，全是真玉（軟玉），對玉料的鑒別已達到相當高的水平。玉器的社會功能已超越一般裝飾品，附加上社會意識，成為統治者或上層人物『德』的象徵。沒有社會分工生產不出玉器，沒有社會分化也不需要禮制性的玉器」〔註27〕。蘇先生的話一針見血，切中要害，最早且充分肯定了興隆窪文化玉器的社會和歷史意義。

但是，「探源」工程既沒有接受蘇秉琦的思想和觀點，也對中國的考古發現熟視無睹，還毫無事實根據地將國家與文明起源混為一談，將國家的起源當作了文明起源的標準，還用實用主義的理論來解釋這種現象〔註28〕。

（3）拋棄了蘇先生的「古國」觀

關於「古國」的概念是蘇秉琦先生 1985 年在《遼西古文化古城古國——試論當前考古重點和大課題》〔註29〕的講話中首次提出來的，並認為古國「是高於部落以上的、穩定的、獨立的政治實體」。雖然由於時代早各方面資料的侷限，蘇先生的定義有並不完全清晰的含義，但這並不影響他對「古國」的思考與認識，其中有二點非常值得後人重視。第一，「高於部落」之上，這意味著，探討國家的起源一定要從血緣社會入手，從部落入手；第二，「政治實體」，這就意味著古國不同於以往的血緣組織。然而，「探源」工程完全拋棄了蘇秉琦先生的思想，只追求探得「古國」的出現時間，至於所探得的「古國」是何性質有何特點則完全與蘇先生的不同，一不是從血緣社會崛起的，二也不是一種政治組織和實體。

（三）關於西方歐美流行理論的實用主義問題

由於馬克思主義、蘇秉琦思想都是「老舊」的理論學說，而且實踐也早已證明利用馬克思主義蘇秉琦思想要在規定的短時間內探到中國文明與國家之源幾無可能。所以，當代西方歐美流行的「區域聚落形態」理論不僅在中國大受歡迎，而且很快就實現了本土化。

20 世紀以來西方歐美的考古學經歷了二個特點非常鮮明的階段。二次大戰以前，考古學界流行馬克思主義，並出現了著名的馬克思主義考古學家，

〔註27〕 蘇秉琦：《關於重建中國史前史的思考》，北京：《考古》，1991 年，第 12 期。
〔註28〕 王巍：《中華 5000 多年文明的考古實證》，北京：《求是》，2020 年，第 2 期。
〔註29〕 蘇秉琦：《遼西古文化古城古國——試論當前考古重點和大課題》，瀋陽：《遼海文物學刊》，創刊號，1986 年。

澳裔英籍戈登‧柴爾德（Childe, Vere Gordon）就是代表。但是，二次大戰以後，這類風氣與學者至今根本不見。究其原因，關鍵就因為當時崛起了一大批社會主義國家，使西方資本主義國家非常緊張，於是就要與馬克思主義劃清界限，人類學、考古學就要劃清與馬克思主義關於社會發展和國家起源理論的界限。從此，西方人類學、考古學就自覺不自覺地走上了一條架空或另築史前社會形態之路。

受這一變化影響最大的就是美國的路易斯‧亨利‧摩爾根（Lewis Henry Morgan）。由於他的《古代社會》受到了馬克思、恩格斯的重視，並成為了馬克思主義社會發展與國家起源理論的重要基礎；所以他，雖然並不認識也沒有受馬克思、恩格斯的影響，但他在書中關於人類早期血緣社會形態與組織、組織形態的研究成果卻受到了普遍的質疑並被束之高閣。為什麼同為美國人的戈登‧威利（Gordon Randolph Willey）關於秘魯維魯河谷史前聚落形態的研究，以及此後興起並流行於西方的「區域聚落形態」都竭力迴避氏族、部落、部落聯盟等人類早期血緣組織的名稱與概念，甚至不惜用現代地緣社會學的思想、概念和名稱來研究史前社會，將古人從來沒有見過的「社區」和「社群」等組織形態都套在他們頭上，還用以描述歷史。顯然，這樣做的結果不僅全盤否定了馬克思主義與摩爾根有關研究的合理性，還以假亂真，徹底改變了歷史的原貌。

然而，令人不解的是，20世紀90年代以後，不僅被中國考古學毫無顧忌地引進了，而且還成為了「文明探源」的主要理論方法；還完全中國化了，一是區域內哪個規模面積大還特別有內涵哪個就是區域之王，二是「重點地區」出現了「中心聚落」與「衛星聚落」。

2006年，「探源」專家在《聚落形態研究與中華文明探源》[註30]一文中指出：史前「重點地區的中心聚落（包括古代都城）。它往往是當時的政治中心、經濟中心和文化中心，最能反映當時社會各方面的狀況。對中心聚落（包括夏商周時期的都城）的研究，理所當然地成為我們研究中國古代文明起源的重點」，「出於為中心聚落中的顯貴們服務的需要……衛星聚落一般都位於中心聚落的周圍……」。

然而，「探源」專家並沒有說清楚什麼是「重點地區」，衡量重點地區的標準是什麼？也沒有說清楚「中心聚落」是血緣社會的，還是地緣社會的？

〔註30〕王巍：《聚落形態研究與中華文明探源》，北京：《文物》，2006年，第5期。

是血緣或地緣社會中哪一級的？更沒有說清楚「中心聚落」與「重點地區」，與政治、經濟和文化中心的關係？為什麼無論血緣和地緣的「中心聚落」都是「重點地區」的政治、經濟、文化中心的歷史原因？

顯然，這是根本不考慮史前血緣社會復原問題而一味用地緣社會才有的「區域」觀念和思想來理解古人和歷史的研究方法與思路，也是目前中國聚落考古和文明探源工程最嚴重失真的思路與方法，只要是大遺址，只要裏面有大型宮殿、祭壇、大墓、禮器等「內涵」，就是「重點區域」的「政治、經濟、文化中心」，就是區域的「王」，就與「古國」有關。至於這些「中心聚落」與血緣社會的聯繫，與復原史前社會的聯繫，根本無人問津。

實際上，這就是最典型的實用主義。凡是與復原有關的一律免談，而只要能幫助工程又快又簡單地找到中國文明和國家之源，就用誰的理論。

然而，中國的史前考古表明〔註31〕，「探源」找到的「古國」起源時間，找到的所有古國，包括浙江餘杭良渚、山西襄汾陶寺、陝西神木石峁、河南鞏義雙槐樹、湖北天門石家河等，確認的標準都是遺址面積大特別有內涵，至於是否「高於部落」，是否是「政治組織」，皆無言以對，所以工程裏沒有一個「古國」是真的。

特別是山西襄汾陶寺遺址，從早到晚都不是「古國」所在地。

2009～2010年，考古工作者就完成了臨汾盆地的聚落遺址調查，並發現在塔兒山以北澇河南岸有一個從早到晚都比陶寺實力強悍的聚落集團，從而顯示位於塔爾山北麓的陶寺遺址的早中期，雖然城址面積規模大有內涵，但根本沒有擊敗他人和統治他人的實力，因而根本不可能逾越族群的界限而成為統治他人的古國。陶寺晚期，由於城址敗相突出全國一流，不僅城牆、宮殿、觀象臺都被人搗毀了，祖宗大墓被人掘了，甚至城內的男人很多都被人砍了，扔進了灰坑裏〔註32〕；所以更不可能是統治他人的古國。

可是，為了讓陶寺永遠保持黃河流域文明與國家起源象徵的地位，「探源」工程隻字不提陶寺晚期的結果，而是專注渲染陶寺早、中期的重要性。為此，最為有用的理論就是「區域聚落形態」，就是哪個大哪個有內涵哪個就

〔註31〕 裴安平：《中國的家庭、私有制、文明、國家和城市起源》，上海：上海古籍出版社，2019年，第447～523頁。

〔註32〕 何駑：《從陶寺遺址考古收穫看中國早期國家特徵》，《中國古代文明與國家起源學術研討會論文集》，北京：科學出版社，2011年，第149頁。

是「王」。至於那個早晚一直都在陶寺對面，威脅陶寺，並可能滅了陶寺的聚落組織，在以「區域聚落形態」理論為指導思想的「探源」工程裏將永遠被人為忽視和埋沒，將永遠無聲無息地消失在實用主義的歷史長河中。

三

今天，要抑制要糾正中國考古學還在不斷蔓延的實用主義風潮，從學術的角度而言，就必須回到繼承和發展馬克思主義，繼承和發展蘇秉琦思想，以人為本，先復原歷史再研究歷史的正軌上來。

勿容諱言，任何科學理論都是相對的，都有再發展的餘地，馬克思主義也是如此，「農村包圍城市」就是中國革命中國共產黨人對馬克思主義理論發展的重大貢獻。考古也是一樣，既要堅決杜絕教條化和對號入座貼標籤，又要在新的歷史基礎上繼續發展。自 20 世紀 50 年代以來，中國的考古事業得到了極大的發展，大量史前和古代遺址被發掘出來，為人們解放思想，發展馬克思主義奠定了堅實的基礎。因此，還原歷史研究歷史，一方面自覺地繼承馬克思主義，另一方面自覺地發展馬克思主義，就成為了中國考古人和學者義不容辭的歷史責任和義務。那種貌似繼承了馬克思主義，把馬克思主義當外衣，實際皈依了反馬克思主義理論學說的現象再也不能繼續下去了。

蘇秉琦先生復原歷史研究歷史最寶貴的學術思想就是以中國考古發現為本獨立思考。他的考古學文化區系類型理論顛覆了幾千年以來中國歷史大一統的傳統觀念；他對文明的認識不僅沒有禁錮於傳統的觀念，更顯示了實事求是的歷史唯物主義的精髓，充分體現了世界「東方天國」〔註33〕的自身特點。20 世紀 90 年代，雖然西方歐美的「區域聚落形態」理論傳入中國並開始流行。但是，蘇先生從不盲從，而始終既堅持馬克思主義又發展馬克思主義，一方面認為國家「是高於部落以上的、穩定的、獨立的政治實體」，一方面又有根有據地將文明與國家區別開來。事實上，蘇秉琦先生早已為中國考古人樹起了考古學中國學派的大旗，中國考古人理當繼承和發揚光大。

不過，相對理論的思考與總結，中國考古學目前最大的學術困難就是沒有找到具體利用物質遺存復原血緣社會研究血緣社會的大門和必由之路。值得注意的是，根據中國考古的已有發現和探索表明，聚落組織與群聚形態的

〔註33〕馬克思：《馬克思致恩格斯（6 月 2 日）》，《馬克思恩格斯全集》第 28 卷，北京：人民出版社，1973 年版，第 256 頁。

研究就是理解和認識血緣社會特點與歷史的金鑰匙，也是考古學「重建中國史前史」的突破口。

歷史證明，群聚一直是人類存在的一種歷史現象。史前血緣社會，人們以血緣為紐帶，群聚在血緣組織中；歷史時期，人們以地緣為紐帶，以民族為單位，群聚在一定的地區之中，我國現有 5 個省級民族自治區即如此。

考古還證明，從舊石器早期開始一直到夏商周時期，人類就一直存在以居住地為單位以血緣為基礎近距離相聚的群聚現象〔註34〕。

這種群聚現象既是人的自然屬性使然，是人類的自然行為，是一種天性；也是人的社會屬性使然，是當時人類組織以血緣為紐帶，實行普遍的「族外婚」、「走婚」、「對偶婚」，以及生產資料集體所有，並相互保護共有的食物資源地與耕作土地、水資源地等社會需求的結果。此外，史前時期社會生產力相對較低，人數的多寡本身就是生產力大小的主要標誌。因此，有條件的組織起來，以小變大，加強互助，不失為適應生產力水平低下的一種最佳選擇。

根據前蘇聯澳大利亞和大洋洲各族人民的調查〔註35〕，中國詹承緒、嚴汝嫻、宋兆霖等雲南永寧納西族阿注婚姻和母系家庭的調查〔註36〕，韓軍學先生雲南佤族的調查〔註37〕，童恩正關於非洲尼日利亞蒂夫人（Tiv）社會組織的簡介〔註38〕，尤其是路易斯‧亨利‧摩爾根關於美洲印第安人的調查〔註39〕，史前社會就是一個血緣社會，聚落就是聚氏族而居的居住地與場所，近距離群聚就是血緣組織的基本特點。因此，聚落群聚形態就是血緣社會組織與組織形態的物化反映。

此外，考古還顯示中國史前聚落群聚形態的變化本身就是社會發展的反映，並隨著社會的發展而變化〔註40〕。

〔註34〕 裴安平：《中國史前聚落群聚形態研究》，北京：中華書局，2014 年，第 26～66 頁。

〔註35〕 C‧A‧托卡列夫等：《澳大利亞和大洋洲各族人民》，北京：生活‧讀書‧知新三聯書店，1980 年。

〔註36〕 詹承緒等：《永寧納西族的阿注婚姻和母系家庭》，上海：上海人民出版社，1980 年；嚴汝嫻、宋兆麟《永寧納西族的母系制》，昆明：雲南人民出版社，1983 年。

〔註37〕 韓軍學：《佤族村寨與佤族傳統文化》，成都：四川大學出版社，2007 年，第 35～37 頁。

〔註38〕 童恩正：《文化人類學》，上海：上海人民出版社，1989 年，第 221 頁。

〔註39〕 摩爾根：《古代社會》，北京：商務印書館，1997 年。

〔註40〕 裴安平：《中國史前聚落群聚形態研究》，北京：中華書局，2014 年。

距今約 3 百萬～8 千年，舊石器時代至新石器時代中期中段。由於地廣人稀，人類的食物全部都是自然食物，所以當時社會發展的矛盾主要是人與自然的矛盾。與此同時，人類居住地及其組織的群聚形態都以血緣為基礎，相互獨立平等，分布稀疏。

距今約 8～6 千年，新石器中期晚段與晚期早段。由於人口增加和農業的興起，社會發展的主要矛盾開始轉變為人與人之間的矛盾。與此同時，人類居住地及其組織的群聚形態也發生了前所未有的變化，實力開始成為新型的組織紐帶。在實力的基礎上，聚落之間一方面出現了地位等級化，出現了主從關係，有實力的聚落成為了部落的核心〔註 41〕；另一方面，聚落群及部落也首先開始基於實力的一體化，變各成員相互獨立平等為統一領導和管理。

距今約 6～5 千年，新石器晚期中段。隨著社會矛盾的進一步激化，聚落群的一體化再次升級，核心聚落由環壕（濠）聚落變成了城址〔註 42〕。

距今約 5～4.5 千年，新石器晚期晚段。為了應對日趨激化的社會矛盾，聚落組織在一體化的基礎上開始大型化和分布緊湊化，出現了抱團相聚的新式的一體化聚落群團，以往關係鬆散的臨時性部落聯盟不僅開始成為永久性聯盟，而且出現了歷史上第一種「高於部落」之上的「政治實體」，有實力的聚落群開始成為永久性部落聯盟與「政治實體」的核心聚落群〔註 43〕。

距今 4.5～4 千年，新石器晚期末段。由於矛盾進入到不可調和的階段，所以社會同時崛起了聚落集團、早期國家、古國等新型一體化超大型聚落組織，有實力的一體化聚落群團開始成為這些組織的核心〔註 44〕，整個社會也開始由血緣向地緣過渡。

值得注意的是，考古還顯示，中國史前的聚落組織與群聚形態不僅隨歷史的變化而變化，而且還是同時期人類社會各種歷史活動與發展變化的載體和平臺。

距今約 3 百萬～8 千年，以自然的聚落群為歷史主角。

〔註 41〕河南省文物管理局南水北調文物保護辦公室等：《河南新鄭唐戶遺址裴里崗文化遺存發掘簡報》，北京：《考古》，2008 年，第 5 期。
〔註 42〕湖南省文物考古研究所：《澧縣城頭山》，北京：文物出版社，2007 年。
〔註 43〕湖北省文物考古研究所：《湖北京山屈家嶺遺址群 2007 年調查報告》，武漢：《江漢考古》，2008 年，第 2 期。
〔註 44〕湖北省文物考古研究所：《大洪山南麓史前聚落調查》，武漢：《江漢考古》，2009 年，第 1 期。

這一階段人口相對稀少，自然的聚落群或部落就是人類生產生活的實體
單位，相互獨立平等；流行採集和捕撈為主的自然經濟，流行集體勞動集體
消費的自然生產方式，流行自然的「族外婚」〔註45〕；除了臨時性的部落聯
盟以外，也不需要永久性的部落聯盟；所有的遺址和聚落之間沒有一個有標
誌地位和等級的遺跡與設施。

距今約 8～6 千年，以環壕（濠）聚落為代表的一體化聚落群開始成為歷
史的主角。

隨著人口與聚落的大量增加，生產性經濟逐漸成為人類食物的主要來源，
這一階段的聚落社會發生了許多重要變化。一方面，實力成為血緣之上新的
組織紐帶，各成員之間出現了等級分化，出現了主從關係，實力強勁的核心
聚落還開始享受環壕（濠）的保護〔註46〕；另一方面，人與人之間也開始等
級分化，高等級的人開始擁有了奢侈品玉器〔註47〕、綠松石〔註48〕製品，與
此同時還出現了專門分工製作奢侈品的特殊手工業；再一方面社會生產方式
也發生了重大變革，在血緣集體的範圍內，在生產資料集體所有制的基礎上，
出現了以耕作權私有為特點的早期個體勞動和個體經濟〔註49〕。

距今約 6～5 千年，以城址為代表的一體化聚落群開始成為歷史的主角。

隨著社會矛盾的激化，社會的變革更加廣闊，核心聚落不僅由環壕（濠）
聚落升級為城址，而且母系社會轉變為父系社會，一夫一妻制婚姻與家庭普
及並成為血緣社會最小的組織與經濟單位。

距今約 5～4.5 千年，以內外雙城城址為代表的一體化聚落群團開始成為
歷史的主角。

為了應對社會矛盾激化升級的時代挑戰，以往相互關係鬆散的臨時性部
落聯盟即聚落群團開始在利益的基礎上重組與整合，並在實力的基礎上改造

〔註45〕 裴安平：《中國的家庭、私有制、文明、國家和城市起源》，上海：上海古籍
出版社，2019 年，第 13～43 頁。

〔註46〕 河南省文物管理局南水北調文物保護辦公室等：《河南新鄭唐戶遺址裴里崗
文化遺存發掘簡報》，北京：《考古》，2008 年，第 5 期。

〔註47〕 劉國祥：《興隆溝聚落遺址：8000 年前精美玉器》，北京：《文物天地》，2002
年，第 1 期。

〔註48〕 藍萬里等：《河南舞陽賈湖遺址第八次發掘取得重要成果》，北京：《中國文物
報》，2014 年 1 月 17 日，第 8 版。

〔註49〕 裴安平：《史前私有制的起源與發展──湘西北澧陽平原個案的分析與研究》，
《俞偉超先生紀念文集》（學術卷），北京：文物出版社，2009 年，第 127 頁。

成了一種實行統一領導和管理的一體化永久性聚落群團。隨著這種全新社會組織的誕生，人類社會的變革更加深刻。一方面一體化聚落群團的出現標誌著人類社會第一代政治中心的崛起，從而導致「貴族」的出現，導致「禮器」的出現；另一方面，在聚落群團血緣組織的範圍內人類社會第一次出現了腦力與體力勞動的「城鄉分工」；再一方面，同一社會組織的核心也出現了分級，一級是核心聚落，可以住在內城裏；二級是核心聚落群其他成員，可以住在外城裏〔註50〕。

距今4.5~4千年，一個以聚落集團、早期國家、古國為歷史主角的時代。

由於社會矛盾開始進入你死我活的時代，從而導致聚落社會發生了三個方面的重大變化。一方面同時出現了聚落集團、早期國家、古國等新型超大型聚落組織，社會一體化的範圍第一次從血緣跨入地緣；另一方面隨著內部各聚落組織之間統治關係的建立，具有政治上壓迫經濟上剝削特點的古國的出現，人類歷史上第一次出現了不勞而獲的生存模式；再一方面城址大型化更加明顯，出現了一個聚落群團集體居住的城址〔註51〕，還出現了一個聚落集團集體居住的城址〔註52〕。

顯然，回眸中國的史前史不難發現，聚落的群聚形態無論哪一種類型都並非置身於歷史之外的怪物，而是與歷史發展息息相關的產物。一方面，它的形態演變歷史無一不與重大的歷史事變緊密聯繫在一起；另一方面，各種歷史的重大事變又無一不是在這個載體和平臺上的演繹和展開。

長期以來，中國考古學界一方面認為聚落的分布就是一盤散沙，但另一方面20世紀90年代以後，又跟在歐美「區域聚落形態」理論的後面，認為史前晚期聚落之間出現了地域性的「社區」和「社群」，出現了「中心聚落」和「衛星聚落」。但實際上，中國的考古早已表明歐美的理論是錯誤的，因為自有人類以來就有基於血緣的氏族社會，就有基於血緣的聚落組織與組織形態，聚落群聚形態本質上就一直是血緣社會組織形態的物化結果和反映〔註53〕，是

〔註50〕梁中合：《日照堯王城的新發現、新收穫與新認識》，北京：《中國社會科學院古代文明研究中心通訊》，2006年，第30期。
〔註51〕浙江省文物考古研究所：《良渚遺址群》，北京：《文出版社報》，2005年；浙江省文物考古研究所：《良渚古城城內考古發掘及城外勘探取得重要收穫》，北京：《中國文物報》，2016年12月16日，第8版。
〔註52〕陝西省考古研究院：《發現石峁古城》，北京：文物出版社，2016年。
〔註53〕裴安平：《中國史前聚落群聚形態研究》，北京：中華書局，2014年。

歷史演變的載體和平臺，也是考古學復原和研究血緣社會的必由之路。

結束語

今天，中國考古學之所以實用主義暢行無阻影響廣泛，這不僅是學科本身缺少研究理論和思想的反映，實際也是不良理論和社會風氣正在侵蝕中國考古學靈魂促使學術腐敗和墮落的表現，是重名利的追求而輕默默無聞研究之風的反映，也是中國考古學百餘年來從未有過之現象。值得引起社會的普遍關注和警醒。

今天，中國考古學一定要痛定思痛，摒棄習以為常的實用主義，摒棄對權利和面子的矜持，摒棄慧外莠中華而不實；也一定要在繼承和發展馬克思主義，繼承和發展蘇秉琦思想，開創聚落群聚形態研究新局面的基礎上〔註54〕，腳踏實地的「以人為本」做好基礎研究，先復原歷史再研究歷史，「努力建設中國特色、中國風格、中國氣派的考古學」。

寫於 2021 年 6 月

〔註54〕裴安平：《中國史前聚落群聚形態研究》，北京：中華書局，2014 年。

致中央領導的信

尊敬的××××：

　　您好！

　　我是南京師範大學考古專業的退休老師。

　　近 20 年來，中國考古學完全辜負了黨和國家的重視與期望，一方面表面繁榮興旺，人為拔高的精彩發現接連不斷；另一方面內在卻潛伏著巨大的思想理論危機。

　　由於馬克思主義關於歷史問題的研究成果，如恩格斯《家庭、私有制和國家的起源》的產生，不僅時代早（1884 年），資料匱乏，更缺少中國的考古資料，所以就存在明顯的時代與地域侷限性，從而既為今天發展馬克思主義，也為現代西方歐美反馬克思主義思想理論的產生提供了相應的薄弱環節與缺口。二次大戰以後，隨著一大批社會主義國家的崛起，西方歐美的社會科學也興起了一系列反馬克思主義的思想理論。其中，拒不復原史前社會原貌而是通過現代地緣社會學來研究史前血緣社會的「區域聚落形態」，以及號稱填補了馬克思主義歷史發展序列論述空白的「酋邦」等理論就都是這方面的代表。

　　然而，隨著國家改革開放大門的開啟，這些理論不僅被無遮無攔地引進了，而且還成為了中國史前考古和「文明探源」的主要理論與方法。

　　之所以如此，主要有三個方面的原因。

　　之一，隨著考古學社會功能的大幅增加，考古工作者的研究日趨虛浮，考古的目的也越來越急功近利。

　　之二，文明探源是一個「工程」，要求在短時間內有重大突破。但用馬克

思主義來指導文明探源涉及生產方式、婚姻、家庭形態、社會組織結構等諸多史前社會的復原問題，費時費力，很難出成果。因此，為了盡快探到文明之源，不僅要將「文明」與「國家」簡單地混為一談，還要找到實現這一目標的理論與方法。西方歐美的「先進」理論不僅迴避了史前社會的復原問題，而且還可以為任意確定考古遺存的性質提供支持，並在發現與「文明」之間架起一座互通的橋樑。

之三，只要給西方「先進」的理論披上「發展」了馬克思主義的外衣，就可以使這些理論在以馬克思主義為指導思想的中國安全落地。

毫無疑問，我反映的問題並不是一般學術觀點的異同。如果繼續放縱這些思想理論在中國流行，不僅不可能如實復原史前社會的原始形態，而且還將按西方歐美模式改寫中國的史前史；更有害的是「千里長堤，潰於蟻穴」，並徹底動搖整個學科的思想理論基礎，危及整個國家的思想體系。為此，只有在繼承馬克思主義，在考古發現的基礎上發展馬克思主義，才能在正確復原歷史的基礎上真正建設有「中國特色、中國風格、中國氣派的考古學」。

希望我反映的上述問題能引起中央的關注，撥亂反正。

隨信還寄上我近 10 年對上述問題思考與質疑的論文匯編，僅供參考。敬請多多批評指正！

裴安平

2021 年 10 月 28 日

（2022 年 1 月 28 日退信，見「附件」）

附件 1：有關部門收件印章

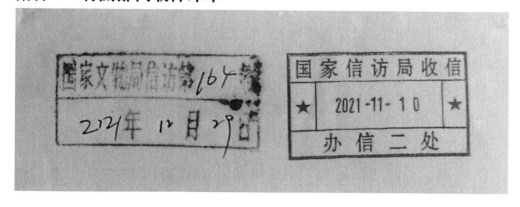

附件 2：隨信的論文匯編

第一，就世界範圍而言，考古學的中國學派已無以為繼。

一般而言，考古學中國學派的出現就是因為中國考古學有自己獨創的考古學研究的理論與方法，一是馬克思主義唯物史觀，二是器物類型學，三是考古學文化區系類型理論，四是文化因素分析法。可是，進入「重建中國史前史」的歷史新階段以後，尤其是引進國外的「區域聚落形態」作為中華文明探源的主要理論方法之後，「中國學派」的旗幟就因為缺少自己獨創的理論與方法而暗然失色無以為繼。

第二，根本不見史前血緣社會聚落相互關係研究的思想與理念。

自 20 世紀 90 年代初以來，一方面對史前聚落依血緣群聚的歷史現象視而不見，而另一方面哪個規模大哪個就是王，「內城」比「外城」大，「中心聚落」、「衛星聚落」、「都邑聚」、「城區」、「郊區」等完全與史前血緣社會毫不相關的概念，卻充斥了整個史前聚落關係的研究領域，充分顯示中國考古學根本就沒有血緣社會聚落關係研究的思想與理念。

第三，日益精彩的考古發現掩蓋了大量的認識問題，嚴謹求實的學風漸行漸遠。

為了凸顯考古新發現「政績」的意義，引起社會的關注和重視，獲取更多的榮譽和名利，近年中國還出現了一方面考古發現越來越精彩，另一方面有關歷史意義的認識不僅越拔越高還越來越煽情的現象。對「良渚古城遺址」的認識就是典型的一例〔註 18〕，所謂「良渚文明比肩同時代的古埃及文明與古美索不達米亞文明」，所謂出現了宮城，「類似後世都城中宮城、皇城、外郭的三重結構體系」，城區與郊區，獨立的王陵、貴族墓地、手工作坊區等一系列認識即屬此類。它不僅明顯將許多春秋戰國時期才出現的歷史現象都大為提前了，而且還顯示在各種社會榮譽的激勵下嚴謹求實的學風漸行漸遠，默默追求實證的科學精神遭遇了史無前例的褻瀆。

顯然，這些都與「區域聚落形態」的影響有聯繫，因為「區域聚落形態」早已為血緣社會地緣化研究誇大發現的意義打開了大門，掃平了道路。

不過，令人深思的是，為什麼中國考古學會淪落到如此地步？除了人們心中追求目標的變化以外，還有一個很重要的原因，那就是根本不想知道要如何通過考古資料「由物及人」並理解史前社會，也不想知道要如何才能叩

〔註 18〕裴安平：《質疑世界遺產「良渚古城遺址」認識的十大的學術泡沫》，www.peianping.com/新文稿

開現代考古通往史前社會的歷史大門。

事實上，史前聚落的群聚形態就是考古通往史前和夏商周血緣社會的必由之路，就是開啟窺探史前和夏商周血緣社會原貌歷史大門的金鑰匙〔註19〕。但是，它不僅一直是國內外考古與聚落形態研究的空白地帶和處女地，而且還是國內考古界有意冷落的理論與思想。

所謂聚落群聚形態，就本質而言，就是以氏族為單位聚族而居的聚落相互因一定的血緣關係近距離相聚而形成的一種遺存形態。由於夏商周時期正好處於血緣到地緣社會之間的過渡階段，雖然國體已地緣化了，但政體卻是血緣化的，統治民族的基層組織單位也是血緣化的，河南殷墟後崗商代大小墓分群集中埋葬的整體特點就是證明（圖4）。因此，中國的考古表明聚落的群聚形態不僅從史前到商周都普遍存在，而且還是研究這段歷史的重要基礎。

圖4：殷墟後崗墓地墓葬分布示意圖

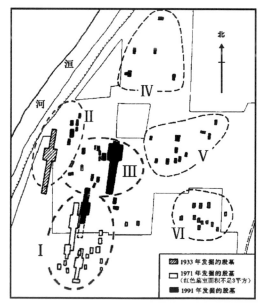

引自：中國社科院考古所《中國考古學·夏商卷》

值得注意的是，世界各地的民族學早就發現了這種群聚現象。1877年，即143年以前，摩爾根就在他的《古代社會》中論述了這種現象，並指出：部落內各氏族的「領土總是相互毗鄰」的〔註20〕。20世紀50年代初，美國

〔註19〕裴安平：《中國史前聚落群聚形態研究》，北京：中華書局，2014年；《中國的家庭、私有制、文明、國家和城市起源》，上海：上海古籍出版社，2019年。

〔註20〕〔美國〕摩爾根：《古代社會》，北京：商務印書館，1997年，第107頁。

特別值得注意的是，伴隨著第一代政治中心的出現，聚落社會還曆史性的第一次出現了與政治中心相適應的物質遺存。又由於跨部落的一體化，可以匯聚的各種資源與人力、物力都達到了一個新的高度，從而為這類物質遺存的出現提供了可能。

考古發現，這類遺存主要包括了以下三個方面。

第一，出現了大型遺址和城址，以及內外配套的雙城城址。

從距今 5 千年左右開始，中國史前的遺址和城址之所以都出現了大型化的趨勢，並同時出現了內外配套的雙城城址。實際上，這種變化的關鍵就在於聚落組織核心的等級和規模都升級了，由以往的單聚落升級為聚落群，由以往只有一級核心變成了二級核心，所以遺址、城址的規模與結構都發生了重大變化。湖北京山屈家嶺 70 萬平方米的環濠遺址（圖 2，1）就是大型遺址出現的代表；湖北天門石家河 120 萬平方米的城址（圖 2，2）就是城址規模大型化並出現內外雙城城址的代表。

第二，出現了大型的宮殿和禮儀基址。

為了突出核心的地位，突出政治中心的地位與作用，突出跨部落統一領導和管理的合理性，史前遺址裏面除了第一次出現了大型宮殿以外，還第一次出現了大型祭壇及禮儀基址。

對此，河南鞏義雙槐樹遺址就是代表（圖 3，1），該遺址屬仰韶文化中晚期，最早年代 5 千年左右〔註27〕。

遺址除了發現了三重大型環壕，顯示是一個多聚落及一個聚落群居住的遺址以外，還發現了可能係宮殿所在的採用版築法夯築而成的大型連片遺跡，以及三處規模不等的夯土祭祀臺遺跡（圖 3，1）。

第三，出現了貴族、禮器與貴族大墓

所謂「貴族」就是脫離了普通生產生活勞動並握有一定權利和財富的人員。所謂「禮器」就是可以標誌貴族之間相互地位和財富差距的物品。

距今 5 千年左右的安徽凌家灘遺址就是這方面變化的代表，並同步發現了大規模的禮儀建築祭壇、貴族、禮器和貴族大墓〔註28〕。

〔註27〕蘇湲：《發現河洛古國》，廣州：《南方周末》，2020 年 6 月 4 日，《文化觀察》版；王丁等：〈「河洛古國」掀起蓋頭，黃帝時代的都邑找到了？〉，北京：《新華每日電訊》，2020 年 5 月 8 日，第 9 版。

〔註28〕安徽省文物考古研究所：《凌家灘——田野考古發掘報告之一》，北京：文物出版社，2006 年，第 29、46、138 頁。

祭壇，面積約 1200 平方米，高約 1 米，位於整個遺址地勢的最高處，充分顯示了這個建築至高無上的地位。

貴族大墓，不僅距離祭壇最近，而且墓坑也大，隨葬物既高檔、精美，又充滿了宗教的神秘。其中，87M4 與 87M15 就是這方面的突出代表。

圖 3：河南鞏義雙槐樹遺址（1）、安徽含山凌家灘 87M4、87M15（2）平面圖

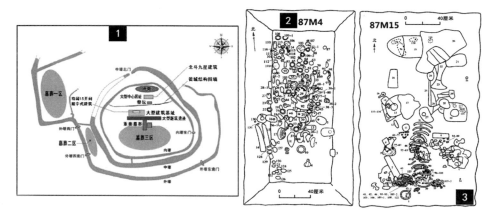

1 引自《新華每日電訊》：《「河洛古國」掀起蓋頭，黃帝時代的都邑找到了？》；
2、3 引自安徽省文物考古研究所《凌家灘——田野考古發掘報告之一》

87M4，墓中共隨葬玉器 103 件（組）（圖 3，2）；87M15，共隨葬玉器 94 件（組）（圖 3，3）。根據玉器的種類與數量，發掘者認為：「87M4 主要隨葬的是代表神器的玉龜、玉版、三角形飾、玉勺等和代表兵權的器物玉鉞、玉斧，這表明 87M4 墓主人神權和兵權兩種職能集於一身」。「87M15 隨葬玉璜30 件，是中國新石器時代墓葬中隨葬玉璜數量最多、玉質和形狀最豐富的墓葬，玉璜象徵身份、地位、象徵統帥的王權。同時組合器物有玉管 49 件，玉管與玉璜相配，相得益彰，顯示豪華，再加 3 件冠飾，突出至高無上的統帥地位，玉冠飾的出現首次展示中國王權象徵的風采。標誌人文禮儀制度的誕生，象徵以人為本的禮儀等級的出現」。

這說明，當時的聚落社會已經出現了史前第一批「貴族」，而且還已經完全脫離了各種具體的生產活動而專門從事「腦力勞動」。在他們的墓裏，一是奢侈品的數量遠遠超過了其他普通種類的器物，如普通的陶器普通的石器；二是雖然也有普通的生產工具，但這些工具並沒有使用痕跡，並不是真正的實用器，而僅是表現了領導對普通勞動的重視，是一種象徵物。

的歷史階段，其之所以會出現許多以前從未見過的遺跡的原因，並不是因為它成為了河洛古國，而是因為它成為了永久性一體化部落聯盟即永久性一體化聚落群團的核心。

值得注意的是，雙槐樹遺址的性質與規模雖然都升級了，成為了永久性一體化聚落群團的核心，但它的實力仍然有限。

圖4：鄭洛地區地形地貌與仰韶文化遺址分布示意圖

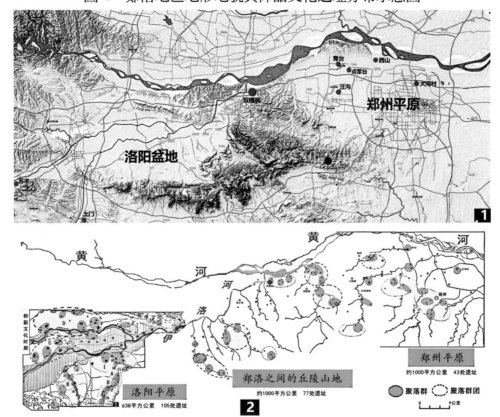

1 引自網絡衛星地圖；2 引自宋愛平《鄭州地區史前至商周時期的聚落形態分析》；張松林《鄭州市聚落考古的實踐與思考》；國家文物局主編《中國文物地圖集・河南分冊》；陳星燦等《中國文明腹地的社會複雜化進程——伊洛河地區的聚落遺址形態研究》；中國社科院考古研究所二里頭工作隊《河南洛陽盆地2001～2003年考古調查簡報》。圖中虛線圈為本文作者所加

一方面，由圖4（1）可見，它所處地理位置完全是鄭洛之間的丘陵山地，這對於以農業為食物主要來源的人群而言，其經濟的自然發展條件肯定不如鄭州、洛陽等平原為主的地區。

另一方面，丘陵山地內的遺址數量較西部洛陽平原明顯稀少。其中，洛陽平原，638 平方公里，有仰韶文化聚落遺址 105 處；而丘陵山地，約 1000 平方公里，只有同期聚落遺址 77 處，分布密度還不及洛陽盆地的 1/2 倍。

再一方面，與同期的洛陽盆地相比，雙槐樹所在組織整體都弱勢明顯。當時，洛陽盆地最大的聚落群團就是 D 群團（圖 4，2，洛河以北，D），由 6 個聚落群 20 個聚落構成，遺址總體規模面積 326.9 萬平方米，無論個體數量還是總體規模都遠遠超過雙槐樹所在聚落群團，整體實力也在雙槐樹聚落群團之上。

顯然，衡量雙槐樹遺址的實力絕不能因為個別遺址個體面積較大，還特別有內涵，就可以稱王稱霸了，一定要實事求是地全面綜合地評價雙槐樹遺址的實力及其性質。

值得思考的是，為什麼專家們會將從東到西縱貫鄭州與洛陽地區近 200 公里，從嵩山北麓到黃河之濱南北向近 40 公里，總面積近 8000 平方公里的範圍都劃歸「河洛古國」管〔註41〕？為什麼將鄭州地區的大河村、西山、點軍臺、汪溝、青臺，洛陽地區的土門、蘇羊等遺址（圖 4，1）都視為「對雙槐樹形成拱衛之勢」？

顯然，除了不夠嚴謹以外，受歐美「區域聚落形態」影響的結果明顯，一方面將「大遺址」周邊所有比它面積小的遺址都視為它的統治對象視為一個「社群」；另一方面用面積的大小來定級並確定各遺址之間的從屬關係；再一方面就是用地緣社會的理念將一定地區內所有的遺址都視同現代省、地、市、縣一樣的組織與政治結構。

實際上，史前不僅是血緣社會，而且自有人類以來就有屬於人類的血緣組織與群體。因此，聚落群聚形態的研究不僅有助於血緣社會血緣組織物化形態的認識，有助於不同歷史時期人類生產生活實體組織的認識，更為人類走進歷史，復原與研究血緣社會提供了不可或缺的歷史平臺。

結束語

事實證明，史前一體化聚落群團的崛起意義十分重大，既是人類血緣社會與地緣社會之間的轉折點與過渡階段，還同步改變了人類的組織方式、生

〔註41〕王丁等：《「河洛古國」掀起蓋頭，黃帝時代的都邑找到了？》，北京：《新華每日電訊》，2020 年 5 月 8 日，第 9 版。

圖1：中國史前聚落群聚形態演變各階段代表性聚落遺址及其分布平面圖

1引自謝飛等《泥河灣舊石器文化》；2引自房迎三《水陽江舊石器地點埋藏學的初步研究》）；3 引自裴安平《中國史前聚落群聚形態研究》；4 引自內蒙文物考古研究所《白音長汗——新石器時代遺址發掘報告》；5 引自邱國斌《內蒙古敖漢旗新石器時代聚落形態》；6 引自張松林《鄭州市聚落考古的實踐與思考》；7 引自裴安平《中國史前聚落群聚形態研究》；8 引自湖南省文物考古研究所《澧縣城頭山》；9 引自張玉石《鄭州西山古城發掘記》；10 引自湖北省文物考古研究所《湖北京山屈家嶺遺址群

2007 年調查報告》；11 引自湖北省文物考古研究所《大洪山南麓史前聚落調查——以石家河為中心》；12 引自中國社科院考古研究所安徽工作隊《皖北大汶口文化晚期聚落遺址群的初步考察》和《蒙城尉遲寺》；13 引自梁中合《日照堯王城的新發現、新收穫與新認識》；14 引自陝西省考古研究院《發現石峁古城》；15 引自浙江考古網與浙江省文物考古研究所《良渚遺址群》；16 引自何駑《2010 年陶寺遺址群聚落形態考古新進展》。圖中虛、實線圈為本文作者所加

　　山西臨汾盆地陶寺文化時期的聚落組織就是古國出現的代表。早在仰韶文化時期，當地塔兒山以北都一直是溂河南岸聚落群團的屬地。陶寺文化早期，陶寺及其組織成員突然佔據了塔兒山北麓。對此，溂河聚落群團在組織規模發展擴大為聚落集團的基礎上，一舉攻破了陶寺城址並血族復仇。為此，陶寺的城牆被人掘了，宮殿與觀象臺被人毀了，祖墓被人挖了，城內的男人被人砍了頭骨成堆置於灰坑之中〔註 16〕。顯然，陶寺的毀滅就意味著一個古國的誕生，意味著在實力面前溂河集團成了統治者，陶寺成了階下囚。不過，由於統治者與被統治者都是血緣組織，所以這種古國又可稱為「血緣國家」。此外，還由於當時中國並沒有出現以個人為單位的階級，所以當時的國家還不是階級壓迫的工具。

　　第五階段，夏商周時期，也是聚落群聚現象開始退出歷史舞臺的時期。

　　夏商周時期雖然已經出現了以單一民族為主體地緣化的早期方國，但各統治民族的基層組織依然是血緣組織，所以它們的聚落群聚形態與史前晚期基本一樣，沒有大的變化。

　　但是，血緣組織的獨立性也嚴重地妨礙了社會更大規模一體化的發展和集中統一領導管理。於是，從西周初期開始，國家就開始採取了二個方面的措施來打擊血緣組織。一方面，實行「鄉里制」，變以往的血緣組織為國家地緣行政機構，從而剝奪了血緣組織社會與政治的合法性〔註 17〕；另一方面，又實行「井田制」，變以往土地國家集體二級所有為國家獨有，徹底斬斷了血緣組織的經濟命脈。由此，延續了幾百萬年的血緣組織開始衰落。春秋戰國，由於多民族與階級國家的出現，商品經濟的發展，土地使用權的完全私有並

〔註 16〕何駑：《從陶寺遺址考古收穫看中國早期國家特徵》，《中國古代文明與國家起源學術研討會論文集》，北京：科學出版社，2011 年，第 149 頁。

〔註 17〕朱玲玲：《坊里的起源及其演變初探》，鄭州：《鄭州大學學報（哲學社會科學版）》，1986 年第 2 期；李昕澤：《里坊制度研究》，天津：天津大學博士學位論文，2010 年。

預本部落成員的私人生活、締結婚姻及其他等問題（蘇聯科學院民族研究所：《澳大利亞和大洋洲各族人民》，生活·讀書·知新三聯書店，1980 年，P195）。

3. 中國雲南永寧摩梭人的村寨分布與特點

主要位於雲南寧蒗縣永寧壩區與瀘沽湖畔的摩梭人屬納西族的一支。根據詹承緒、嚴汝嫻、宋兆麟的介紹〔註2〕，那裡的摩梭人長期處於母系氏族社會階段。

相傳他們的祖先是由北方遷來的，初到瀘沽湖地區時，共有六個「爾」。爾的含義是「一個根骨」，即由一個始祖母的後裔組成的血親集團，也就是母系氏族集團。

6 個氏族進入瀘沽湖地區後，西、胡、牙、峨 4 爾集中住在黑底，即永寧壩子；布爾和搓爾住在布底，即瀘沽湖所在地（圖 2，1）。「斯日」是由爾分裂出來的比爾小的母系血緣集團，可算女兒氏族，含義也是「一個根骨的人」。

民主改革前，溫泉鄉的居民屬胡爾和峨爾。峨爾包括薩達布、哈巴布、衣布、阿古、軟格 5 個斯日，聚居南部各村。胡爾包括瓦虎、瓦拉兩個斯日，主要聚居在該鄉的北部。此外，溫泉鄉還保存一些以斯日的血緣為紐帶組成的村落，如軟格斯日居住在軟格瓦，薩達布斯日居住在阿古瓦，哈巴布斯日居住在拉梅瓦，衣布斯日居住在衣馬瓦，阿如斯日居住在阿如瓦；瓦拉斯日居住在瓦拉片；瓦虎斯日居住在八瓦（圖 2，1、4、5、7、8）。

4. 中國雲南西盟佤族的村寨分布與特點

根據韓軍學先生的《佤族村寨與佤族傳統文化》（四川大學出版社 2007年，P35～37）的介紹，西盟佤族村寨的歷史源流關係非常清楚，當地的佤族村寨之間，也曾有部落性質的關係。

20 世紀 50 年代，西盟佤山一般劃分為永廣、馬散、翁嘎科三大部落，分別位於西盟縣的北部、中部、南部（圖 2，2）。三大部落之間，又存在著岳宋、歹格拉等若干小部落。部落中的各個村寨之間基本上都是相互獨立的，不存在從屬關係。

〔註 2〕詹承緒等：《永寧納西族的阿注婚姻與母系家庭》，上海：上海人民出版社，1980 年；嚴汝嫻、宋兆麟：《永寧納西族的母系制》，昆明：雲南人民出版社，1983 年。

圖2：雲南永寧納西族（1）、西蒙佤族村寨（2）分布圖與內蒙古敖漢旗興隆
溝興隆窪文化多聚落遺址（3）、河南新鄭唐戶裴李崗文化多聚落遺址
（4）位置圖

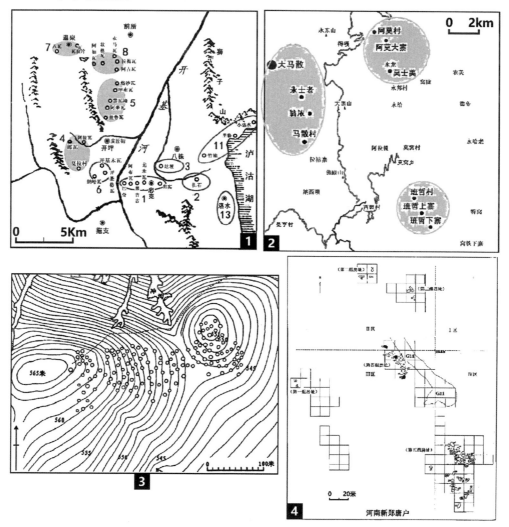

1 引自：詹承緒等《永寧納西族的阿注婚姻與母系家庭》，其中第 7 組村寨為原「胡
爾」，第 4、5、8 組村寨為原「峨爾」；2 引自：韓軍學《佤族村寨與佤族傳統文化》；
3 引自：邱國斌《內蒙古敖漢旗新石器時代聚落形態》；4 引自：張松林《鄭州市聚落
考古的實踐與思考》。圖中虛、實線圈及灰色區為本文作者所加

　　大馬散寨是馬散部落的中心村寨。人們習慣上所說的馬散部落，共包括
了散佈在周圍的小馬散、翁濃、永士老以及阿莫、中課、班哲、莫士美等十多
個大的村寨 40 多個小寨。這些村寨，有的是由大馬散寨遷出去的人家建立

圖 3：新石器時代各地聚落遺址與群聚形態平面分佈圖

1 引自：裴安平《中國史前聚群聚形態研究》；2 引自：湖南省文物考古研究所《澧縣城頭山》；3 引自：中國社科院考古研究所《蒙城尉遲寺》；4 引自：湖南省文物考古研究所《漣縣城頭山》；5 引自：陝西省文物考古研究院等《發現石峁古城》；6 引自：《中國文物地圖集·山東分冊》；7 引自：湖北省文物考古研究所《湖北京山屈家嶺遺址群 2007 年調查報告》；8、9 引自：湖北省文物考古研究所《大洪山南麓史前聚落調查～以石家河為中心》；10、11 引自：中國社科院考古研究所二里頭隊《河南洛陽盆地 2001～2003 年考古調查簡報》；12 引自：浙江省文物考古研究所《良渚遺址群》。圖中虛、實線圈為本文作者所加

第四階段：新石器晚期晚段，距今約 4500～4000 年，人類從血緣社會開始邁向地緣社會，聚落集團、早期國家、古國等以往從未見過的一體化超大型實體聚落組織同時崛起。

以上三種聚落組織的崛起意義重大，一方面說明社會組織的大型化與一體化規模又升級了；另一方面說明人類社會的發展是複雜多樣的，沒有單一和絕對的模式；再一方面說明史前晚期晚段，人類歷史已經由血緣社會步入了地緣社會的大門。

第五階段，夏商周時期，以血緣為紐帶的聚落群聚現象開始退出歷史舞臺。

夏商周時期雖然已經出現了以單一民族為主體的地緣化國家，但各統治民族基層血緣組織的獨立性還是嚴重地妨礙了社會一體化的深入發展和集中統一領導管理。於是，從西周初期開始，國家就採取了二個方面的措施來打擊血緣組織。一方面，實行「鄉里制」，變以往的血緣組織為國家地緣行政機構，從而剝奪了血緣組織社會與政治的合法性〔註9〕；另一方面，又實行「井田制」，變以往土地國家集體二級所有為國家獨有，徹底斬斷了血緣組織的經濟命脈。由此，延續了幾百萬年的血緣組織與聚落群聚形態開始衰落和瓦解。

顯然，聚落群聚形態及其演變不僅只是人類血緣社會組織與組織形態的物化遺存，而且還是人類血緣社會發展與變化的載體和反映，所以它應該是考古學「由物及人」復原血緣社會研究血緣社會不可迴避的領域。

（四）群聚是早期人類社會發展和演變的載體與平臺

群聚之所以能成為早期人類社會發展和演變的載體與平臺，因為群聚的就是組織，就是各個歷史時期人類生產生活的實體組織，就像地緣社會人類所有的歷史活動都以國家為單位一樣，血緣社會人類所有的歷史活動也都以血緣實體組織為單位。

聚落組織及其群聚形態研究的重要性與歷史意義不僅在於它隨時反映了歷史的變化，而且還在於為人類社會各時期各種歷史活動與變化提供了不可或缺的載體與平臺。

第一階段：舊石器——新石器中期中段，以自然的聚落群即部落為實體

〔註 9〕裴安平：《中國的家庭、私有制、文明、國家和城市起源》，上海：上海古籍出版社，2019 年，第 404 頁。

關係寬鬆，社會矛盾平和；所以，當時主要的社會組織就是由親屬關係很近的聚落構成的聚落群即部落，而由聚落群組成的聚落群團即臨時性部落聯盟，內部各成員之間則距離較遠，關係鬆散。

圖6：各有關聚落群體與聚落遺址平面圖

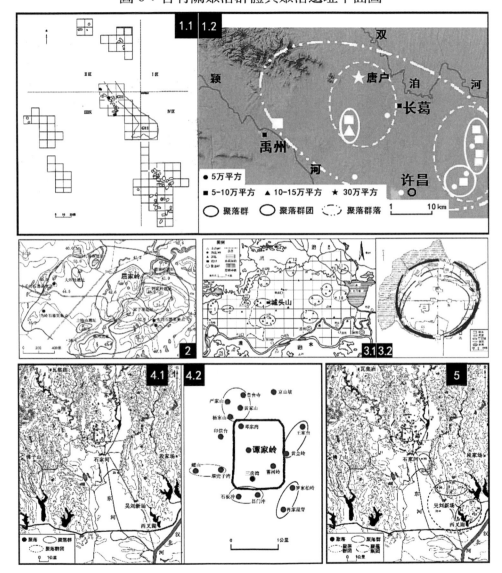

1.1、1.2引自：張松林《鄭州市聚落考古的實踐與思考》；2引自《江漢考古》2008年第2期；3.1引自：裴安平《中國史前聚落群聚形態研究》；3.2引自：湖南省文物考古研究所《澧縣城頭山》；4.1、4.2、5引自：《江漢考古》2008年第2期。圖中虛、實線圈及灰色區為本文作者所加

距今 8000 年以後，由於人多地少，社會矛盾不斷趨於激化。從此，聚落群聚形態發生了歷史性的重大變化，聚落組織的一體化大型化整體化高潮迭起〔註20〕。

第一階段：最早開始於距今 8000，高潮是距今 6000～5000 年，以河南新鄭唐戶（圖 6，1.1、1.2）〔註21〕、湖南澧縣城頭山（圖 6，3.1、3.2）〔註22〕、湖北石首走馬嶺——屯子山〔註23〕、天門龍嘴〔註24〕等城址的發現為代表，標誌著史前第一批一體化整體化的聚落群已經登上歷史舞臺。

第二階段：距今 5000～4500 年，以湖北天門石家河（圖 6，4.1、4.2）與京山屈家嶺（圖 6，2）所在聚落群團為代表，標誌史前第一批大型化一體化整體化實體化的聚落群團已經登上了歷史舞臺。

第三階段：高潮發生於距今 4500～4000 年。以湖北天門石家河地區的石家河文化（圖 6，5）、浙江餘杭良渚三鎮良渚文化的聚落組織為代表，標誌著史前第一批超大型化一體化整體化實體化的聚落集團，以及早期國家、古國都已經登上了歷史舞臺。

值得注意的是，以上三大階段沒有一段像「酋邦」。

第一階段，距今 5000 年以前，由於整個社會當時最主要的聚落組織就是以血緣為紐帶的聚落群，即部落。又由於只有部落才有「酋長」，而由許多部落跨血緣跨地域聯合起來的組織才能成為「酋邦」。正如美國的蒂莫西·厄爾（Tinothy K.Earle）所言「最好被定義為一種地域性組織起來的社會」〔註25〕。所以，當時就根本沒有既跨血緣又跨地域的「酋邦」可言。

第二階段，距今 5000～4500 年。雖然這一時段出現了大型化一體化整體化實體化聚落群團，但是它們都是在血緣的基礎上跨部落構成的永久性一體化部落聯盟，沒有一個是「地域性組織起來的社會」，因而也與「酋邦」無緣。

〔註20〕裴安平：《中國史前聚落群聚形態研究》，北京：中華書局，2014 年。
〔註21〕張松林：《鄭州市聚落考古的實踐與思考》，《中國聚落考古的理論與實踐（第一輯）》，北京：科學出版社，2010 年，第 199 頁。
〔註22〕湖南省文物考古研究所：《澧縣城頭山》，北京：文物出版社，2007 年。
〔註23〕荊州市文物考古研究所等：《湖北公安、石首三座古城址勘察報告》，北京：《古代文明》第 4 卷，第 404 頁。
〔註24〕湖北省文物考古研究所：《大洪山南麓史前聚落調查》，武漢：《江漢考古》，2009 年，第 1 期。
〔註25〕陳淳編著：《考古學理論》，上海：復旦大學出版社，2004 年，第 253 頁。